Gesetz

über

die Angelegenheiten der freiwilligen Gerichtsbarkeit

vom 17. Mai 1898.

Handausgabe
mit Erläuterungen und ausführlichem Sachregister

von

Fritz Keidel,
k. Amtsrichter.

München.
J. Schweitzer Verlag (Arthur Sellier).
1898.

Vorwort.

Die vorliegende Bearbeitung des Gesetzes über die Angelegenheiten der freiwilligen Gerichtsbarkeit verfolgt den Zweck gleichmäßig für das ganze Reichsgebiet dem Praktiker zum Handgebrauch und demjenigen, welcher sich mit dem Studium des Gesetzes befaßt, als Lehrmittel zu dienen.

Diesen doppelten Zweck zu erreichen, wurde die Mitte gehalten zwischen einer sogenannten Textausgabe und einem eingehenden Kommentar und unter Benützung der gesetzgeberischen Vorarbeiten versucht, die Bestimmungen des Gesetzes zu erläutern. Hiebei ist mit Absicht der bei solchen Ausgaben bestehenden Uebung, an einzelne Worte des Gesetzestextes anzuknüpfen, nicht gefolgt worden, sondern auf eine Auslegung jeder Vorschrift als Ganzes zu leichterem Verständniß Gewicht gelegt.

Dem Zusammenhange dieses Gesetzes mit denjenigen Gesetzen, zu deren Ausführung in der Praxis es dient, oder an welche sonst es sich anlehnt, so insbesondere dem Bürgerlichen Gesetzbuche, dem Handelsgesetzbuche und den verwandten Gesetzen, der Civilprozeßordnung und dem Gerichtsverfassungsgesetz wurde besondere Beachtung geschenkt, und wurden, wo es angemessen erschien, die Vorschriften dieser Gesetze wörtlich wiedergegeben, eine Maßnahme, die besonders dem Praktiker das Nachschlagen mehrerer Gesetzbücher ersparen sollte.

Ein Eingehen auf Streitfragen, die auch bei Handhabung dieses Gesetzes sich ergeben werden, ist vermieden; der Praxis und der Rechtsprechung muß es vorerst überlassen bleiben, zu solchen Fragen Stellung zu nehmen.

München, Oktober 1898.

Der Verfasser.

Systematisches Inhaltsverzeichniß.

Abkürzungen.

A.G. = Ausführungsgesetz.
B.G.B. = Bürgerliches Gesetzbuch.
B.Sch.G. = Gesetz betr. die privatrechtlichen Verhältnisse der Binnenschifffahrt vom 15. Juni 1895.
B. u. St.Ang.G. = Gesetz über die Erwerbung und den Verlust der Bundes- und Staatsangehörigkeit vom 1. Juni 1870.
C.P.O. = Civilprozeßordnung.
E.G. = Einführungsgesetz.
G.B.O. = Grundbuchordnung.
Gen.G. = Genossenschaftsgesetz.
G.V.G. = Gerichtsverfassungsgesetz.
Pers.St.G. = Personenstandsgesetz.
R.A.O. = Rechtsanwaltsordnung.
R.G. = Reichsgesetz.
R.G.Bl. = Reichsgesetzblatt.
St.G.B. = Strafgesetzbuch.
W.O. = Wechselordnung.

Note: Die sämmtlichen Gesetze sind nach dem Texte der Bekanntmachung vom 20. Mai 1898, R.G.Bl. Nro. 25 Seite 369 ff. citirt.

Einleitung.

Für das Verfahren in den Angelegenheiten der freiwilligen Gerichtsbarkeit war bisher im Wesentlichen das Landesrecht maßgebend. Nach Beseitigung der Verschiedenheit des Bürgerlichen Rechtes, welche bisher einer einheitlichen Regelung des Verfahrens im Wege stand, war die Möglichkeit zur Schaffung gleichmäßiger Normen gegeben.

Nach Artikel 1 des Einführungsgesetzes zum Bürgerlichen Gesetzbuch sollte gleichzeitig mit diesem ein Gesetz über die Angelegenheiten der freiwilligen Gerichtsbarkeit in Kraft treten. Dementsprechend ist das gegenwärtige Gesetz erlassen worden, welchem drei Entwürfe vorausgegangen waren, aus den Jahren 1881 und 1888 und ein letzter aus dem Jahre 1897, der mit einigen Aenderungen zum Gesetz geworden ist.

Vollständig und völlig einheitlich — wie der Civilprozeß in der Civilprozeßordnung — ist jedoch das Verfahren in der freiwilligen Gerichtsbarkeit reichsrechtlich nicht geregelt. Das Gesetz hat sich nur zur Aufgabe gemacht, das Verfahren insoweit zu regeln, als es zur einheitlichen Durchführung des Bürgerlichen Gesetzbuches erforderlich sei.

Das Gesetz hat nun zwar in seinen Bereich auch das Verfahren in solchen Gegenständen gezogen, welche durch andere Reichsgesetze, insbesondere auch durch das Handelsgesetzbuch den Gerichten zur Besorgung überwiesen sind. Aber bei der beschränkten Aufgabe, die sich der Gesetzgeber gestellt hatte, ist das Verfahren nicht erschöpfend geregelt, der Landesgesetzgebung ist vielmehr noch ein weiter Spielraum theils zu näherer, theils zu abweichender Regelung gewährt.

Im letzten (XI.) Abschnitt des Gesetzes ist das Verhältniß zum Landesrecht ausdrücklich geregelt. § 200 ertheilt der Landesgesetzgebung die allgemeine Ermächtigung, Vorschriften zur Ergänzung und Ausführung des Gesetzes einschließlich der erforderlichen Uebergangsbestimmungen zu erlassen. Die weiteren Vorbehalte zu Gunsten der Landesgesetzgebung haben hauptsächlich die Zulassung der Uebertragung einzelner Geschäfte — so besonders der Vormundschaften, Nachlaß- und Gütergemeinschaftsauseinandersetzung, Aufnahme öffentlicher Urkunden — an andere als die reichsrechtlich bestimmten Behörden zum Gegenstand.

Gesetz

über die

Angelegenheiten der freiwilligen Gerichtsbarkeit

vom 17. Mai 1898.

(Reichsgesetzblatt 1898 No. 21 Seite 189, in der vom 1. Januar 1900 an geltenden Fassung bekannt gemacht in No. 25 S. 771.)

Wir Wilhelm, von Gottes Gnaden Deutscher Kaiser, König von Preußen 2c.

verordnen im Namen des Reichs, nach erfolgter Zustimmung des Bundesraths und des Reichstags, was folgt:

Erster Abschnitt.

Allgemeine Vorschriften.

§ 1.

Für diejenigen Angelegenheiten der freiwilligen Gerichtsbarkeit, welche durch Reichsgesetz den Gerichten übertragen sind, gelten, soweitnicht ein Anderes bestimmt ist, die nachstehenden allgemeinen Vorschriften.

Anwendungsgebiet: Die freiwillige Gerichtsbarkeit umfaßt die Thätigkeit öffentlicher Organe, welche theils von Amtswegen, theils auf Anrufen befugt und berufen sind, in Rechtsverhältnisse des bürgerlichen Rechts gestaltend einzugreifen, innerhalb dieses Wirkungskreises, soweit nicht positive Bestimmungen eine Zuweisung an die Gerichte der streitigen Gerichtsbarkeit enthalten. Ihrer Bezeichnung nach tritt sie zumeist im Gegensatz zur streitigen Gerichtsbarkeit, welche auf Anrufen der Parteien in Angelegenheiten des bürgerlichen Rechts auf Grund des festzustellenden bisherigen Sachverhalts zur Aufrechthaltung der Rechtsordnung bestimmt, was unter den Parteien Rechtens ist.

Auf die Angelegenheiten der freiwilligen Gerichtsbarkeit finden die in den §§ 2 – 34 enthaltenen allgemeinen Vorschriften mit folgenden Einschränkungen Anwendung:

1. nur soweit sie den **Gerichten** — oder auf Grund reichsgesetzlicher Ermächtigung durch Landesgesetz an Stelle der Gerichte anderen als gerichtlichen Behörden (§ 194, E.G. z. B.G.B. Art. 147 Abs. 1) — zur Behandlung zugewiesen sind, nicht soweit sie **anderen** Behörden (Patentamt, Standesamt, Seeamt, Seemannsamt) oder nicht **ausschließlich** den Gerichten, sondern etwa wahlweise mit anderen Behörden zugewiesen sind, auch wenn durch Landesgesetz die ausschließliche Zuständigkeit der Gerichte verfügt wäre (siehe Ziff. 2); auf die im 10. Abschnitt (§§ 167—183) aufgeführten Geschäfte finden die Vorschriften daher keine Anwendung, da die Errichtung gerichtlicher oder notarieller Urkunden nicht zu den Angelegenheiten gehört, welche den Gerichten ausschließlich übertragen sind; hinsichtlich der Anwendbarkeit auf das Schiffspfandrecht (VI. Abschnitt) siehe Note zu § 100;
2. nur soweit sie **durch Reichsgesetz** den Gerichten zugewiesen sind, also durch dieses Gesetz oder andere geltende oder erst künftig zu erlassende Reichsgesetze ohne Rücksicht darauf, ob die betreffenden Angelegenheiten in diesem Gesetze besonders berührt sind oder nicht; an geltenden Reichsgesetzen kommen insbesondere in Betracht das Bürgerliche Gesetzbuch, Handelsgesetzbuch, Personenstandsgesetz, R.G. vom 11. Januar 1876 betr. das Urheberrecht an Mustern und Modellen (§ 9 Führung der Musterregister), Genossenschaftsgesetz vom 1. Mai 1889, R.G. betr. die Gesellschaften mit beschränkter Haftpflicht vom 20. April 1892, Binnenschifffahrtsgesetz vom 16. Juni 1895, Börsengesetz vom 22. Juni 1896 (§ 54 Führung des Börsenregisters), dagegen **nicht** die Grundbuchordnung, da die Führung des Grundbuchs nicht Gerichten, sondern den Grundbuchämtern übertragen ist;
3. nur soweit **nicht ein Anderes bestimmt ist**, d. h. abweichende Bestimmungen hinsichtlich der in den §§ 2—34 geregelten Materien bestehen. Abweichende Bestimmungen sind in diesem Gesetze bei bestimmten Angelegenheiten vorgesehen; sie können auch in anderen geltenden oder künftigen Reichsgesetzen hinsichtlich der darin behandelten Materien enthalten sein, in Landesgesetzen nur, soweit dies reichsrechtlich für zulässig erklärt ist. Ergänzende Vorschriften können auch durch Landesgesetz erlassen werden (s. § 200), da das Gesetz das Verfahren in der freiwilligen Rechtspflege nicht erschöpfend regelt.

§ 2.

Die Gerichte haben sich Rechtshülfe zu leisten. Die §§ 158 bis 169 des Gerichtsverfassungsgesetzes finden Anwendung.

Rechtshülfe: Die Verpflichtung zur Leistung von Rechtshülfe besteht in allen Angelegenheiten des § 1, auch unter Gerichten verschiedener Bundesstaaten; sie besteht, wenn für die in § 1 bezeichneten Angelegenheiten andere als gerichtliche Behörden nach

Landesgesetz zuständig sind, für die Gerichte auch gegenüber diesen Behörden (§ 194 Abs. 1); dagegen sind jene nach Landesgesetz zuständigen Behörden ihrerseits nicht reichsrechtlich zur Rechtshülfe verpflichtet, die Rechtshülfe haben vielmehr auch in solchen Staaten die Gerichte zu leisten (§ 194 Abs. 4). Inwieweit sonstige Behörden (Gemeinde-, Polizei-, Militärbehörden) Rechtshülfe zu leisten haben, bestimmt sich nach Landesrecht.

Die zur Anwendung kommenden §§ des Gerichtsverfassungsgesetzes lauten:

§ 158. Das Ersuchen um Rechtshülfe ist an das Amtsgericht zu richten, in dessen Bezirke die Amtshandlung vorgenommen werden soll.

§ 159. Das Ersuchen darf nicht abgelehnt werden.

Das Ersuchen eines nicht im Instanzenzuge vorgesetzten Gerichts ist jedoch abzulehnen, wenn dem ersuchten Gerichte die örtliche Zuständigkeit mangelt, oder die vorzunehmende Rechtshandlung nach dem Rechte des ersuchten Gerichts verboten ist.

§ 160. Wird das Ersuchen abgelehnt, oder wird der Vorschrift des § 159 Abs. 2 zuwider dem Ersuchen stattgegeben, so entscheidet das Oberlandesgericht, zu dessen Bezirke das ersuchte Gericht gehört. Eine Anfechtung dieser Entscheidung findet nur statt, wenn dieselbe die Rechtshülfe für unzulässig erklärt, und das ersuchende und das ersuchte Gericht den Bezirken verschiedener Oberlandesgerichte angehören. Ueber die Beschwerde entscheidet das Reichsgericht.

Die Entscheidungen erfolgen auf Antrag der Betheiligten oder des ersuchenden Gerichts ohne vorgängige mündliche Verhandlung.

§ 161. Die Herbeiführung der zum Zwecke von Vollstreckungen, Ladungen und Zustellungen erforderlichen Handlungen erfolgt nach Vorschrift der Prozeßordnungen ohne Rücksicht darauf, ob die Handlungen in dem Bundesstaate, welchem das Prozeßgericht angehört, oder in einem anderen Bundesstaate vorzunehmen sind.

§ 162. Gerichte, Staatsanwaltschaften und Gerichtsschreiber können wegen Ertheilung eines Auftrages an einen Gerichtsvollzieher die Mitwirkung des Gerichtsschreibers des Amtsgerichts in Anspruch nehmen, in dessen Bezirk der Auftrag ausgeführt werden soll. Der von dem Gerichtsschreiber beauftragte Gerichtsvollzieher gilt als unmittelbar beauftragt.

§ 163. Eine Freiheitsstrafe, welche die Dauer von sechs Wochen nicht übersteigt, ist in demjenigen Bundesstaate zu vollstrecken, in welchem sich der Verurteilte befindet.

Verhängung von Freiheitsstrafen kann vorkommen in Ausübung der Sitzungspolizei (§ 8, G.V.G. § 179), dann gegenüber Zeugen (§ 15, C.P.O. §§ 380, 390).

§ 164. Soll eine Freiheitsstrafe in dem Bezirke eines anderen Gerichts vollstreckt oder ein in dem Bezirke eines anderen Gerichts Verurtheilter zum Zwecke der Strafverbüßung ergriffen und abgeliefert werden, so ist die Staatsanwaltschaft bei dem Landgerichte des Bezirks um die Ausführung zu ersuchen.

§ 165. Im Falle der Rechtshülfe unter den Behörden verschiedener Bundesstaaten sind die baaren Auslagen, welche durch eine Ablieferung oder Strafvollstreckung entstehen, der ersuchten Behörde von der ersuchenden zu erstatten.

Im Uebrigen werden Kosten der Rechtshülfe von der ersuchenden Behörde nicht erstattet.

Ist eine zahlungspflichtige Partei vorhanden, so sind die Kosten von derselben durch die ersuchende Behörde einzuziehen und der eingezogene Betrag der ersuchten Behörde zu übersenden.

Stempel-, Einregistrirungsgebühren und andere öffentliche Abgaben, welchen die von der ersuchenden Behörde übersendeten Schriftstücke, (Urkunden, Protokolle) nach dem Rechte der ersuchten Behörde unterliegen, bleiben außer Ansatz.

§ 166. Für die Höhe der den geladenen Zeugen und Sachverständigen gebührenden Beträge sind die Bestimmungen maßgebend, welche bei dem Gerichte gelten, vor welches die Ladung erfolgt.

Sind die Beträge nach dem Rechte des Aufenthaltsorts der geladenen Personen höher, so können die höheren Beträge gefordert werden.

Bei weiterer Entfernung des Aufenthaltsorts der geladenen Personen ist denselben auf Antrag ein Vorschuß zu bewilligen.

§ 167. Ein Gericht darf Amtshandlungen außerhalb seines Bezirks ohne Zustimmung des Amtsgerichts des Orts nur vornehmen, wenn Gefahr im Verzuge obwaltet. In diesem Falle ist dem Amtsgerichte des Ortes Anzeige zu machen.

§ 168 — hier gegenstandslos.

§ 169. Die in einem Bundesstaate bestehenden Vorschriften über die Mittheilung von Akten einer öffentlichen Behörde an ein Gericht dieses Bundesstaates kommen auch dann zur Anwendung, wenn das ersuchende Gericht einem andern Bundesstaate angehört.

§ 3.

Soweit für die örtliche Zuständigkeit der Gerichte der Wohnsitz eines Betheiligten maßgebend ist, bestimmt sich für Deutsche, die das Recht der Exterritorialität genießen, sowie für Beamte des Reichs oder eines Bundesstaats, die im Ausland angestellt sind, der Wohnsitz nach den Vorschriften des § 15 der Civilprozeßordnung.

Gerichtsstand der Exterritorialen: Die örtliche Zuständigkeit ist für die einzelnen Materien besonders geregelt; soweit der Wohnsitz maßgebend ist, kommen die Bestimmungen im B.G.B. §§ 7—11 zur Anwendung. Entscheidend ist der Wohnsitz in den Fällen der §§ 36—40, 43, 45, 66, 73.

Für den Wohnsitz der Exterritorialen &c. gilt C.P.O.

§ 15. Deutsche, welche das Recht der Exterritorialität genießen, sowie die im Ausland angestellten Beamten des Reichs oder eines Bundesstaats behalten in Ansehung des Gerichtsstandes den Wohnsitz, welchen sie in dem Heimathsstaate hatten. In Ermangelung eines solchen Wohnsitzes gilt die Hauptstadt des Heimathstaats als ihr Wohnsitz; ist die Hauptstadt in mehrere Gerichtsbezirke getheilt, so wird der als Wohnsitz geltende Bezirk von der Landesjustizverwaltung durch allgemeine Anordnung bestimmt. Gehört ein Deutscher einem Bundesstaate nicht an, so gilt als sein Wohnsitz die Stadt Berlin; ist die Stadt Berlin in mehrere Gerichtsbezirke getheilt, so wird der als Wohnsitz geltende Bezirk von dem Reichskanzler durch allgemeine Anordnung bestimmt.

Auf Wahlkonsuln finden diese Bestimmungen keine Anwendung.

Ueber Deutsche, d. i. Angehörige des deutschen Reichs, welche das Recht der Exterritorialität genießen, siehe G.V.G. §§ 18—21.

Von im Ausland angestellten Beamten, welche nicht das Recht der Exterritorialität besitzen, kommen nur solche in Betracht, welche dauernd im Auslande angestellt sind. Ausland ist jedes nicht zum deutschen Reich gehörige Gebiet.

§ 4.

Unter mehreren zuständigen Gerichten gebührt demjenigen der Vorzug, welches zuerst in der Sache thätig geworden ist.

Konkurrenz mehrerer Gerichte: Eine mehrfache örtliche Zuständigkeit — auf diese allein kann sich die Vorschrift beziehen — kann durch mehrfachen Wohnsitz begründet sein (B.G.B. § 7 Abs. 2) oder im Falle des § 73 Abs. 3. Eines der zuständigen Gerichte wird unter Ausschluß der übrigen allein zur weiteren Behandlung der Sache dadurch zuständig, daß es zuerst in der Sache thätig wird. Bloße Antragstellung an das Gericht genügt nicht; das Gericht muß selbst in der Sache durch eine Verfügung auf Grund materiellen Rechts thätig geworden sein, ohne daß es von Einfluß ist, ob das Gericht die mehrfache Zuständigkeit kannte oder nicht; bloße Erhebungen durch das Gericht zur Ermittelung der Zuständigkeit sind noch keine Thätigkeit in der Sache.

Die Vorschrift gilt auch für andere Behörden, welche nach Landesrecht an Stelle der Gerichte treten (§ 194).

§ 5.

Besteht Streit oder Ungewißheit darüber, welches von mehreren Gerichten örtlich zuständig ist, so wird das zuständige Gericht durch das gemeinschaftliche obere Gericht bestimmt. Ist das zuständige Gericht in einem einzelnen Falle an der Ausübung des Richteramts rechtlich oder thatsächlich verhindert, so erfolgt die Bestimmung durch das ihm im Instanzenzuge vorgeordnete Gericht.

Eine Anfechtung der Entscheidung findet nicht statt.

Bestimmung des zuständigen Gerichts: **Abs. 1, Satz 1.** Die Vorschrift gilt sowohl für den positiven als den negativen Competenzkonflikt, wenn also verschiedene Gerichte sich für zuständig, oder wenn mehrere, worunter eines das zuständige ist, sich für unzuständig erklären; sie bezieht sich aber nicht bloß auf Streit und Ungewißheit mehrerer Gerichte unter sich, sondern auch der Beteiligten unter sich. Jedes der Gerichte und jeder der Beteiligten, letztere ohne vorher einen ablehnenden Bescheid eines Gerichtes erhalten zu haben, können die Bestimmung des zuständigen Gerichts beantragen; daß eines oder mehrere Gerichte sich rechtskräftig für zuständig oder unzuständig erklärt haben, ist nicht erforderlich; die bloße Meinungsverschiedenheit genügt. Besteht dagegen Streit über die Zuständigkeit zwischen Gericht und Beteiligten, so ist gegen die Verfügung des Gerichts, wodurch es seine örtliche Zuständigkeit annimmt oder ablehnt, der ordentliche Beschwerdeweg nach Maßgabe dieses Gesetzes gegeben. Über Streit zwischen den Gerichten wegen Übernahme einer Sache aus Zweckmäßigkeitsgründen siehe § 46.

Die Bestimmung des zuständigen Gerichts erfolgt bei Amtsgerichten im Bezirke desselben Landgerichts durch dieses, bei Amtsgerichten im Bezirk verschiedener Landgerichte, aber desselben Oberlandesgerichts durch das letztere, bei Amtsgerichten im Bezirke verschiedener Oberlandesgerichte durch das Reichsgericht, soferne nicht nach der Gesetzgebung eines Bundesstaats nach Maßgabe des § 199 Abs. 2 das oberste Landesgericht als gemeinschaftliches oberes Gericht gilt. Bei Amtsgerichten verschiedener Bundesstaaten ist vorbehaltlich Staatsverträge gemeinschaftliches oberes Gericht das Reichsgericht.

Bezüglich des gemeinschaftlichen oberen Gerichts, wenn nach Landesgesetz andere als gerichtliche Behörden zuständig sind, vergl. § 194 Abs. 2.

Satz 2. Es muß das Gericht, nicht blos der nach der Geschäftsvertheilung mit der Sache befaßte Richter verhindert sein; bei Besetzung des Gerichts mit mehreren Richtern müssen sämmtliche oder bei Gerichten höherer Instanz doch soviele Richter verhindert sein, daß das Gericht nicht mehr beschlußfähig ist.

Ueber rechtliche Verhinderung siehe § 6; thatsächliche Verhinderung ist Tod, Krankheit, Abwesenheit ohne die Möglichkeit rechtzeitiger Zurückberufung, Stillstand der Rechtspflege wegen Krieges, höherer Gewalt.

Im Instanzenzuge vorgeordnetes Gericht ist nicht in jedem Falle gleichbedeutend mit Beschwerdegericht; es entscheidet die Rangordnung der Gerichte; höchstes entscheidendes Gericht ist das Reichsgericht oder nach § 199 das oberste Landesgericht.

Vergl. die analoge Bestimmung in C.P.O. § 36.

Abs. 2. Anfechtung der Entscheidung ist ausgeschlossen, gleichviel welcher Rangordnung das entscheidende Gericht ist.

§ 6.

Ein Richter ist von der Ausübung des Richteramts kraft Gesetzes ausgeschlossen:

1. in Sachen, in denen er selbst betheiligt ist oder in denen er zu einem Betheiligten in dem Verhältniß eines Mitberechtigten oder Mitverpflichteten steht;
2. in Sachen seiner Ehefrau, auch wenn die Ehe nicht mehr besteht;
3. in Sachen einer Person, mit der er in gerader Linie oder im zweiten Grade der Seitenlinie verwandt oder verschwägert ist;
4. in Sachen, in denen er als Vertreter eines Betheiligten bestellt oder als gesetzlicher Vertreter eines solchen aufzutreten berechtigt ist.

Ein Richter kann sich der Ausübung seines Amtes wegen Befangenheit enthalten. Die Ablehnung eines Richters ist ausgeschlossen.

Ausschließung vom Richteramt: **Abs. 1.** Das Gesetz kennt nur Ausschließungsgründe für den Richter, nicht auch für den Gerichtsschreiber; über Anwendung der Bestimmung auf Dolmetscher siehe § 9. Die Ausschließung bezieht sich auf jede richterliche Handlung, auch des beauftragten oder ersuchten Richters. Tritt nach § 6 eine Verhinderung des Gerichts ein, so hat dieses von Amtswegen dem im Instanzenzug vorgeordneten Gericht im Hinblick auf § 5 Abs. 1 Satz 2 Anzeige zu machen.

Ueber die rechtliche Wirkung einer Verletzung der Vorschrift siehe § 7; Beschwerde wegen deren Verletzung ist zulässig, begründet eine Aufhebung der Verfügung aber nur, wenn dieselbe auch sachlich zu beanstanden ist.

Einzelne Ausschließungsgründe:

zu Nro. 1: Sache ist jedes Verfahren, welches im Wege der freiwilligen Gerichtsbarkeit erledigt wird.

Betheiligt ist jeder, der in der Sache als unmittelbar oder mittelbar Berechtigter oder Verpflichteter in Betracht kommen kann, auch ohne daß er als solcher bereits auftritt (z. B. der

Nachlaßgläubiger, auch wenn er seine Forderung zum Nachlaß nicht anmeldet, der Gläubiger eines Verschwenders; der Begriff der Betheiligung ist hier viel weiter als in einzelnen speziellen Vorschriften, vergl. z. B. § 86); ein blos mittelbares Interesse am Ausgang der Sache ist dagegen kein Ausschließungsgrund; es kann den Richter höchstens veranlassen, sich von der Ausübung des Richteramts wegen Besorgniß der Befangenheit zu enthalten.

Mitberechtigter oder Mitverpflichteter ist, wer, ohne in der Sache selbst als Betheiligter aufzutreten, von dem Verfahren neben einem Anderen mitbetroffen wird.

Die Betheiligung ist im einzelnen Fall Thatfrage.

Zu Nro. 2. Es muß sich die Ehefrau in einem Verhältniß der sub 1 bezeichneten Art zur Sache befinden. Als nicht mehr bestehend gilt nicht nur die Ehe, welche rechtsgültig bestanden hat und — durch Tod, Scheidung, Wiederverheirathung nach Todeserklärung — aufgelöst ist, sondern auch diejenige, welche für nichtig erklärt wurde (B.G.B. §§ 1323 ff). Der Verlobte ist nicht ausgeschlossen, höchstens befangen.

Zu Nro. 3. Ueber Verwandtschaft und Schwägerschaft siehe B.G.B. §§ 1589, 1590, insbesondere über Fortdauer der Schwägerschaft nach Auflösung der Ehe § 1590 Abs. 2; Verwandtschaft besteht auch mit dem an Kindesstatt Angenommenen und dessen Abkömmlingen B.G.B. §§ 1757, 1762. Die Verwandten oder Verschwägerten müssen in einem der in Nro. 1 bezeichneten Verhältnisse zur Sache stehen. Verwandtschaft oder Schwägerschaft unter mehreren Richtern eines Kollegialgerichts ist für keinen ein Ausschließungsgrund. Vergl. zu Nro. 2 und 3 die anologen Bestimmungen in § 170 hinsichtlich Beurkundung von Rechtsgeschäften und B.G.B. §§ 2234, 2276 bezüglich Mitwirkung bei Errichtung von Testamenten und Erbverträgen; dagegen abweichend hinsichtlich Gradesnähe C.P.O. § 41 Nro. 3.

Zu Nro. 4. Es ist sowohl der gesetzliche Vertreter (Vormund, Pfleger) als der Vertreter kraft Auftrags (Bevollmächtigter, B.G.B. § 164 ff.), auch der bloße Beistand (§ 13) ausgeschlossen, aber nur so lange die Vertretungsbefugniß besteht; kein Ausschließungsgrund ist es, wenn der Richter früher, auch in dem nämlichen Rechtsverhältniß, Vertreter war; der frühere Vormund kann später Vormundschaftsrichter sein. Nicht ausgeschlossen ist, daß der Vormundschaftsrichter Verlassenschaftsrichter in einer Sache ist, in welcher der Bevormundete betheiligt ist; denn ersterer ist nicht Vertreter des Bevormundeten; siehe auch § 97 Abs. 2. Vergl. die entgegengesetzte Fassung in C.P.O. § 41. Nro. 4.

Die Ausschließungsgründe von C.P.O. § 41 Nro. 5 und 6 sind diesem Gesetze fremd.

Absatz 2. Befangenheit ist Zweifel an der Fähigkeit zu unparteiischer Behandlung der Sache; sie ist Ermessenssache. Ein bestimmtes Verfahren für die Ablehnung richterlicher Thätigkeit ist nicht vorgeschrieben; es wird daher Sache des Gerichtsvorstandes sein, für den nach seiner Ansicht befangenen Richter einen anderen zu bestimmen; eventuell greift § 5 Abs. 1 Satz 2 Platz. Befangenheit kann nur vom Richter selbst, nicht von einem Betheiligten geltend gemacht werden.

Ablehnung eines Richters ist auch aus den Gründen des Abs. 1 nicht zulässig in der Weise, daß über die Ablehnung besonders zu entscheiden wäre. Verletzung der Bestimmung kann indirekt als Beschwerdegrund bei sachlicher Anfechtung der von dem ausgeschlossenen Richter erlassenen Verfügung verwerthet werden; siehe oben, ferner Note zu § 7.

§ 7.

Gerichtliche Handlungen sind nicht aus dem Grunde unwirksam, weil sie von einem örtlich unzuständigen Gericht oder von einem Richter vorgenommen sind, der von der Ausübung des Richteramts kraft Gesetzes ausgeschlossen ist.

Handlungen eines örtlich unzuständigen oder ausgeschlossenen Richters: „Gerichtliche Handlungen" begreift jede mögliche Thätigkeit des Richters erster oder höherer Instanz in sich, also Anordnungen, Entscheidungen, Beschlüsse, Aufnahme und Entgegennahme von Erklärungen („Verfügungen" und „Verrichtungen"): hinsichtlich des Gerichtsschreibers vergl. § 11. Nur örtliche Unzuständigkeit (vergl. §§ 36—45, 66, 73, 165, 166) ist schadlos; über Wirkung sachlicher Unzuständigkeit vergl. §§ 32, 200 Abs. 2, E.G. z. B.G.B. § 151 Satz 2. Ausschluß kraft Gesetzes siehe § 6.

Die Wirkung der Vorschrift zeigt sich einmal darin, daß Handlungen des örtlich unzuständigen oder ausgeschlossenen Richters vom wirklich zur Behandlung der Sache berufenen Richter nicht wiederholt zu werden brauchen (z. B. Bestellung eines Vormunds), anderseits darin, daß aus der Vornahme durch den unberufenen Richter kein selbstständiger Beschwerdegrund gegen die Verfügung abgeleitet werden kann; im Beschwerdeweg kann nur gegen die fernere Behandlung der Sache durch denselben vorgegangen werden.

Der unzuständige Richter schließt den zuständigen nicht auf die Dauer von der Behandlung der Sache aus; letzterer hat ein Recht darauf, eventuell ist nach § 5 zu verfahren. Der unzuständige Richter kann mit der Sache befaßt bleiben, wenn er trotz Kenntniß der Sache sich bereit erklärt, die Betheiligten einverstanden sind und das zuständige Gericht die Sache nicht für sich in Anspruch nimmt.

§ 8.

Auf das gerichtliche Verfahren finden die Vorschriften des Gerichtsverfassungsgesetzes über die Gerichtssprache, über die Sitzungspolizei und über die Berathung und Abstimmung entsprechende Anwendung die

Vorschriften über die Gerichtssprache mit den sich aus dem § 9 ergebenden Abweichungen.

Gerichtssprache, Sitzungspolizei, Berathung und Abstimmung: Die Vorschriften über Gerichtssprache gelten auch für die landesgesetzlich an Stelle der Gerichte gesetzten Behörden § 194 Abs. 1 und 3.

G.V.G. § 186. Die Gerichtssprache ist die deutsche.

§ 187. Wird unter Betheiligung von Personen verhandelt, welche der deutschen Sprache nicht mächtig sind, so ist ein Dolmetscher zuzuziehen. Die Führung eines Nebenprotokolles in der fremden Sprache findet nicht statt; jedoch sollen Aussagen und Erklärungen in fremder Sprache, wenn und soweit der Richter dies mit Rücksicht auf die Wichtigkeit der Sache für erforderlich erachtet, auch in der fremden Sprache in das Protokoll oder in einer Anlage niedergeschrieben werden. In den dazu geeigneten Fällen soll dem Protokolle eine durch den Dolmetscher zu beglaubigende Uebersetzung beigefügt werden.

An Stelle von Abs. 2 dieses § tritt § 9 Satz 1.

Vergl. die verschiedene Fassung von G.V.G. § 187 Abs. 1 Satz 1 und § 179 dieses Gesetzes, welcher nur für die im X. Abschnitt geregelten Angelegenheiten gilt. Nach den allgemeinen Bestimmungen hat also der Richter sachgemäß zu prüfen und zu beurtheilen, ob eine Person der deutschen Sprache nicht mächtig ist.

§ 188. Zur Verhandlung mit tauben oder stummen Personen ist, sofern nicht eine schriftliche Verständigung erfolgt, eine Person als Dolmetscher zuzuziehen, mit deren Hilfe die Verständigung in anderer Weise erfolgen kann.

§ 189. Ob einer Partei, welche taub ist, bei der mündlichen Verhandlung der Vortrag zu gestatten sei, bleibt dem Ermessen des Gerichts überlassen.

Absatz 2 — hier gegenstandlos.

§ 190. Personen, welche der deutschen Sprache nicht mächtig sind, leisten Eide in der ihnen geläufigen Sprache.

§ 191. Der Dolmetscher hat einen Eid dahin zu leisten: daß er treu und gewissenhaft übertragen werde. Ist der Dolmetscher für Uebertragungen der betreffenden Art im Allgemeinen beeidigt, so genügt die Berufung auf den geleisteten Eid.

Vergl. jedoch über Unterlassung der Beeidigung § 9 Satz 1.

§ 192. Der Dienst des Dolmetschers kann von dem Gerichtsschreiber wahrgenommen werden. Einer besonderen Beeidigung bedarf es nicht.

§ 193 — ist ersetzt durch § 9 Satz 2.

Die Vorschriften über Sitzungspolizei finden auf alle vor dem Gerichte erfolgenden Verhandlungen Anwendung. Sitzungen im Sinne der Civilprozeßordnung und des Gerichtsverfassungsgesetzes finden in der freiwilligen Gerichtsbarkeit überhaupt nicht statt; die Verhandlungen finden, da das Gesetz nichts Anderes bestimmt, stets unter Ausschluß anderer Personen als der Betheiligten statt.

G.V.G. § 177. Die Aufrechthaltung der Ordnung in der Sitzung liegt dem Vorsitzenden ob.

§ 178. Parteien, Beschuldigte, Zeugen, Sachverständige oder bei der Verhandlung nicht betheiligte Personen, welche den zur Aufrechthaltung der Ordnung erlassenen Befehlen nicht gehorchen, können auf Beschluß des Gerichts aus dem Sitzungszimmer entfernt, auch zur Haft abgeführt und während einer in dem Beschlusse zu bestimmenden Zeit, welche vierundzwanzig Stunden nicht übersteigen darf, festgehalten werden.

Ueber eine Folge zwangsweiser Entfernung siehe Note zu § 91; der Entfernte gilt als nicht erschienen. Verfügungen gegen bei der Verhandlung nicht Betheiligte können veranlaßt sein, wenn solche Personen im Verhandlungsraume erscheinen und sich auf die Aufforderung des Gerichts nicht entfernen.

§ 179. Das Gericht kann gegen Parteien, Beschuldigte, Zeugen, Sachverständige oder bei der Verhandlung nicht betheiligte Personen, welche sich in der Sitzung einer Ungebühr schuldig machen, vorbehaltlich der strafgerichtlichen Verfolgung, eine Ordnungsstrafe bis zu einhundert Mark oder bis zu drei Tagen Haft festsetzen und sofort vollstrecken lassen.

§ 180. Das Gericht kann gegen einen bei der Verhandlung betheiligten Rechtsanwalt oder Vertheidiger, der sich in der Sitzung einer Ungebühr schuldig macht, vorbehaltlich der strafgerichtlichen oder disziplinaren Verfolgung, eine Ordnungsstrafe bis zu einhundert Mark festsetzen.

Gegenüber einem Beistand ist § 179 anwendbar, ebenso gegenüber Mitgliedern des Familienrathes. § 33 dieses Gesetzes (Androhung der Strafe) gilt für diese Ordnungsstrafen nicht — siehe Note zu § 33.

§ 181. Die Vollstreckung der vorstehend bezeichneten Ordnungsstrafen hat der Vorsitzende unmittelbar zu veranlassen.

§ 182. Die in den §§ 177—181 bezeichneten Befugnisse stehen auch einem einzelnen Richter bei der Vornahme von Amtshandlungen außerhalb der Sitzung zu.

Die Auslegung dieser Vorschrift für die Angelegenheiten der freiwilligen Gerichtsbarkeit ist wegen § 183 Abs. 2 von Bedeutung. An Stelle der „Sitzungen" im Sinne des Gerichtsverfassungsgesetzes treten hier die zur Verhandlung mit den Betheiligten an der Gerichtsstelle anberaumten Termine; § 182 findet deßhalb auf die Termine außerhalb der Gerichtsstelle, sowie auf Termine, in welchen lediglich Zeugen oder Sachverständige zu vernehmen sind, und in den Fällen, in welcher mit ohne Ladung erschienenen Personen verhandelt wird, Anwendung.

§ 183. Ist in den Fällen der §§ 179, 180, 182 eine Ordnungsstrafe festgesetzt, so findet binnen der Frist von einer Woche nach der Bekanntmachung der Entscheidung Beschwerde statt, sofern die Entscheidung nicht von dem Reichsgerichte oder einem Oberlandesgerichte getroffen ist.

Die Beschwerde hat in dem Falle des § 179 keine aufschiebende Wirkung, in den Fällen des § 180 und des § 182 aufschiebende Wirkung.

Ueber die Beschwerde entscheidet das Oberlandesgericht.

Die Bekanntmachung des die Ordnungsstrafe verhängenden Beschlusses erfolgt entweder durch Bekanntmachung zu Protokoll an den anwesenden Bestraften (§ 16 Abs. 3) oder auch § 16 Abs. 2 Satz 1 durch Zustellung von Amtswegen (C.P.O. §§ 208—213).

Hinsichtlich der aufschiebenden Wirkung gilt § 24 nicht, auch die sonstigen Vorschriften über die Beschwerde finden nur Anwendung, soweit hier nicht ein Anderes bestimmt ist (§ 1).

Das Oberlandesgericht entscheidet in einem Civilsenat (§ 30).

§ 184. Ist eine Ordnungsstrafe wegen Ungebühr festgesetzt, oder eine Person zur Haft abgeführt, oder eine bei der Verhandlung betheiligte Person entfernt worden, so ist der Beschluß des Gerichts und dessen Veranlassung in das Protokoll aufzunehmen.

Das gilt auch, wenn die Bekanntmachung nicht nach § 16 Abs. 3 erfolgt, weil sich z. B. der Bestrafte vor der Verkündigung des Beschlusses entfernt hat.

§ 185. Wird eine strafbare Handlung in der Sitzung begangen, so hat das Gericht den Thatbestand festzustellen und der zuständigen Behörde das darüber aufgenommene Protokoll mitzutheilen. In geeigneten Fällen ist die vorläufige Festnahme des Thäters zu verfügen.

Berathung und Abstimmung: Vergl. G.V.G. §§ 194 bis 200. Diese Vorschriften geben hier zu besonderen Bemerkungen keinen Anlaß.

Die Vorschriften über Sitzungspolizei, Berathung und Abstimmung finden keine Anwendung für die landesrechtlich an Stelle der Gerichte zuständigen Behörden. (§ 194 Abs. 3.)

§ 9.

Der Zuziehung eines Dolmetschers bedarf es nicht, wenn der Richter der Sprache, in der sich die betheiligten Personen erklären, mächtig ist; die Beeidigung des Dolmetschers ist nicht erforderlich, wenn die betheiligten Personen darauf verzichten. Auf den Dolmetscher finden die Vorschriften des § 6 entsprechende Anwendung.

Dolmetscher: Abweichend von G.V.G. § 187 Abs. 2 kann die Zuziehung eines Dolmetschers schon dann unterbleiben, wenn allein der Richter (bei einem Richtercollegium also sämmtliche

Richter) der betreffenden Sprache mächtig ist; es ist also insbesondere nicht nothwendig, daß dies auch beim Protokollführer der Fall ist.

Betheiligte sind hier auch Zeugen und Sachverständige.

Die Beeidigung kann entgegen G.V.G. § 191 im Falle des Verzichtes der Betheiligten — das sind hier nur die materiell an der Sache Interessirten mit Ausschluß von Zeugen und Sachverständigen — unterbleiben; der Richter kann sie jedoch nach seinem Ermessen trotz des Verzichtes vornehmen.

Satz 2 tritt an die Stelle von G.V.G. § 193. Auch der Dolmetscher kann nicht abgelehnt werden.

§ 10.

Auf das gerichtliche Verfahren sind die Gerichtsferien ohne Einfluß. Die Bearbeitung der Vormundschaftssachen und der Nachlaßsachen kann während der Ferien unterbleiben, soweit das Bedürfniß einer Beschleunigung nicht vorhanden ist.

Gerichtsferien: Hinsichtlich derselben vergl. G.V.G. § 201. Die Gerichtsferien beginnen am 15. Juli und endigen am 15. September.

Vormundschaftssachen §§ 35—64; Nachlaßsachen §§ 72—99. Ob die Bearbeitung dieser beiden Sachen unterbleiben kann, hat der Richter nach pflichtgemäßem Ermessen und in Erwägung seiner allenfallsigen Haftung nach B.G.B. §§ 839, 1674, 1848 zu entscheiden; er hat also zu prüfen, ob der Partei durch die Verzögerung kein Schaden droht. Die unterlassene Bearbeitung kann nur im Weg der Aufsichtsbeschwerde herbeigeführt werden.

Im Hinblick auf Satz 1 laufen während der Ferien alle Fristen, insbesondere auch die Beschwerdefristen in Vormundschafts- und Nachlaßsachen; ist diesfalls die sofortige Beschwerde bei dem Gerichte, dessen Verfügung angefochten wird, eingelegt, so wird dieses Gericht die Beschwerde dem Beschwerdegericht vorzulegen haben, damit dieses sich über das Bedürfniß der Verbescheidung während der Ferien schlüssig macht.

§ 11.

Anträge und Erklärungen können zum Protokolle des Gerichtsschreibers des zuständigen Gerichts oder des Gerichtsschreibers eines Amtsgerichts erfolgen.

Erklärungen zu Protokoll eines Gerichtsschreibers: Durch die beiden hier erwähnten Alternativen ist nicht ausgeschlossen, daß Anträge und Erklärungen schriftlich eingereicht werden; das Gesetz sagt nicht, daß sie nur in einer der beiden genannten Formen erfolgen könnten. Ausgeschlossen ist auch nicht, daß der Richter selbst Anträge und Erklärungen entgegennimmt zu richterlichem Protokoll. Weder für das Gerichtsschreiber- noch für das Richterprotokoll bestehen reichsrechtliche Vorschriften. Anderseits gilt die Vorschrift nur für Erklärungen, welche nicht vor dem Richter erfolgen müssen; vergl. z. B. § 91 Abs. 1.

Von wem Erklärungen entgegenzunehmen sind, bestimmt das Gesetz nicht; soweit es sich um formelle Anträge auf Grund gesetzlicher Antragsberechtigung handelt, sind nur geschäftsfähige Personen vorbehaltlich der Bestimmung des § 59 zuzulassen; Erklärungen und Anregungen anderer Art sind, insbesondere in Vormundschaftssachen, nach der Natur der Sache auch von Geschäftsunfähigen und in der Geschäftsfähigkeit Beschränkten entgegenzunehmen.

Zuständiges Gericht ist dasjenige, welches zur Verbescheidung des Antrags bezw. zur Behandlung der Sache, auf welche sich die Erklärung bezieht, nach den Vorschriften über sachliche und örtliche Zuständigkeit berufen ist.

Neben dem Gerichtsschreiber des zuständigen Gerichts ist der Gerichtsschreiber jedes Amtsgerichts im deutschen Reich zur Entgegennahme der Anträge und Erklärungen verpflichtet, gleichviel auch, ob zuständiges Gericht ein Amtsgericht oder ein Gericht höherer Ordnung ist.

Durch die Erklärung vor dem Gerichtsschreiber eines nicht zuständigen Amtsgerichts wird keine Frist gewahrt; derselbe hat jedoch das aufgenommene Protokoll rechtzeitig, soweit es noch möglich ist, an das zuständige Gericht zu übersenden, und haftet hiefür. (B.G.B. § 839).

Ausnahmen bezügl. der zweiten Alternative bestehen hinsichtlich bestimmter Erklärungen in Bezug auf das Handelsregister (§ 128), das Genossenschaftsregister (§ 147), das Vereinsregister (§ 159) und das Güterrechtsregister (§ 161).

Beschwerdeeinlegung beim Gerichtsschreiber siehe § 21 Abs. 2.

§ 12.

Das Gericht hat von Amtswegen die zur Feststellung der Thatsachen erforderlichen Ermittelungen zu veranstalten und die geeignet erscheinenden Beweise aufzunehmen.

Verfahren von Amtswegen: In der freiwilligen Gerichtsbarkeit wird der Richter regelmäßig von Amtswegen überhaupt thätig, vorbehaltlich ausdrücklicher gesetzlicher Ausnahmen (siehe §§ 56, 66, 86, 100, 128, 150, 153); von Amtswegen ist das Nöthige zu ermitteln zur Feststellung, ob überhaupt eine gerichtliche Thätigkeit nothwendig ist, ferner ob die eigene Zuständigkeit gegeben ist (wenn z. B. der Standesbeamte von einem Fall Anzeige macht, welcher Bestellung eines Vormunds, Pflegers veranlaßt); ebenso hat zur Durchführung eines begonnenen Verfahrens, auch wenn es auf Antrag eingeleitet ist, das Gericht von Amtswegen alle nöthigen Ermittelungen anzustellen (Ausnahme siehe § 87 Nachlaßauseinandersetzung auf Antrag eines Miterben, § 154 Dispache); geeigneten Falls hat das Gericht, auch nachdem es eine

Entscheidung getroffen hat, selbst zu ermitteln, ob nicht eine Aenderung derselben angezeigt erscheint im Hinblick auf § 18.

Das Gericht hat die ihm geeignet erscheinenden Beweise zu erheben, regelmäßig ohne Beweisanträge der Betheiligten abwarten zu müssen oder zur Erhebung angebotener Beweise verpflichtet zu sein (Ausnahmen siehe B.G.B. § 2358, wo das Nachlaßgericht bei Ertheilung eines gemeinschaftlichen Erbscheines angewiesen ist, die vom Antragsteller angegebenen Beweismittel zu benützen); über Form der Beweiserhebung vergl. § 15.

Ob und inwieweit das Gericht die Betheiligten mit ihren Vorschlägen über Ermittelungen und Beweise hören will, ist seinem Ermessen überlassen, soweit nicht Gehör der Betheiligten ausdrücklich vorgeschrieben ist (siehe §§ 89, 142 Abs. 2, 146, 159, 160, 164 bis 166).

Ueber das Ergebniß der Ermittelungen und Beweiserhebungen entscheidet das Gericht nach freiem Ermessen.

Diese Art des Offizialverfahrens gilt auch für die Beschwerdeinstanz. Diese ist an die Beschwerdeanträge und angebotenen Beweise nicht gebunden.

§ 13.

Die Betheiligten können mit Beiständen erscheinen. Sie können sich, soweit nicht das Gericht das persönliche Erscheinen anordnet, auch durch Bevollmächtigte vertreten lassen. Die Bevollmächtigten haben auf Anordnung des Gerichts oder auf Verlangen eines Betheiligten die Bevollmächtigung durch eine öffentlich beglaubigte Vollmacht nachzuweisen.

Verbeistandung und Vertretung: Beistand ist diejenige Person, welche nicht an Stelle eines Betheiligten, sondern neben ihm erscheint; es kann jede geschäftsfähige Person (Vgl. B.G.B. §§ 104 ff.) Beistand sein. Die Legitimation des Beistands beruht auf der Anwesenheit des Betheiligten und erlischt mit dessen Entfernung. Die Erklärungen des Beistands gelten als Erklärungen der Partei; bei Widerspruch zwischen Erklärungen des Betheiligten und seines Beistandes sind die Erklärungen des Ersteren naturgemäß maßgebend (vergl. C.P.O. § 90 Abs. 2).

Das Gericht kann in allen Fällen nach seinem Ermessen das persönliche Erscheinen der Betheiligten anordnen; allgemeine Zwangsmittel, um dasselbe zu erwirken, stehen ihm nicht zu Gebote; es kann jedoch die Verhandlung mit Bevollmächtigten verweigern, wenn seiner Anordnung nicht Folge gegeben wird (über Zwangsmittel gegen Vormünder, Gegenvormünder, Pfleger vergl. B.G.B. §§ 1837, 1915).

Für Bevollmächtigte verlangt das Gesetz besondere Eigenschaften nicht, insbesondere muß es regelmäßig ein Rechtsanwalt nicht sein (Ausnahme bei Einlegung weiterer Beschwerde

s. § 29); wer Vollmacht ertheilen, wer bevollmächtigt werden kann, welche Wirkungen die Vollmacht hat, und wie lange sie dauert, bestimmt sich nach bürgerlichem Rechte (B.G.B. §§ 164 ff.).

Eine Form ist für die Vollmacht regelmäßig nicht vorgeschrieben; es genügt mündliche Ertheilung vor Gericht, bei Schriftform Privatvollmacht. Ob öffentlich beglaubigte Vollmacht vorzulegen ist, darüber entscheidet das Ermessen des Gerichts oder der Wille der Mitbetheiligten; als solche gelten nur sachlich Betheiligte, nicht solche, welche an einer einzelnen Verhandlung theilnehmen, wie Zeugen, Sachverständige, Dolmetscher; über öffentliche Beglaubigung siehe §§ 167, 183; B.G.B. § 129 (Ausnahme: Zur Ausschlagung einer Erbschaft ist stets öffentlich beglaubigte Vollmacht nöthig. B.G.B. § 1945).

Zur Zurückweisung eines unfähigen Beistands oder Bevollmächtigten ist das Gericht nicht berechtigt (vergl. dagegen C.P.O. § 157 Abs. 1).

§ 14.

Die Vorschriften der Civilprozeßordnung über das Armenrecht sowie die Vorschriften der §§ 34 bis 36 der Rechtsanwaltsordnung finden entsprechende Anwendung.

Armenrecht: Vergl. C.P.O. §§ 114—127. Der § 127 enthält eine Ausnahme von dem Grundsatz des § 19 Abs. 1, daß jede Verfügung 1. Instanz mit Beschwerde anfechtbar ist; auf die Beschwerde finden die Vorschriften dieses Gesetzes Anwendung; die Vorschriften über Armenrecht gelten auch, wenn nach E.G. z. B.G.B. § 147 durch Landesgesetz andere als gerichtliche Behörden zur Führung von Geschäften der freiwilligen Gerichtsbarkeit bestellt sind, also diesfalls auch gegenüber Notaren. Für die im 10. Abschnitt behandelten Geschäfte erfolgt Bewilligung des Armenrechtes nicht, da dieselben nicht durch Reichsgesetz ausschließlich den Gerichten zugewiesen sind.

Anwaltszwang besteht nach diesem Gesetze nur beschränkt nach § 29 Abs. 1. Ueber Beiordnung von Rechtsanwälten vergl. R.A.O.

> § 34. Einer Partei, welcher das Armenrecht bewilligt ist, kann auch . . . zur unentgeltlichen Wahrnehmung ihrer Rechte von dem (Prozeß-)Gericht ein Rechtsanwalt auf Antrag beigeordnet werden.

Auf Antrag kann also, auch ohne daß Vertretung durch Rechtsanwälte geboten ist, ein solcher beigeordnet werden; wohnt die arme Partei nicht im Gerichtsbezirke, so ist C.P.O. § 116 hinsichtlich Beiordnung eines Vertreters zu beachten.

> § 35. Gegen die Entscheidung, durch welche die Beiordnung eines Rechtsanwalts abgelehnt wird, steht der Partei die Beschwerde nach Maßgabe der Civilprozeßordnung zu.
>
> § 36. Die Auswahl eines beizuordnenden Rechtsanwalts erfolgt durch den Vorsitzenden des Gerichts aus der Zahl der bei diesem zugelassenen Rechtsanwälte.

Gegen die Verfügung steht der Partei und dem Rechtsanwalte die Beschwerde nach Maßgabe der Civilprozeßordnung zu.

Vorsitzender des Gerichts ist in 1. Instanz der mit der Sache befaßte Amtsrichter, nicht der Vorstand des Amtsgerichts, wo dieses mit mehreren Richtern besetzt ist, in höherer Instanz der Vorsitzende der Kammer oder des Senats; wenn andere als gerichtliche Behörden in 1. Instanz durch Landesgesetz für zuständig erklärt sind und die Landesgesetzgebung nicht Bestimmung trifft (§ 200), gilt als Vorsitzender der mit der Sache befaßte Beamte und wenn ein Collegium zuständig ist, dessen Vorsitzender.

Die Beschwerdeführung erfolgt im Falle der §§ 35 und 36 nach Maßgabe der §§ 19 ff. dieses Gesetzes (vergl. die Fassung „entsprechende Anwendung"); vergl. Note zu § 19.

§ 15.

Die Vorschriften der Civilprozeßordnung über den Zeugenbeweis, über den Beweis durch Sachverständige und über das Verfahren bei der Abnahme von Eiden finden entsprechende Anwendung. Ueber die Beeidigung eines Zeugen oder Sachverständigen entscheidet jedoch, unbeschadet der §§ 393, 402 der Civilprozeßordnung, das Ermessen des Gerichts.

Behufs der Glaubhaftmachung einer thatsächlichen Behauptung kann ein Betheiligter zur Versicherung an Eidesstatt zugelassen werden.

Beweisaufnahme, Glaubhaftmachung: Abs. 1. Eine allgemeine Regel, daß die Vorschriften der Civilprozeßordnung subsidiär gelten, ist nicht aufgestellt; sie können daher nicht weiter, als dies ausdrücklich bestimmt ist, Anwendung finden. Vergl. über Zeugenbeweis C.P.O. §§ 373—401, über Beweis durch Sachverständige §§ 402—414, über Verfahren bei Abnahme von Eiden §§ 478—484. Durch entsprechende Anwendung erleiden diese Vorschriften der Civilprozeßordnung folgende Modificationen:

Da das Gericht von Amtswegen den Beweis erhebt (§ 12), entfällt die Anwendung nachstehender Bestimmungen: § 373 — Beweisvorschläge der Betheiligten wird das Gericht immerhin entgegennehmen, mitunter sie sogar verlangen —, § 374 (Zurückweisung neuer Zeugen), § 379 (Vorschußpflicht), § 386 Abs. 4 (Benachrichtigung vom Eingang auswärts erfolgter Beweiserhebung), § 391 Abs. 2 (Parteiverzicht auf Beeidigung) § 397 (Fragerecht der Parteien — das Gericht wird die Befragung der Zeugen nach seinem Ermessen gestatten können), § 399 (Verzicht auf vorgeschlagene Zeugen), § 403 (Antritt des Sachverständigenbeweises), (§ 404 Vernehmung vorgeschlagener Sachverständiger), § 410 (Parteiverzicht auf Beeidigung des Sachverständigen).

Durch Satz 2 ist die obligatorische Beeidigung von Zeugen und Sachverständigen (C.P.O. §§ 391, 410) beseitigt, und dieselbe ins Ermessen des Gerichtes gestellt; die in § 393 aufgeführten Kategorien sind jedoch unter allen Umständen unbeeidigt zu vernehmen.

Ueber Zeugnißweigerung (§ 387) wird durch Beschluß entschieden; Anhörung der Betheiligten vor der Entscheidung ist nicht erforderlich.

Auf die Strafen gegen ungehorsame Zeugen oder Sachverständige (C.P.O. § 380, 390, 409) findet § 33 keine Anwendung (vergl. Note zu § 33); die Haft ist im Falle des § 390 von Amtswegen anzuordnen.

Mittheilung von Entscheidungen des Gerichts erfolgt nach Maßgabe des § 16.

Soweit Beschwerde oder sofortige Beschwerde gegeben ist, erfolgt sie nach Maßgabe der §§ 21 ff. (vergl. auch Note zu § 19).

Auch die Gebührenordnung für Zeugen und Sachverständige vom 30. Juni 1878 findet gemäß C.P.O. §§ 401, 413 Anwendung.

Abs. 2. Glaubhaftmachung ist diejenige Art der Beweisführung, bei welcher nicht die volle Ueberzeugung des Richters von der Wahrheit der zu beweisenden Thatsache herbeigeführt werden muß, sondern der Glaube des Richters an die Wahrheit, gestützt auf Wahrscheinlichkeitsgründe, genügt. Die Vorschriften über Beweiserhebung finden daher keine Anwendung. Hinsichtlich der Mittel der Glaubhaftmachung besteht keine Beschränkung; ob die gebrauchten Mittel ausreichend sind, entscheidet das Ermessen des Gerichts, die eidesstattliche Versicherung ist besonders erwähnt (vergl. C.P.O. § 294 Abs. 1); über die Form derselben entscheidet das Landesrecht.

§ 16.

Gerichtliche Verfügungen werden mit der Bekanntmachung an denjenigen, für welchen sie ihrem Inhalte nach bestimmt sind, wirksam.

Die Bekanntmachung erfolgt, wenn mit ihr der Lauf einer Frist beginnt, durch Zustellung nach den für die Zustellung von Amtswegen geltenden Vorschriften der Civilprozeßordnung; durch die Landesjustizverwaltung kann jedoch für Zustellungen im Ausland eine einfachere Art der Zustellung angeordnet werden. In denjenigen Fällen, in welchen mit der Bekanntmachung nicht der Lauf einer Frist beginnt, soll in den Akten vermerkt werden, in welcher Weise, an welchem Orte und an welchem Tage die Bekanntmachung zur Ausführung gebracht ist; durch die Landesjustizverwaltung kann näher bestimmt werden, in welcher Weise in diesen Fällen die Bekanntmachung zur Ausführung gebracht werden soll.

Einem Anwesenden kann die Verfügung zu Protokoll bekannt gemacht werden. Auf Verlangen ist ihm eine Abschrift der Verfügung zu ertheilen.

Wirksamkeit und Bekanntmachung gerichtlicher Verfügungen: **Abs. 1.** Diese umfassen auch die im Gesetze als Entscheidungen oder Beschlüsse bezeichneten Entschließungen des Gerichts und zwar aller Instanzen. Die Wirksamkeit einer Verfügung äußert sich, wenn sie direkt auf eine Rechtsänderung abzielt, durch sofortigen Eintritt derselben, wenn sie eine Rechtsänderung oder sonstige Handlung von rechtlicher Tragweite gestattet, dadurch, daß nun die Vornahme derselben zulässig ist.

Der Eintritt dieser Wirkung ist an die nach Abs. 2 oder 3 erfolgende Bekanntmachung, nicht schon an die Erlassung, nicht erst an die Rechtskraft geknüpft. Wem bekannt zu machen ist, entscheidet im einzelnen Falle das Gericht unter Haftung dafür, daß die Verfügung auch an jeden, für den sie ihrem Inhalte nach bestimmt ist, erfolgt; dies sind alle Personen, in deren Rechtslage fördernd oder beschränkend eingegriffen wird; auf die Beschwerdeberechtigung ist hiebei zu achten (§ 20). Ist mehreren Personen bekannt zu machen, so tritt die Wirksamkeit für jeden mit der Bekanntmachung an ihn ein; Ausnahmen siehe §§ 26, 53, 56 Abs. 2, 70, 97, 98 (Eintritt der Wirksamkeit mit der Rechtskraft); §§ 51, 52, 67 (mit der Bekanntmachung an eine Person für Alle). Ueber Folgen der Aufhebung einer bereits wirksamen Verfügung vergl. § 32.

Abs. 2. Die Bekanntmachung ist reichsrechtlich verschieden geregelt, je nachdem mit ihr der Lauf einer Frist — richterlichen oder gesetzlichen, insbesondere Beschwerdefrist (§ 22) — beginnt oder nicht.

Im ersteren Falle erfolgt sie nach den Vorschriften der C.P.O. §§ 208—213; nur für die Zustellung im Auslande — d. i. jedes nicht zum deutschen Reich gehörige Gebiet, hinsichtlich Zustellungen auch die Schutzgebiete nach R.Ges. vom 17. April 1886 in der Fassung des R.Ges. vom 15. März 1888 — kann auch hier die Landesjustizverwaltung von den Vorschriften der C.P.O. §§ 199 mit 208 abweichende Bestimmungen treffen.

Läuft von der Bekanntmachung ab keine Frist, was die Regel ist (weil keine oder nur einfache Beschwerde zulässig), so ist reichsrechtlich nur Vermerk zu den Akten über Art und Weise, Ort und Tag der erfolgten Bekanntmachung vorgeschrieben; die Form zu bestimmen ist — vorbehaltlich Abs. 3 — der Landesjustizverwaltung überlassen.

Abs. 3. Die Bekanntmachung zu Protokoll an den Anwesenden ist nach dem Ermessen des Gerichts, sowohl wenn eine Frist läuft, als wenn dies nicht der Fall ist — die Landesjustizverwaltung kann sie letzterenfalls nicht ausschließen — zulässig. Die Verfügung muß wörtlich ins Protokoll aufgenommen werden; Vorlesen derselben und Unterschrift des Betheiligten ist reichsgerichtlich nicht vorgeschrieben.

Die Abschrift der Verfügung — nicht des ganzen Protokolls — vertritt hier die sonst zuzustellende Ausfertigung.

§ 17.

Für die Berechnung der Fristen gelten die Vorschriften des Bürgerlichen Gesetzbuchs.

Fällt das Ende der Frist auf einen Sonntag oder allgemeinen Feiertag, so endigt die Frist mit dem Ablaufe des nächstfolgenden Werktags.

Fristberechnung: **Abs. 1.** Vergl. B.G.B. §§ 187—193. Die Vorschrift bezieht sich auf gesetzliche wie auf richterliche Fristen. Richterliche Fristen, in deren Bestimmung der Richter nicht beschränkt ist, können durch ihn auch auf Antrag oder von Amtswegen verlängert oder abgekürzt werden; gesetzliche Fristen können mangels ausdrücklicher gegentheiliger Bestimmung weder durch Uebereinkunft der Betheiligten noch durch den Richter abgeändert werden.

Abs. 2. Was ein allgemeiner Feiertag ist, bestimmt sich nach Landesrecht. Maßgebend ist der Ort, an welchem die Handlung zu erfolgen hat oder erfolgen kann, welche zur Wahrung der Frist nothwendig ist.

§ 18.

Erachtet das Gericht eine von ihm erlassene Verfügung nachträglich für ungerechtfertigt, so ist es berechtigt, sie zu ändern; soweit eine Verfügung nur auf Antrag erlassen werden kann und der Antrag zurückgewiesen worden ist, darf die Aenderung nur auf Antrag erfolgen.

Zu der Aenderung einer Verfügung, die der sofortigen Beschwerde unterliegt, ist das Gericht nicht befugt.

Nachträgliche Aenderung gerichtlicher Verfügungen: Zur Abänderung einer Verfügung ist sowohl das Gericht 1. Instanz berechtigt, welches dieselbe erlassen hat, als dasjenige, welches nach §§ 46, 75 zuständig geworden ist, das Landgericht als 2. Instanz hinsichtlich der von ihm erlassenen Verfügung nur, solange nicht weitere Beschwerde eingelegt ist (§ 29 Abs. 3).

Anlaß zur Aenderung kann bei unveränderter Sachlage eine veränderte rechtliche Anschauung wie thatsächliche Beurtheilung, Ermittelung neuer Thatsachen, ferner nachträgliche Aenderung der Sachlage geben; eines Antrags oder einer Beschwerde bedarf es nicht zur Aenderung.

Als Aenderung ist auch die gänzliche Aufhebung einer Verfügung anzusehen.

Die Abänderungsbefugniß ist ausgeschlossen:

1. bei Verfügungen, welche nur auf Antrag erlassen werden können, wenn der Antrag zurückgewiesen worden ist; nicht, wenn dem Antrage stattgegeben wurde, ferner nicht, wenn die Verfügung zwar auf Antrag erlassen wurde, aber auch von Amtswegen hätte ergehen können;
2. wenn schon eine Entscheidung des Beschwerdegerichts ergangen ist und weitere Beschwerde eingelegt ist (§ 29 Abs. 3);
3. in den besonderen Fällen der §§ 55, 62 (Vormundschaftssachen), 67 (Annahme an Kindesstatt);
4. wenn die Verfügung mit sofortiger Beschwerde anfechtbar ist (Abs. 2), auch wenn diese noch nicht eingelegt ist, und auch nicht auf Grund veränderter Sachlage.

§ 19.

Gegen die Verfügungen des Gerichts erster Instanz findet das Rechtsmittel der Beschwerde statt.

Ueber die Beschwerde entscheidet das Landgericht.

Beschwerde; Zulässigkeit; Beschwerdegericht: **Abs. 1.** Die Beschwerde ist das einzige vom Gesetz eingeräumte Rechtsmittel; sie findet statt nur gegen sachliche und prozessuale Verfügungen des Gerichts (Anordnungen, Entscheidungen, Beschlüsse), nicht gegen bloße Verrichtungen des Gerichts, wie die gerichtliche Beurkundung von Rechtsgeschäften (§§ 167 ff.), bei welchen das Gericht nur Werkzeug der Betheiligten zur Abgabe einer Erklärung ist, nicht selbst verfügt. Die Aufsichtsbeschwerde gegen den Geschäftsbetrieb des Richters regelt sich nach Landesrecht.

Gericht erster Instanz ist das nach den speziellen Vorschriften dieses Gesetzes oder anderer Reichsgesetze mit Angelegenheiten der betreffenden Art als unterste Instanz befaßte Gericht, regelmäßig das Amtsgericht; diese Regel hat das Gesetz selbst durch Bestimmung des Landgerichts als Beschwerdeinstanz im Auge; in den Ausnahmsfällen ist theils die Beschwerde ausgeschlossen (§§ 5, 46 Abs. 2, 47 Abs. 2), theils besonders geregelt (§§ 64, 143 Abs. 2 mit 199 Abs. 2).

Wo Bestimmungen anderer Gesetze, insbesondere der Civilprozeßordnung entsprechende Anwendung finden, regelt sich eine dort zugelassene Beschwerde nach den Vorschriften dieses Gesetzes, so hinsichtlich des Armenrechts § 14 mit C.P.O. § 127, des Beweisverfahrens § 15 mit C.P.O. §§ 380 Abs. 3, 387, 390 Abs. 3., 406 Abs. 5, 409 Abs. 2; hinsichtlich Ordnungsstrafen in Ausübung der Sitzungspolizei siehe Note zu § 8. Ist in solchen Fällen die beschwerende Entscheidung von einem Gerichte höherer Ordnung ausgegangen, so daß Abs. 2 dieses § nicht mehr gelten kann, so findet entsprechend auch C.P.O. § 568 Anwendung, wonach über die Beschwerde das im Instanzenzuge zunächst höhere Gericht entscheidet, während sich das Verfahren im Uebrigen nach diesem Gesetze richtet.

In Vormundschaftssachen kann der Familienrath die Rechte und Pflichten des Vormundschaftsgerichtes ausüben (B.G.B. § 1872), weshalb gegen seine Verfügungen die Beschwerde wie gegen die des Vormundschaftsgerichts selbst zulässig ist. Der Vormundschaftsrichter ist als solcher Vorsitzender des Familienraths (B.G.B. § 1860); seine Verfügungen in dieser Eigenschaft sind deshalb ebenfalls als Entscheidungen des Vormundschaftsgerichts erster Instanz anfechtbar (vergl. B.G.B. § 1875).

Ueber die weitere Beschwerde siehe § 27, die sofortige Beschwerde § 22, die sofortige weitere Beschwerde § 29.

Die Beschwerde ist ausnahmsweise ausgeschlossen in den schon erwähnten Fällen der §§ 5, 46 und 47, ferner nach § 14 mit C.P.O. § 127 (Armenrecht), §§ 68 Abs. 1 (Annahme an Kindesstatt), 84 (Erbschein), 122 (Schiffspfandrecht), 132 Abs. 2, 146 Abs. 3, (Handelssachen), 164 Abs. 2, (Verwahrung und Untersuchung von Sachen), hinsichtlich des Beschwerdegrunds beschränkt nach §§ 96 Satz 2, (Bestätigung einer Auseinandersetzung), 139 Abs. 2 (Ordnungsstrafen in Handelssachen).

Abs. 2. Oertlich zuständig ist nicht nothwendig das Landgericht, in dessen Bezirk das als 1. Instanz entscheidende Amtsgericht liegt; die Landesgesetzgebung kann hier nach § 200 näher regelnd eingreifen.

Das Landgericht ist auch dann Beschwerdeinstanz, wenn andere als gerichtliche Behörden nach § 190 erste Instanz sind, auch wenn gegen deren Entscheidung nicht erst die des Amtsgerichts anzurufen ist (§ 195 Abs. 2).

Ueber die Besetzung des Landgerichts als Beschwerdeinstanz vergl. § 30.

§ 20.

Die Beschwerde steht Jedem zu, dessen Recht durch die Verfügung beeinträchtigt ist.

Soweit eine Verfügung nur auf Antrag erlassen werden kann und der Antrag zurückgewiesen worden ist, steht die Beschwerde nur dem Antragsteller zu.

Legitimation zur Beschwerdeführung: **Abs.** 1. Die Beschwerdeführung ist bedingt durch die Verletzung eines bestehenden, dem privaten oder öffentlichen Rechtsgebiet angehörenden Rechtes; bloße unvortheilhafte Einwirkung auf die rechtlichen Beziehungen einer Person, z. B. Vereitelung geplanter Rechtsgeschäfte, die einen materiellen Vortheil gebracht hätten, genügt nicht.

Näher geregelt ist die Beschwerdeberechtigung für Vormundschaftssachen in § 57; hinsichtlich der Beschwerde gegen Anordnung der Nachlaßverwaltung siehe § 76 Abs. 2, Beschwerde mehrerer Testamentsvollstrecker § 82 Abs. 1, Beschwerde der Organe des Handelsstands § 126 Abs. 1.

Abs. 2 enthält eine Einschränkung der Regel des Abs. 1. Die Vorschrift bezieht sich nur auf Fälle, in denen das Gericht nicht ohne Antrag thätig werden kann, nicht auf diejenigen, in welchen es zwar auf Antrag, bezw. Anregung eines Betheiligten im einzelnen Falle thätig wurde, dieselbe Thätigkeit aber von Amtswegen ohne Antrag hätte entfalten können. Hier ist bei Zurückweisung des Antrags auch derjenige, dessen Recht selbst verletzt ist, nicht beschwerdeberechtigt, aber auch der Antragsteller nur, wenn ein Recht desselben verletzt ist. Dritte können sich das Beschwerderecht nur verschaffen, indem sie — wenn hiezu legitimiert — selbst den Antrag bei der ersten Instanz wiederholen und so eine Entscheidung gegen sich selbst erwirken.

§ 21.

Die Beschwerde kann bei dem Gerichte, dessen Verfügung angefochten wird, oder bei dem Beschwerdegericht eingelegt werden.

Die Einlegung erfolgt durch Einreichung einer Beschwerdeschrift oder durch Erklärung zum Protokolle des Gerichtsschreibers desjenigen Gerichts, dessen Verfügung angefochten wird, oder des Gerichtsschreibers des Beschwerdegerichts.

Form der Beschwerdeeinlegung: **Abs. 1.** Die Beschwerde kann auch in nicht dringenden Fällen beim Beschwerdegericht eingelegt werden; geschieht dies, so kann das Beschwerdegericht sie der ersten Instanz zu etwaiger Aenderung der Verfügung nach § 18 mittheilen.

Die Einlegung der einfachen Beschwerde ist an keine Frist gebunden; sie hat regelmäßig keine aufschiebende Wirkung (§ 24 Abs. 1). Ueber Einlegung der weiteren Beschwerde vergl. § 29 Abs. 1.

Abs. 2. Für die Beschwerdeschrift ist weder die Form noch der wesentliche Inhalt vorgeschrieben; sie braucht weder einen Antrag zu enthalten, noch einen Beschwerdegrund anzugeben, es genügt jede Kundgebung des Willens, gegen eine bestimmte Verfügung Beschwerde erheben zu wollen. Begründung ist ausnahmsweise erforderlich bei der weiteren Beschwerde (§ 27), ferner im Falle des § 96 Abs. 2 (Bestätigung einer Auseinandersetzung).

Als Beschwerdeschrift gilt auch das Protokoll des Gerichtsschreibers eines nichtzuständigen Gerichts; vor einem solchen kann zwar nach § 11 die Beschwerde zu Protokoll erklärt werden, die Einlegung der Beschwerde erfolgt aber erst durch die Einreichung des Protokolls bei dem nach Abs. 1 zuständigen Gericht; bei der sofortigen Beschwerde wird die Frist erst durch diese Einreichung, nicht durch die Protokollarerklärung gewahrt.

Die Beschwerde kann, sowohl schriftlich als zu Protokoll, nach § 13 durch einen Bevollmächtigten, der nicht Rechtsanwalt zu sein braucht, erhoben werden; Ausnahme für die sofortige Beschwerde siehe § 29 Abs. 1.

Zurücknahme der Beschwerde ist nicht ausgeschlossen und kann in derselben Weise erfolgen wie die Einlegung (im Hinblick auf § 11), hindert jedoch nicht die Aenderung der Entscheidung nach § 18 durch das Gericht, welches die angefochtene Entscheidung erlassen hat; auch die Beschränkung § 29 Abs. 3 kommt dann in Wegfall.

§ 22.

Die sofortige Beschwerde ist binnen einer Frist von zwei Wochen einzulegen. Die Frist beginnt mit dem Zeitpunkt, in welchem die Verfügung dem Beschwerdeführer bekannt gemacht worden ist.

Einem Beschwerdeführer, der ohne sein Verschulden verhindert war, die Frist einzuhalten, ist auf Antrag von dem Beschwerdegerichte die Wiedereinsetzung in den vorigen Stand zu ertheilen, wenn er die Beschwerde binnen zwei Wochen nach der Beseitigung des Hindernisses einlegt und die Thatsachen, welche die Wiedereinsetzung begründen, glaubhaft macht. Eine Versäumung der Frist, die in dem Verschulden eines Vertreters ihren Grund hat, wird als eine unverschuldete nicht angesehen. Gegen die Entscheidung über den Antrag findet die sofortige weitere Beschwerde statt. Nach dem Ablauf eines Jahres, von dem Ende der versäumten Frist an gerechnet, kann die Wiedereinsetzung nicht mehr beantragt werden.

Sofortige Beschwerde: **Abs. 1.** Fälle derselben: § 15 mit C.P.O. §§ 387, 406 (Entscheidung über Rechtmäßigkeit der Zeugnißverweigerung und Ablehnung eines Sachverständigen), §§ 53 Abs. 1, 56 Abs. 2, 60 (Vormundschaftssachen), § 68 Abs. 2 (Versagung der Bestätigung des Adoptionsvertrags), § 70 (Berichtigung der Standesregister), §§ 76 Abs. 2, 77, 80, 81, 82 Abs. 2, 96, 99 (Nachlaß- und Theilungssachen), §§ 139 Abs. 1, 140, 141 Abs. 3, 142 Abs. 3, 143 Abs. 2, 146 Abs. 2, 147, 148 (Registersachen), §§ 150, 157 Abs. 1 (bei der Dispache), §§ 159, 160, (Vereinssachen), § 161 Abs. 1 (Güterrechtsregister).

Eine Ausnahme enthalten B.G.B. §§ 60 Abs. 2 und 73 Abs. 1 (Vereinssachen), welche die sofortige Beschwerde nach Maßgabe der Civilprozeßordnung geben.

Die sofortige Beschwerde ist kein besonderes Rechtsmittel, sondern nur eine für besondere Fälle vorgesehene Qualifikation des einen Rechtsmittels der Beschwerde. Die Vorschriften der §§ 20, 21 über Beschwerdeberechtigung und Einlegung finden Anwendung; über Einlegung zu Protokoll des Gerichtsschreibers des nichtzuständigen Gerichts vergl. Note zu § 21.

Die mit sofortiger Beschwerde anfechtbaren Verfügungen können von der Vorinstanz nicht abgeändert werden § 18 Abs. 2.

Die sofortige Beschwerde hat keine aufschiebende Wirkung (§ 24), die Entscheidung des Beschwerdegerichts selbst wird aber erst mit der Rechtskraft wirksam § 26.

Ueber sofortige weitere Beschwerde vergl. § 29 Abs. 2.

Die zweiwöchentliche Beschwerdefrist beginnt mit der nach § 16 Abs. 2 Satz 1 oder Abs. 3 erfolgenden Bekanntmachung an den Beschwerdeführer, bei Zustellung von Amtswegen für jeden der mehreren Beschwerdeführer besonders; maßgebend ist der Zeitpunkt der Zustellung, nicht der Kenntnißnahme von der Zustellung oder deren Inhalt. Sie berechnet sich nach § 17 mit B.G.B. § 187 Abs. 1, 188 Abs. 2; es wird also der Tag der Zustellung oder Eröffnung zu Protokoll nicht mitgerechnet, die Frist endet mit dem Ablaufe desjenigen Tages der zweiten Woche, welcher durch seine Benennung dem Tag der Bekanntmachung entspricht.

Ueber den Fristbeginn enthalten die § 60 Abs. 2 (Vormundschaftssachen) und § 77 Abs. 3 (Beschwerde gegen Bestimmung der Inventarfrist) besondere Vorschriften.

Abs. 2. Voraussetzungen der Wiedereinsetzung sind:

1. Der Beschwerdeführer muß an der Wahrung der Frist verhindert gewesen sein; hat derselbe einen Bevollmächtigten aufgestellt, so muß die Verhinderung in dessen Person vorliegen; auch für die Versäumung des Vertreters gelten die weiteren Voraussetzungen, insbesondere Mangel von Verschulden auf Seite des Bevollmächtigten;
2. Die Verhinderung muß eine unverschuldete, weder vorsätzlich noch fahrlässig herbeigeführt sein (vergl. die wesentlich engere Fassung von C.P.O. § 233);
3. ein Antrag; die verspätete Einlegung der sofortigen Beschwerde, selbst wenn sie erkennen läßt, daß der Beschwerdeführer sie ohne Verschulden nicht eher eingelegt hat, begründet für das Beschwerdegericht kein Recht, die sofortige Beschwerde ohne Wahrung der Frist formell zuzulassen, wenn nicht ausdrücklich Wiedereinsetzungsantrag gestellt ist.

Mit dem Antrag sind die Thatsachen, welche die Verhinderung und den Mangel an Verschulden, sowie die Zeit des Wegfalls der Verhinderung ersehen lassen, glaubhaft zu machen — vergl. § 15 Abs. 2.

Dem Antrag ist nur stattzugeben, wenn die Beschwerde selbst binnen einer zweiwöchentlichen Frist nach Beseitigung des Hindernisses nachgeholt wird — über Berechnung vergl. Note zu Abs. 1.

Das Verschulden des gesetzlichen oder bevollmächtigten Vertreters wird dem Vertretenen selbst dann angerechnet, wenn er selbst ohne Verschulden ist.

Die einjährige Frist für den Antrag berechnet sich wie die Beschwerdefrist; sie endet mit dem Ablaufe desjenigen Tages des 12. Monats nach dem Ablaufe der Beschwerdefrist, welcher durch seine Zahl dem Tage entspricht, an dem die ursprüngliche Frist abgelaufen war — § 17 mit B.G.B. §§ 187 Abs. 1, 188 Abs. 2.

War der Antrag noch vor Ablauf dieser Frist gestellt, so kann die Wiedereinsetzung auch nach Ablauf noch gewährt werden.

Ueber den Antrag entscheidet das Beschwerdegericht.

Die sofortige weitere Beschwerde (§§ 27, 28) gegen die Ablehnung steht nur dem Beschwerdeführer selbst zu, gegen die Gewährung jedem nach § 20 Abs. 1 Berechtigten.

Die Wiedereinsetzung ist ausgeschlossen im Falle des § 68 Abs. 2 (Versagung der Bestätigung der Annahme an Kindesstatt).

§ 23.

Die Beschwerde kann auf neue Thatsachen und Beweise gestützt werden.

Neue Thatsachen und Beweise: Dies sind solche, welche in der Vorinstanz noch nicht vorgebracht sind; sie brauchen nicht erst nach dem Erlaß der angefochtenen Entscheidung entstanden oder dem Beschwerdeführer bekannt geworden zu sein. Die Aufnahme der neu angebotenen Beweise erfolgt nach § 15. Das Beschwerdegericht kann nach § 12 auch von Amtswegen Ermittelungen anstellen, muß aber nicht nach neuen Thatsachen oder Beweisen forschen, ohne daß solche angegeben sind.

Eine beschränkende Vorschrift enthält § 96 Abs. 2 (siehe auch Note zu § 19).

§ 24.

Die Beschwerde hat nur dann aufschiebende Wirkung, wenn sie gegen eine Verfügung gerichtet ist, durch die eine Strafe festgesetzt wird.

Das Gericht, dessen Verfügung angefochten wird, kann anordnen, daß die Vollziehung auszusetzen ist.

Das Beschwerdegericht kann vor der Entscheidung eine einstweilige Anordnung erlassen; es kann insbesondere anordnen, daß die Vollziehung der angefochtenen Verfügung auszusetzen ist.

Aufschiebende Wirkung: **Abs. 1.** Die Beschwerde hat regelmäßig keine aufschiebende Wirkung; die Entscheidung der Vorinstanz tritt mit der Bekanntmachung in Wirksamkeit (§ 16); hinsichtlich der Entscheidung des Beschwerdegerichts, wenn sofortige weitere Beschwerde zulässig ist, vergl. § 26.

Eine Ausnahme ist nur hinsichtlich solcher Verfügungen gemacht, durch welche eine Strafe festgesetzt wird; dies gilt sowohl für solche Strafen, welche auf Grund prozeßrechtlicher Normen, als solche, welche kraft materiellrechtlicher Bestimmungen verhängt werden; einzelne Fälle siehe § 8 mit G.V.G. §§ 179—183 (Sitzungspolizei) — zu beachten jedoch § 183 Abs. 2, woselbst theilweise wieder eine Ausnahme gemacht (siehe Note zu § 8), — § 15 mit C.P.O. §§ 380, 390, 409 (vergl. auch C.P.O. § 572 Abs. 1), §§ 33, 83, 133, 139, 140, 151, 159.

Die aufschiebende Wirkung tritt hier mit der Einlegung der Beschwerde ein, so daß bis dahin die Vollziehung der Strafverfügung erfolgen kann. Dagegen kann die Vollstreckung von der Einlegung der Beschwerde ab nicht mehr beginnen, die begonnene Vollstreckung ist einzustellen, ohne daß es eines hierauf gerichteten Antrags bedarf.

Abs. 2 und 3. Aussetzung der Vollziehung kann erfolgen:
1. durch das Gericht, dessen Verfügung angefochten wird, von Amtswegen oder auf Antrag; gegen einen die beantragte Aussetzung ablehnenden Bescheid ist selbst wieder Beschwerde zulässig;
2. durch das Beschwerdegericht im Wege der einstweiligen Anordnung.

Das Beschwerdegericht kann übrigens durch einstweilige Anordnung auch andere Verfügungen treffen, als die Aussetzung der Vollziehung, also auch positiven Inhalts durch Gestattung oder Anordnung bestimmter Handlungen in Fällen, in welchen die Vorinstanz solche nicht gestattet hat. Eine Ausnahme enthält § 68 Abs. 2 (Versagung der Bestätigung der Annahme an Kindesstatt).

§ 25.

Die Entscheidung des Beschwerdegerichts ist mit Gründen zu versehen.

Begründung der Entscheidung: Die Prüfungspflicht des Beschwerdegerichts bezieht sich sowohl auf die formelle Zulässigkeit (Form, Frist, Legitimation zur Beschwerdeführung), als die materielle Begründetheit der Beschwerde (vergl. C.P.O. § 574).

Hinsichtlich des Inhalts des verfügenden Theils der Entscheidung ist dem Beschwerdegericht freie Hand gelassen; es kann in Abänderung der Entscheidung der Vorinstanz die entsprechende Verfügung selbst erlassen oder dieselbe der Vorinstanz auftragen.

Die Begründung der Entscheidung hat in thatsächlicher wie in rechtlicher Beziehung zu erfolgen mit Rücksicht auf § 27, um die Nachprüfung richtiger Anwendung des Gesetzes auf den vorliegenden Thatbestand zu ermöglichen; da nach der zur Anwendung gelangenden Vorschrift von C.P.O. § 561 die thatsächlichen Feststellungen der Vorinstanz das über die weitere Beschwerde entscheidende Gericht binden, hat sie insbesondere einen genauen Thatbestand zu enthalten; Verweisungen auf Aktenprodukte — die Feststellungen der ersten Instanz, Protokolle über Zeugenaussagen — sind nicht ausgeschlossen.

Die Bekanntmachung der Entscheidung des Beschwerdegerichts erfolgt nach Maßgabe von § 16, wobei nach Abs. 2 dortselbst darauf zu achten ist, ob einfache weitere Beschwerde oder sofortige weitere Beschwerde zulässig ist. Hinsichtlich der Personen, an welche zuzustellen ist, ist § 20 zu berücksichtigen; vergl. auch Note zu § 16 Abs. 1.

Ueber Eintritt der Wirksamkeit der Entscheidung siehe § 26.

§ 26.

Die Entscheidung des Beschwerdegerichts wird in den Fällen, in welchen die sofortige weitere Beschwerde stattfindet, erst mit der Rechtskraft wirksam. Das Beschwerdegericht kann jedoch die sofortige Wirksamkeit der Entscheidung anordnen.

Wirksamkeit der Entscheidung: Regelmäßig werden auch die Verfügungen des Beschwerdegerichts mit der Bekanntmachung an denjenigen, für welchen sie ihrem Inhalte nach bestimmt sind, wirksam (§ 16 Abs. 1). Ausnahmsweise tritt die Wirksamkeit erst mit der Rechtskraft ein, wenn sofortige weitere Beschwerde zulässig ist (siehe § 29 Abs. 2). Die Entscheidung wird rechtskräftig mit Ablauf der zweiwöchentlichen Frist für die sofortige weitere Beschwerde für jeden Betheiligten, — ohne Rücksicht auf ein Wiedereinsetzungsgesuch — (vergl. jedoch §§ 60 Abs. 2, 77 Abs. 3), mit dem Verzicht auf dieses Rechtsmittel oder der Zurücknahme durch sämmtliche Betheiligte (siehe auch Note zu § 31). Bis zur Rechtskraft bleibt die Entscheidung des Gerichts erster Instanz in Wirksamkeit.

Das Beschwerdegericht kann von Amtswegen wie auf Antrag die sofortige Wirksamkeit der Entscheidung anordnen, jedoch nur in denjenigen Fällen, in welchen die Regel des § 16 Abs. 1 lediglich durch die allgemeine Vorschrift des § 26 aufgehoben ist, nicht in denjenigen, in welchen kraft besonderer Vorschrift die Wirksamkeit der Entscheidung von der Rechtskraft abhängig gemacht ist; vergl. § 53 Abs. 1 (Vormundschaftssachen, zu beachten jedoch § 53 Abs. 2 „bei Gefahr auf Verzug"), § 56 Abs. 2 (Volljährigkeitserklärung), § 70 (Berichtigung der Standesregister); ausgeschlossen ist die Befugniß des Beschwerdegerichts auch nach § 68 Abs. 2 (Annahme an Kindesstatt).

§ 27.

Gegen die Entscheidung des Beschwerdegerichts ist das Rechtsmittel der weiteren Beschwerde zulässig, wenn die Entscheidung auf einer Verletzung des Gesetzes beruht. Die Vorschriften der §§ 550, 551, 561, 563 der Civilprozeßordnung finden entsprechende Anwendung.

Weitere Beschwerde: Weitere Beschwerde ist jede Beschwerde, welche gegen die Entscheidung des Beschwerdegerichts eingelegt wird, gleichviel ob dies durch den ursprünglichen Beschwerdeführer oder durch einen Anderen erfolgt, dessen Rechte durch die Entscheidung des Beschwerdegerichts beeinträchtigt sind.

Die thatsächlichen Feststellungen des Beschwerdegerichts sind für das Gericht, welches über die weitere Beschwerde entscheidet, bindend. Vorbringen neuer Thatsachen ist ausgeschlossen mit Ausnahme der in C.P.O. § 554 Nr. 2 und 3 bezeichneten, das sind die Thatsachen, welche ergeben sollen, daß eine Verletzung des Verfahrens vorliegt, sowie diejenigen, welche angeblich unter Verletzung des Gesetzes als festgestellt, übergangen oder als vorgebracht angenommen sind. (C.P.O. § 561).

Im Uebrigen unterliegt nur die rechtliche Beurtheilung des festgestellten Thatbestandes der Anfechtung wie der Abänderung. Die Anfechtung kann auf Verletzung — das ist Nichtanwendung oder unrichtige Anwendung — jeder Rechtsnorm (C.P.O. § 550), sei es Reichs- oder Landesrecht, gestützt werden.

C.P.O. § 551 enthält eine Aufzählung der Voraussetzungen, unter welchen stets eine Entscheidung als auf einer Verletzung des Gesetzes beruhend anzusehen ist, und welche sämmtlich prozessualer Natur sind; in Betracht kommen hier nur:

„Nro. 1, wenn das erkennende Gericht nicht vorschriftsmäßig besetzt war,

Nro. 4, wenn das Gericht seine Zuständigkeit oder Unzuständigkeit mit Unrecht angenommen hat,

Nro. 5, wenn eine Partei in dem Verfahren nicht vorschriftsmäßig vertreten war, soferne sie nicht die Prozeßführung ausdrücklich oder stillschweigend genehmigt hat.

Nro. 7, wenn die Entscheidung nicht mit Gründen versehen war."

Nro. 4 kann im Hinblick auf § 7 nur für die sachliche, nicht für die örtliche Zuständigkeit, Nro. 7 nur für die Entscheidung der Beschwerdeinstanz gelten, da bei Entscheidungen der ersten Instanz Begründung regelmäßig nicht vorgeschrieben ist; vergl. § 25 und Note. Die Anwendung der Nummern 2 und 3 (Mitwirkung ausgeschlossener und abgelehnter Richter) ist durch §§ 6 und 7 ausgeschlossen, die der Nro. 6 (Verletzung der Vorschriften über Oeffentlichkeit) dadurch, daß in der freiwilligen Gerichtsbarkeit überhaupt nicht öffentlich verhandelt wird.

Ergeben die Entscheidungsgründe der Vorinstanz zwar eine Gesetzesverletzung, stellt sich die Entscheidung selbst aber aus anderen Gründen als richtig dar, so ist die sofortige Beschwerde zurückzuweisen (C.P.O. § 563).

Die weitere Beschwerde ist ausgeschlossen nach §§ 143 Abs. 2, 144, 147, 159, 161 (Registersachen, in welchen das Oberlandesgericht bereits Beschwerdeinstanz ist).

§ 28.

Ueber die weitere Beschwerde entscheidet das Oberlandesgericht.

Will das Oberlandesgericht bei der Auslegung einer reichsgesetzlichen Vorschrift, welche eine der im § 1 bezeichneten Angelegenheiten betrifft, von der auf weitere Beschwerde ergangenen Entscheidung eines andern Oberlandesgerichts, falls aber über die Rechtsfrage bereits eine Entscheidung des Reichsgerichts ergangen ist, von dieser abweichen, so hat es die weitere Beschwerde unter Begründung seiner Rechtsauffassung dem Reichsgerichte vorzulegen. Der Beschluß über die Vorlegung ist dem Beschwerdeführer bekannt zu machen.

In den Fällen des Abs. 2 entscheidet über die weitere Beschwerde das Reichsgericht.

Instanz für die weitere Beschwerde: Regelmäßig ist zur Verbescheidung der weiteren Beschwerde das Oberlandesgericht zuständig; Besetzung vergl. § 30 Abs. 1; über Verweisung der weiteren Beschwerden an eines von mehreren Oberlandesgerichten eines Bundesstaats oder an ein oberstes Landesgericht vergl. § 199.

Das Reichsgericht entscheidet beim Vorliegen folgender Voraussetzungen:

1. wenn über eine Rechtsfrage — materiellrechtlicher oder prozeßrechtlicher Natur, — welche eine der in § 1 bezeichneten, also der freiwilligen Gerichtsbarkeit unterliegenden Angelegenheiten betrifft, Streit besteht, nicht also, wenn der Streit einen Incidentpunkt anderer rechtlicher Art betrifft,
2. wenn es sich um Auslegung einer reichsgesetzlichen Vorschrift handelt, also einer gesetzlichen, nicht im Wege der Verordnung erlassenen, ferner keiner landesgesetzlichen,
3. wenn das Oberlandesgericht hinsichtlich einer solchen Frage von einer auf weitere Beschwerde hin über die nämliche Frage früher ergangenen Entscheidung eines anderen Oberlandesgerichts desselben oder eines anderen Bundesstaats, auch eines obersten Landesgerichtes, sowie des Reichsgerichts abweichen will, dagegen nicht im Falle der Abweichung von einer Entscheidung desselben Oberlandesgerichts, wenn dieselbe auch von einem anderen Civilsenate erlassen wurde.

Für das Oberlandesgericht besteht beim Vorliegen dieser Voraussetzungen die Pflicht zur Vorlage der Akten an das Reichsgericht. Das Reichsgericht entscheidet nicht blos die streitige Rechtsfrage, sondern erläßt die Entscheidung in der Sache selbst.

Ueber Besetzung des Reichsgerichts siehe § 30 Abs. 1.

Die Bekanntmachung der Vorlegung der Beschwerde an das Reichsgericht erfolgt nach § 16 Abs. 2 Satz 2.

§ 29.

Die weitere Beschwerde kann bei dem Gericht erster Instanz, bei dem Landgericht oder bei dem Oberlandesgericht eingelegt werden. Erfolgt die Einlegung durch Einreichung einer Beschwerdeschrift, so muß diese von einem Rechtsanwalt unterzeichnet sein. Der Zuziehung eines Rechtsanwalts bedarf es nicht, wenn die Beschwerde von einer Behörde oder von einem Notar eingelegt wird, der in der Angelegenheit für den Beschwerdeführer einen Antrag bei dem Gericht erster Instanz gestellt hat.

Soweit eine Verfügung der sofortigen Beschwerde unterliegt, findet auch gegen die Entscheidung des Beschwerdegerichts die sofortige weitere Beschwerde statt.

Das Gericht erster Instanz und das Landgericht sind nicht befugt, der weiteren Beschwerde abzuhelfen.

Im Uebrigen finden die Vorschriften über die Beschwerde entsprechende Anwendung.

Einlegung; sofortige weitere Beschwerde: **Abs. 1.** Die weitere Beschwerde kann bei allen drei Instanzen eingelegt werden. Auf die Einlegung finden die Vorschriften des § 21 Abs. 2 (siehe Note dortselbst) mit der Modifikation Anwendung, daß, wenn die Einlegung nicht zu Protokoll des Gerichtsschreibers eines der drei zuständigen Instanzengerichte erfolgt, sondern durch eine Beschwerdeschrift, diese von einem Rechtsanwalt unterzeichnet sein muß. Es ist also die Einlegung zu Protokoll des Gerichtsschreibers eines nicht zuständigen Gerichts durch den Beschwerdeführer selbst ganz ausgeschlossen, weil dieses Protokoll als Beschwerdeschrift gilt.

Die Ausnahme vom Anwaltszwang hinsichtlich der Behörden bezieht sich nicht blos auf diejenigen Fälle, in welchen eine Behörde Antragstellerin schon in erster Instanz war (vergl. §§ 54, 110), sondern auch auf diejenigen, in welchen Behörden nach § 20 Abs. 1 erst beschwerdeberechtigt sind. Die Vorschrift ist auf staatliche wie kommunale Behörden zu beziehen.

Ein Notar ist dagegen nur dann zur Einreichung der Beschwerdeschrift unter Umgehung des Anwaltszwanges ermächtigt, wenn er auch schon in erster Instanz den Antrag eingereicht hat — vergl. §§ 71, 100, 129; G.B.O. §§ 15, 80; siehe auch § 124 bezüglich Einreichung der sofortigen Beschwerde hinsichtlich einer Eintragung ins Schiffsregister.

Abs. 2—4. Ueber sofortige Beschwerde siehe § 22.

Die Abänderungsbefugniß (§ 18) erlischt erst mit der Einlegung der weiteren Beschwerde.

Auf die weitere Beschwerde finden insbesondere die Vorschriften des § 20 (Legitimation zur Beschwerdeführung), § 22 (Beschwerdefrist und Wiedereinsetzung) und § 24 (aufschiebende Wirkung Anwendung).

Die Entscheidung, welche auf sofortige oder sofortige weitere Beschwerde ergeht, wird wegen der Unanfechtbarkeit derselben sofort rechtskräftig.

§ 30.

Die Entscheidungen über Beschwerden erfolgen bei den Landgerichten durch eine Civilkammer, bei den Oberlandesgerichten und bei dem Reichsgerichte durch einen

Civilsenat. Ist bei einem Landgericht eine Kammer für Handelssachen gebildet, so tritt für Handelssachen diese Kammer an die Stelle der Civilkammer.

Die Vorschriften des § 137 des Gerichtsverfassungsgesetzes finden entsprechende Anwendung.

Besetzung der Beschwerdegerichte: Abs. 1. Dieselbe ist dem Gerichtsverfassungsgesetze zu entnehmen; vergl. für Civilkammern und Handelskammern (3 Mitglieder) §§ 77, 109, für Civilsenate des Oberlandesgerichts (5 Mitglieder) § 124, des Reichsgerichts (7 Mitglieder) § 140. In dieser Besetzung erfolgt die Entscheidung auch, wo es sich nicht um Beschwerden nach Maßgabe der §§ 19 ff. handelt; vergl. §§ 5, 46 Abs. 2, 47 Abs. 2.

An Stelle des Oberlandesgerichtes kann nach § 199 auf Grund landesrechtlicher Bestimmung das oberste Landesgericht treten; Besetzung in Bayern (7 Mitglieder) siehe Ausf.Ges. zum G.V.G. Art. 48.

Handelssachen im Sinne dieses § sind nur die im 7. Abschnitt dieses Gesetzes (§§ 125—158) behandelten Sachen.

Abs. 2. G.V.G. § 137 betrifft die Einholung der Entscheidung der vereinigten Civilsenate des Reichsgerichts bei einer Meinungsverschiedenheit zwischen mehreren Senaten. Durch Anordnung „entsprechender" Anwendung wollte die Vorschrift nicht etwa auf die Landgerichte und Oberlandesgerichte ausgedehnt werden.

§ 31.

Zeugnisse über die Rechtskraft einer Verfügung sind von dem Gerichtsschreiber erster Instanz zu ertheilen.

Rechtskraftzeugniß: Zeugnisse über die Rechtskraft hat ausschließlich der Gerichtsschreiber der ersten Instanz zu ertheilen, auch wenn die Sache in der Beschwerdeinstanz anhängig ist.

Die Rechtskraft tritt ein:

1. wenn gegen die Verfügung überhaupt kein Rechtsmittel zulässig ist, mit deren Erlaß; dies ist der Fall bei den vom Oberlandesgericht oder Reichsgericht nach §§ 27, 28 erlassenen Entscheidungen, ferner in den Fällen, in welchen ein Rechtsmittel ausgeschlossen ist (vergl. Note zu § 19);
2. wenn die für die Einlegung der sofortigen Beschwerde — als einzigen an eine Frist geknüpften Rechtsmittels — gegebene Frist für sämmtliche Betheiligte abgelaufen ist (§ 22);
3. wenn die sofortige, bezw. sofortige weitere Beschwerde zurückgenommen oder auf dieselbe verzichtet ist, und zwar von allen Betheiligten.

Bei Entscheidungen, welche nur mit einfacher Beschwerde anfechtbar sind, gibt es überhaupt keine formelle Rechtskraft.

Hiernach hat der Gerichtsschreiber zu prüfen, ob nicht die Entscheidung blos mit einfacher Beschwerde anfechtbar ist, in welchem Falle er das Rechtskraftzeugniß abzulehnen hat. Ist sofortige Beschwerde an sich zulässig, so hat er Zeit und Art der Bekanntmachung, von deren formeller Richtigkeit er sich zu überzeugen hat, festzustellen; ferner hat er sich, falls nicht einer der sub 1 und 3 angeführten Gründe der Rechtskraft zutrifft, zu vergewissern, ob nicht die sofortige Beschwerde rechtzeitig eingelegt ist; ob dies bei der ersten Instanz erfolgte, ist aus den Akten zu entnehmen, ob sie nicht bei einer höheren Instanz erfolgte, durch entsprechende Bestätigung der Gerichtsschreiberei der höheren Instanz zu erfahren.

§ 32.

Ist eine Verfügung, durch die Jemand die Fähigkeit oder die Befugniß zur Vornahme eines Rechtsgeschäfts oder zur Entgegennahme einer Willenserklärung erlangt, ungerechtfertigt, so hat, sofern nicht die Verfügung wegen Mangels der sachlichen Zuständigkeit des Gerichts unwirksam ist, die Aufhebung der Verfügung auf die Wirksamkeit der inzwischen von ihm oder ihm gegenüber vorgenommenen Rechtsgeschäfte keinen Einfluß.

Wirksamkeit abändernder Verfügungen: Die Fähigkeit zur Vornahme eines Rechtsgeschäfts wird z. B. erlangt durch die Volljährigkeitserklärung (B.G.B. § 3), zum Abschluß von Rechtsgeschäften nach B.G.B. §§ 112, 113 (Ermächtigung eines Minderjährigen zum Betrieb eines Erwerbsgeschäfts, zum Eintritt in Dienst oder Arbeit), §§ 1379, 1402, 1447, 1451 (Ersetzung der Zustimmung eines Ehegatten zu Rechtsgeschäften des anderen). Die Vorschrift bezieht sich aber auch auf die Fähigkeit zur Vornahme von Rechtsgeschäften oder Entgegennahme von Willenserklärungen für Dritte, also Bestellung als Vormund oder Pfleger (B.G.B. §§ 1773, 1909), als Liquidator einer Handelsgesellschaft (§ 145, H.G.B. § 146 Abs. 2), Uebertragung der elterlichen Gewalt auf die Mutter (B.G.B. § 1685).

Die Aufhebung einer Verfügung der bezeichneten Art aus anderen — materiell- oder formellrechtlichen — Gründen als wegen sachlicher Unzuständigkeit des verfügenden Gerichts und daraus folgender Nichtigkeit, wirkt hinsichtlich solcher Rechtsgeschäfte, welche von der Giltigkeit der Verfügung abhängig sind, nur für die Zukunft, das ist für die Zeit von der Wirksamkeit der Aufhebung ab.

Die aufhebende Verfügung kann durch das Gericht erster Instanz, auch nach § 18, oder durch das Beschwerdegericht, oder auch nach eingetretener Rechtskraft in Folge Wiedereinsetzung gegen den Ablauf der Beschwerdefrist erfolgt sein.

§ 33.

Soll in den gesetzlich zugelassenen Fällen Jemand durch Ordnungsstrafen zur Befolgung einer gerichtlichen Anordnung angehalten werden, so muß der Festsetzung der Strafe eine Androhung vorausgehen. Die einzelne Strafe darf den Betrag von dreihundert Mark nicht übersteigen.

Ordnungsstrafen: Die Vorschrift bezieht sich nicht auf die in Ausübung der Sitzungspolizei oder gegen ungehorsame Zeugen oder Sachverständige zu verhängenden, sondern nur auf die kraft materiellrechtlicher Bestimmungen auszusprechenden Ordnungsstrafen, ferner nur auf reichsrechtliche, nicht auf landesrechtliche Strafvorschriften (vergl. z. B. §§ 83, 132, 133, 140, 151, 154, 159; B.G.B. §§ 78, 1788, 1837, 1875, 1915). Ordnungsstrafen zur Erzwingung von Handlungen sind nicht allgemein zugelassen.

Die Androhung ist dem Betroffenen nach § 16 Abs. 2 Satz 2 bekannt zu machen. Unterlassung derselben ist Aufhebungsgrund für die Strafverfügung, wenn diese selbst materiell begründet wäre. Die Strafverfügung darf der Androhung nicht unmittelbar folgen; es muß diejenige Handlung oder Unterlassung, welche die Strafe rechtfertigt, nach der Androhung fortgesetzt, bezw. wiederholt worden sein.

Die Beschränkung der Höhe der Strafe gilt nur für den Fall, daß Geldstrafe ohne Festsetzung der Höhe für den Einzelfall zugelassen ist; ist in einem Reichsgesetze ein geringeres oder auch höheres Mindestmaß festgesetzt, so hat es nach § 1 dabei sein Bewenden.

§ 34.

Die Einsicht der Gerichtsakten kann Jedem insoweit gestattet werden, als er ein berechtigtes Interesse glaubhaft macht. Das Gleiche gilt von der Ertheilung einer Abschrift; die Abschrift ist auf Verlangen zu beglaubigen.

Akteneinsicht; Abschriften: Zu den Gerichtsakten gehören alle bei denselben befindlichen Urkunden, auch von Betheiligten als Beweismittel übergebene, ferner Adhibendakten. Ob und inwieweit das Gericht die Akteneinsicht gewähren will, ist seinem Ermessen überlassen; es darf dieselbe nur nicht gewähren, wenn die in Satz 1 gesetzte Voraussetzung fehlt; stets entscheidet das Gericht, nicht der Gerichtsschreiber. Wo in einzelnen Fällen Reichsgesetze die Voraussetzungen weiter oder enger fassen, hat es nach § 1 dabei sein Bewenden.

Nothwendige Voraussetzung für die Akteneinsicht ist hier:

1. ein berechtigtes Interesse, d. i. verschieden von rechtlichem Interesse, das sich auf ein bereits vorhandenes Recht stützt, ein nach vernünftiger Erwägung durch die Sachlage gerechtfertigtes,
2. Glaubhaftmachung desselben — vergl. hiezu § 15 Abs. 2.

Hinsichtlich der Ertheilung von Abschriften gilt einerseits die nämliche Beschränkung wie für die Akteneinsicht, andrerseits steht es im Ermessen des Gerichts, ob und von welchen Aktenprodukten und wieder wie weit von solchen Abschrift ertheilt werden soll.

Die Beglaubigung besteht in der Bestätigung der Richtigkeit der Abschrift; wie und von wem — Richter oder Gerichtsschreiber — sie erfolgt, ist nicht bestimmt; die Landesgesetzgebung hat hier nach § 200 ergänzend einzugreifen.

Ueber Akteneinsicht in bestimmten Nachlaßsachen vergl. § 78.

Zweiter Abschnitt.

Vormundschaftssachen.

§ 35.

Für die dem Vormundschaftsgericht obliegenden Verrichtungen sind die Amtsgerichte zuständig.

Sachliche Zuständigkeit: Die dem Vormundschaftsgerichte obliegenden Verrichtungen umfassen die gesammte auf Anordnung, Ueberwachung und Beendigung der Vormundschaft und Pflegschaft erforderliche Thätigkeit (B.G.B. §§ 1774, 1775, 1779, 1788, 1789, 1792, 1796—1799, 1801—1803, 1809—1812, 1814—1832, 1836—1841, 1843—1847, 1849—1851, 1857—1859, 1862, 1879, 1881, 1883, 1884, 1886—1890, 1892, 1893, 1897, 1902, 1903, 1906, 1908, 1909, 1919—1921), ferner eine Anzahl außerhalb einer Vormundschaft oder Pflegschaft liegender, demselben gesetzlich zugewiesener Geschäfte (vergl. die Noten zu §§ 43—45).

Ueber Amtsgerichte vergl. G.V.G. §§ 22 ff.

Ausnahmen von der amtsgerichtlichen Zuständigkeit:

1. Entlassung eines Mitglieds des Familienraths erfolgt durch das dem Vormundschaftsgerichte im Instanzenzug vorgeordnete Gericht (vergl. § 64, B.G.B. § 1878 Abs. 2);
2. durch landesgesetzliche Vorschriften können die Verrichtungen des Vormundschaftsgerichtes anderen als gerichtlichen Behörden übertragen werden (vergl. § 190 u. E.G. zum B.G.B. Art. 147 Abs. 1); die Volljährigkeitserklärung kann nach Landesgesetz der Centralstelle des Bundesstaats übertragen sein (vergl. § 196); es bleiben diesbezügliche landesgesetzliche Vorschriften in Kraft und können neue erlassen werden (E.G. zum B.G.B. Art. 3, § 185 Abs. 2);
3. hinsichtlich der Landesherren, Mitglieder landesherrlicher Familien, der Mitglieder der fürstlichen Familie Hohenzollern, des vormaligen hannoveranischen Königshauses und des vormaligen kurhessischen und des herzoglich-nassauischen Fürstenhauses vergl. E.G. zum B.G.B. Art. 57; hinsichtlich der vormals reichsständischen Familien Art. 58 (siehe auch § 185 Abs. 2, E.G. zum B.G.B. Art. 3).

Ueber örtliche Zuständigkeit siehe §§ 36 ff.

§ 36.

Für die Vormundschaft ist das Gericht zuständig, in dessen Bezirke der Mündel zu der Zeit, zu welcher die Anordnung der Vormundschaft erforderlich wird, seinen Wohnsitz oder in Ermangelung eines inländischen Wohnsitzes seinen Aufenthalt hat. Wird die Anordnung einer Vormundschaft über Geschwister erforderlich, die in den Bezirken verschiedener Vormundschaftsgerichte ihren Wohnsitz oder ihren Aufenthalt haben, so ist, wenn für einen der Mündel schon eine Vormundschaft anhängig ist, das für diese zuständige Gericht, anderenfalls dasjenige Gericht, in dessen Bezirke der jüngste Mündel seinen Wohnsitz oder seinen Aufenthalt hat, für alle Geschwister maßgebend.

Ist der Mündel ein Deutscher und hat er im Inlande weder Wohnsitz noch Aufenthalt, so ist das Gericht zuständig, in dessen Bezirke der Mündel seinen letzten inländischen Wohnsitz hatte. In Ermangelung eines solchen Wohnsitzes wird das zuständige Gericht, falls der Mündel einem Bundesstaat angehört, von der Landesjustizverwaltung, anderenfalls von dem Reichskanzler bestimmt.

Für die Vormundschaft über einen Minderjährigen, dessen Familienstand nicht zu ermitteln ist, ist das Gericht zuständig, in dessen Bezirke der Minderjährige aufgefunden wurde.

Oertliche Zuständigkeit zur Anordnung und Führung der Vormundschaft (B.G.B. §§ 1773—1908): Die Vorschrift bezieht sich auch auf die vorläufige Vormundschaft (B.G.B. § 1906). Sie ist eine Ordnungsvorschrift, deren Verletzung keine Nichtigkeit begründet (§ 7).

Ueber Zuständigkeit zu vorläufigen Maßregeln siehe § 44.

Abs. 1. Gericht ist das Amtsgericht vorbehaltlich der Bestimmung des E.G. zum B.G.B. Art. 147 (siehe § 35) und § 190 dieses Gesetzes.

Maßgebend für die Bestimmung der Zuständigkeit sind die thatsächlichen Verhältnisse in dem Zeitpunkt, in welchem nach gesetzlicher Bestimmung (B.G.B. §§ 1773, 1896; E.G. zum B.G.B. Art. 23) die Anordnung der Vormundschaft erforderlich wird, also erfolgen soll, nicht etwa in dem spätern Zeitpunkt, in welchem sie wirklich erfolgt, falls aus irgend welchem Grunde die rechtzeitige Anordnung unterbleibt. Inzwischen eingetretene Veränderungen sind ohne Belang. Die einmal begründete Zuständigkeit wird durch Umstände, welche nach Einleitung der Vormundschaft eintreten, nicht aufgehoben. Ein anderes Gericht kann nur nach § 46 zur Führung der Vormundschaft berufen werden.

Ueber Wohnsitz vergl. § 3 und B.G.B. §§ 7—11.

Ueber Konkurrenz mehrerer zuständiger Gerichte im Falle mehrfachen Wohnsitzes (B.G.B. § 7 Abs. 2) vergl. § 4.

Der Aufenthaltsort ist nur subsidiär bestimmend für die Zuständigkeit; die Gerichte haben daher zunächst nach Feststellung des Wohnsitzes zu trachten; erst wenn ein Wohnsitz im Inland nicht zu ermitteln ist, wird der Aufenthalt maßgebend.

Hinsichtlich der Vormundschaft über mehrere Geschwister — auch Kinder derselben unehelichen Mutter — ist es gleichgiltig, ob dieselbe über sämmtliche Geschwister aus dem nämlichen Grunde (z. B. Minderjährigkeit) oder aus verschiedenen Gründen (theils Minderjährigkeit, theils Entmündigung) eintritt. Die Regel hat auch Anwendung zu finden, wenn über Geschwister theils Vormundschaft, theils Pflegschaft nach B.G.B. § 1910 ff. anzuordnen ist. § 46 greift auch hier Platz in der Weise, daß eine Trennung stattfinden kann; vergl. auch B.G.B. § 1797 Abs. 2.

Die Vorschrift des Abs. 1 gilt auch für Ausländer.

Abs. 2 enthält nur eine Zuständigkeitsvorschrift, nicht entscheidet er die Frage, ob Vormundschaft einzuleiten ist; hierüber entscheiden die Normen des internationalen Privatrechts (vergl. E.G. zum B.G.B. Art. 23). Der letzte Wohnsitz ist erst maßgebend, wenn auch kein inländischer Aufenthalt festzustellen ist. Auf Ausländer ist diese Zuständigkeitsnorm nicht mehr anwendbar.

Im Falle der Zugehörigkeit zu den Schutzgebieten vergl. R.Ges. über die Rechtsverhältnisse der Schutzgebiete § 6.

Abs. 3. Vergl. B.G.B. § 1773 Abs. 2. Die Vorschrift gilt für Findelkinder jeden Alters innerhalb der Minderjährigkeit, nicht aber für großjährige Blödsinnige.

§ 37.

Soll Jemand nach § 1909 des Bürgerlichen Gesetzbuchs einen Pfleger erhalten, so ist, wenn bei einem inländischen Gericht eine Vormundschaft über ihn anhängig ist, für die Pflegschaft dieses Gericht zuständig. Im Uebrigen finden auf die Pflegschaft die Vorschriften des § 36 Anwendung.

Für die Pflegschaft über einen Ausländer, für den bei einem inländischen Gericht eine Vormundschaft nicht anhängig ist und der im Inlande weder Wohnsitz noch Aufenthalt hat, ist das Gericht zuständig, in dessen Bezirke das Bedürfniß der Fürsorge hervortritt.

Oertliche Zuständigkeit für die Pflegschaft über Geschäftsunfähige und in der Geschäftsfähigkeit Beschränkte:

Abs. 1. B.G.B.

§ 1909. Wer unter elterlicher Gewalt oder unter Vormundschaft steht, erhält für Angelegenheiten, an deren Besorgung der Gewalthaber oder der Vormund verhindert ist, einen Pfleger. Er erhält insbesondere einen Pfleger zur Verwaltung des Vermögens, das er von Todeswegen erwirbt oder das ihm unter Lebenden von einem Dritten unentgeltlich zugewendet wird, wenn der Erblasser durch letztwillige Verfügung, der Dritte bei der Zuwendung bestimmt hat, daß dem Gewalthaber oder dem Vormunde die Verwaltung nicht zustehen soll.

Tritt das Bedürfniß einer Pflegschaft ein, so hat der Gewalthaber oder der Vormund dem Vormundschaftsgericht unverzüglich Anzeige zu machen.

Die Pflegschaft ist auch dann anzuordnen, wenn die Voraussetzungen für die Anordnung einer Vormundschaft vorliegen, ein Vormund aber noch nicht bestellt ist.

Pflegschaft und Vormundschaft sollen vereint bei dem nämlichen Gerichte geführt werden. Besteht keine Vormundschaft, so ist für die Pflegschaft das Gericht zuständig, welches im Zeitpunkte der gesetzlichen Nothwendigkeit der Einleitung der Pflegschaft nach § 36 zuständig wäre, wenn statt Pflegschaft Vormundschaft einzuleiten wäre, also zunächst das Gericht des Wohnsitzes des Pfleglings.

Ueber Abgabe der Pflegschaft an ein nicht zuständiges Vormundschaftsgericht vergl. § 46 Abs. 3, über Abgabe ans Ausland § 47 Abs. 3.

Abs. 2. Ueber Einleitung der Pflegschaft über Ausländer vergl. E.G. zum B.G.B. Art. 23. § 46 Abs. 3 findet gleichfalls Anwendung. Liegen die besonderen Voraussetzungen des Abs. 2 nicht vor, so gilt auch für Ausländer § 36 Abs. 1.

§ 38.

Auf die Zuständigkeit für die Pflegschaft über einen Gebrechlichen finden die Vorschriften des § 36 Abs. 1, 2 und des § 37 Abs. 2 entsprechende Anwendung.

Pflegschaft über Gebrechliche:

B.G.B. § 1910. Ein Volljähriger, der nicht unter Vormundschaft steht, kann einen Pfleger für seine Person und sein Vermögen erhalten, wenn er in Folge körperlicher Gebrechen, insbesondere weil er taub, blind oder stumm ist, seine Angelegenheiten nicht zu besorgen vermag.

Vermag ein Volljähriger, der nicht unter Vormundschaft steht, in Folge geistiger oder körperlicher Gebrechen einzelne seiner Angelegenheiten oder einen bestimmten Kreis seiner Angelegenheiten, insbesondere seine Vermögensangelegenheiten, nicht zu besorgen, so kann er für diese Angelegenheiten einen Pfleger erhalten.

Die Pflegschaft darf nur mit Einwilligung des Gebrechlichen angeordnet werden, es sei denn, daß eine Verständigung mit ihm nicht möglich ist.

Die Zuständigkeit regelt sich, wie wenn der Gebrechliche minderjährig und Vormundschaft einzuleiten wäre. § 37 Abs. 2 gilt für ausländische Gebrechliche nur unter den dortigen Voraussetzungen, im Uebrigen § 36 Abs. 1.

§ 39.

Für die Pflegschaft über einen Abwesenden ist das Gericht zuständig, in dessen Bezirke der Abwesende seinen Wohnsitz hat.

Hat der Abwesende im Inlande keinen Wohnsitz, so finden die Vorschriften des § 36 Abs. 2 und des § 37 Abs. 2 entsprechende Anwendung.

Pflegschaft über Abwesende:

B.G.B. § 1911. Ein abwesender Volljähriger, dessen Aufenthalt unbekannt ist, erhält für seine Vermögensangelegenheiten, soweit sie der Fürsorge bedürfen, einen Abwesenheitspfleger. Ein solcher Pfleger ist ihm insbesondere auch dann zu bestellen, wenn er durch Ertheilung eines Auftrags oder einer Vollmacht Fürsorge getroffen hat, aber Umstände eingetreten sind, die zum Widerrufe des Auftrags oder der Vollmacht Anlaß geben.

Das Gleiche gilt von einem Abwesenden, dessen Aufenthalt bekannt, der aber an der Rückkehr und der Besorgung seiner Vermögensangelegenheiten verhindert ist.

Abs. 1. Ueber Wohnsitz vergl. B.G.B. §§ 7—11. Gemeint ist der letzte bekannte Wohnsitz, bezw. derjenige zur Zeit des Eintritts der Verhinderung (B.G.B. § 1911 Abs. 2).

Die Vorschrift des Abs. 1 gilt auch für abwesende Ausländer.

Abs. 2. Die Vorschrift hat nur subsidiäre Bedeutung, weshalb zunächst nach dem Wohnsitze geforscht werden soll. Ist der Wohnsitz nicht zu ermitteln, so ist der letzte Wohnsitz maßgebend. Das Gericht, in dessen Bezirk das Bedürfniß der Fürsorge hervortritt, ist nur bei Ausländern, welche im Inlande keinen Wohnsitz haben, zuständig.

Ueber Abgabe an ein anderes Gericht siehe § 46 Abs. 3, § 47 Abs. 3.

§ 40.

Für die Pflegschaft über eine Leibesfrucht ist das Gericht zuständig, welches für die Vormundschaft zuständig sein würde, falls das Kind zu der Zeit, zu welcher das Bedürfniß der Fürsorge hervortritt, geboren wäre.

Pflegschaft über eine Leibesfrucht:

B.G.B. § 1912. Eine Leibesfrucht erhält zur Wahrung ihrer künftigen Rechte, soweit diese einer Fürsorge bedürfen, einen Pfleger. Die Fürsorge steht jedoch dem Vater oder der Mutter zu, wenn das Kind, falls es bereits geboren wäre, unter elterlicher Gewalt stehen würde.

Die Zuständigkeit bemißt sich nach § 36 mit der Annahme, daß das Kind bereits geboren sei.

§ 41.

Wird im Falle des § 1913 des Bürgerlichen Gesetzbuchs die Anordnung einer Pflegschaft für den bei einer Angelegenheit Betheiligten erforderlich, so ist das Gericht zuständig, in dessen Bezirke das Bedürfniß der Fürsorge hervortritt.

Pflegschaft über unbekannte Betheiligte:

B G.B. § 1913. Ist unbekannt oder ungewiß, wer bei einer Angelegenheit der Betheiligte ist, so kann dem Betheiligten für diese Angelegenheit, soweit eine Fürsorge erforderlich ist, ein Pfleger bestellt werden. Insbesondere kann einem Nacherben, der noch nicht erzeugt ist oder dessen Persönlichkeit erst durch ein künftiges Ereigniß bestimmt wird, für die Zeit bis zum Eintritt der Nacherbfolge ein Pfleger bestellt werden.

Vergl. B.G.B. §§ 2100 ff.

Zuständig ist das Amtsgericht, in dessen Bezirk die Angelegenheiten des unbekannten Betheiligten wahrzunehmen sind; dies ist für einen Nacherben nicht nothwendig dasjenige Gericht, wo etwa gerichtliche Nachlaßbehandlung eintritt.

Vergl. § 46 Abs. 3, § 47 Abs. 3.

§ 42.

Für die Pflegschaft zum Zwecke der Verwaltung und Verwendung eines durch öffentliche Sammlung zusammengebrachten Vermögens ist das Gericht des Ortes zuständig, an welchem bisher die Verwaltung geführt wurde.

Pflegschaft bei Sammelvermögen:

B.G.B. § 1914. Ist durch öffentliche Sammlung Vermögen für einen vorübergehenden Zweck zusammengebracht worden, so kann zum Zwecke der Verwaltung und Verwendung des Vermögens ein Pfleger bestellt werden, wenn die zu der Verwaltung oder Verwendung berufenen Personen weggefallen sind.

Vergl. § 46 Abs. 3, § 47 Abs. 3 über Abgabe an ein anderes Gericht.

§ 43.

Die Zuständigkeit für eine Verrichtung des Vormundschaftsgerichts, die nicht eine Vormundschaft oder eine Pflegschaft betrifft, bestimmt sich, soweit sich nicht aus dem Gesetz ein Anderes ergiebt, nach den Vorschriften des § 36 Abs. 1, 2; maßgebend ist für jede einzelne Angelegenheit der Zeitpunkt, in welchem das Gericht mit ihr befaßt wird.

Ist für die Person, in Ansehung deren die Verrichtung des Vormundschaftsgerichts erforderlich wird, eine Vormundschaft oder eine Pflegschaft anhängig oder ist der Mutter, unter deren elterlicher Gewalt sie steht, ein Beistand bestellt, so ist das Gericht zuständig, bei welchem die Vormundschaft, Pflegschaft oder Beistandschaft anhängig ist.

Zuständigkeit für sonstige Verrichtungen des Vormundschaftsgerichts mit Ausnahme der Ehesachen: Die Vorschriften in §§ 43, 44 beziehen sich auf die außerhalb einer Vormundschaft oder Pflegschaft liegenden Verrichtungen des Vormundschaftsgerichts, welche eine Thätigkeit desselben in Bezug auf eine — volljährige oder minderjährige — Person zum Gegenstand haben. Vergl. B.G.B. §§ 3—5 (Volljährigkeitserklärung), § 112 (Ertheilung der Genehmigung zum selbstständigen Betrieb eines Erwerbsgeschäfts durch den Minderjährigen), § 1308 (Ergänzung der elterlichen Einwilligung zur Eheschließung eines volljährigen Kindes), § 1314 (Ertheilung des Attestes zum Zwecke der Wiederverehelichung), § 1491 (Ertheilung der Genehmigung zum Verzicht eines unter elterlicher Gewalt oder Vormundschaft stehenden Abkömmlings auf seinen Antheil am Gesammtgut), § 1492 (Ertheilung der Genehmigung zur Aufhebung der Gütergemeinschaft), § 1493 (Gestattung der Fortsetzung der Gütergemeinschaft bei beabsichtigter Wiederverehelichung), § 1612 (Aenderung der elterlichen Bestimmung des Unterhalts eines unverheiratheten Kindes), § 1630 (Entziehung der väterlichen Vertretungsbefugniß), § 1631 (Anwendung von Zuchtmitteln zur Unterstützung des väterlichen Erziehungsrechtes), §§ 1635—1637 (Regelung der Sorge für die Person des Kindes im Falle der Ehescheidung), §§ 1639, 1640, 1642, 1653 (Beaufsichtigung der Vermögensverwaltung des Vaters), §§ 1643—1645 (Genehmigung von Rechtsgeschäften, welche der Vater für das Kind vornimmt), § 1665 (Fürsorge für das Kind im Falle Verhinderung von Vater und Mutter in der Ausübung der elterlichen Gewalt), §§ 1666—1668 (Eingreifen bei Gefährdung der Person oder des Vermögens des Kindes), § 1669 (Gestattung der Auseinandersetzung zwischen Vater und Kind erst nach Wiederverehelichung des Ersteren), § 1670 (Entziehung der väterlichen Vermögensverwaltung), § 1671 (Aenderung von getroffenen Verfügungen), § 1685 (Uebertragung der elterlichen Gewalt auf die Mutter), § 1727 (Ersetzung der mütterlichen Einwilligung zur Ehelichkeitserklärung), § 1728 (Genehmigung der Einwilligung des gesetzlichen Vertreters zur Ehelichkeitserklärung), § 1729 (Genehmigung zum Antrage des Vaters auf Ehelichkeitserklärung), § 1740 (Fürsorge im Falle Wiederverehelichung des Vaters), §§ 1750, 1751 (Genehmigung des Vertrags über Annahme an Kindesstatt), § 1760 (Entziehung der Vermögensverwaltung des Annehmenden), § 1846 (vorläufige Sorge für den Mündel bis zur Bestellung oder bei Verhinderung des Vormunds).

Abs. 1. Zuständig ist in erster Linie das Gericht, bei welchem das Kind seinen Wohnsitz hat — vergl. Noten zu § 36 Abs. 1 und 2 —; entscheidend ist der Zeitpunkt, in welchem eine Thätigkeit des Vormundschaftsgerichts veranlaßt wird; später eintretende Veränderungen berühren die einmal begründete Zuständigkeit nicht.

Ein Anderes ergiebt sich hinsichtlich der Zuständigkeit aus Abs. 2, ferner § 44 und § 46 Abs. 3 (Abgabe an ein anderes Gericht).

Abs. 2 enthält eine Ausnahmebestimmung von der Regel des Abs. 1, weshalb im Zweifelsfalle festzustellen ist, ob nicht Vormundschaft, Pflegschaft oder Beistandschaft anhängig ist. Nichtbeachtung dessen begründet nach § 7 keine Nichtigkeit der getroffenen Verfügung.

§ 44 und § 46 Abs. 3 greifen auch hier Platz, hinsichtlich letzterer Bestimmung, ohne daß die Vormundschaft 2c. mit an das andere Gericht abgegeben wird.

§ 44.

Für die in den §§ 1665, 1846 des Bürgerlichen Gesetzbuchs und im Artikel 23 Abs. 2 des Einführungsgesetzes zum Bürgerlichen Gesetzbuche bezeichneten Maßregeln ist auch das Gericht zuständig, in dessen Bezirke das Bedürfniß der Fürsorge hervortritt. Das Gericht soll, wenn eine Vormundschaft, Pflegschaft oder Beistandschaft anhängig ist, von den angeordneten Maßregeln dem nach § 43 Abs. 2 zuständigen Gerichte Mittheilung machen.

Zuständigkeit zu vorläufigen Maßregeln:

B.G.B. § 1665. Ist der Vater verhindert, die elterliche Gewalt auszuüben, so hat das Vormundschaftsgericht, soferne nicht die elterliche Gewalt nach § 1685 von der Mutter ausgeübt wird, die im Interesse des Kindes erforderlichen Maßregeln zu treffen.

B.G.B. § 1846. Ist ein Vormund noch nicht bestellt, oder ist der Vormund an der Erfüllung seiner Pflichten verhindert, so hat das Vormundschaftsgericht die im Interesse des Mündels erforderlichen Maßregeln zu treffen.

E.G. zum B.G.B. Art. 23. Eine Vormundschaft oder eine Pflegschaft kann im Inlande auch über einen Ausländer, soferne der Staat, dem er angehört, die Fürsorge nicht übernimmt, angeordnet werden, wenn der Ausländer nach den Gesetzen dieses Staates der Fürsorge bedarf oder im Inlande entmündigt ist.

Das deutsche Vormundschaftsgericht kann vorläufige Maßregeln treffen, solange eine Vormundschaft oder Pflegschaft nicht angeordnet ist.

Diese drei Vorschriften befassen sich mit vorläufigen Maßregeln. Die Zuständigkeitsbestimmung des § 44 hiefür ist nur eine subsidiäre; primär ist auch in diesen Fällen das nach §§ 36, 43 zuständige Gericht zum Eingreifen berufen; nur zur nothwendigen Beschleunigung der Sache kann sich das Gericht, in dessen Bezirk das Bedürfniß der Fürsorge hervortritt, mit der Sache befassen, und muß dies thun, wenn es darum angegangen wird und das nach §§ 36, 43 zuständige Gericht in der Sache noch nicht thätig ist.

Die subsidiäre Zuständigkeit äußert sich auch darin, daß das Gericht von den getroffenen Maßregeln dem primär zuständigen Gericht Mittheilung machen soll.

§ 45.

Wird in einer Angelegenheit, welche die persönlichen Rechtsbeziehungen der Ehegatten zu einander oder das eheliche Güterrecht betrifft, eine Verrichtung des Vormundschaftsgerichts erforderlich, so ist das Gericht zuständig, in dessen Bezirke der Mann seinen Wohnsitz oder in Ermangelung eines inländischen Wohnsitzes seinen Aufenthalt hat.

Ist der Mann ein Deutscher und hat er im Inlande weder Wohnsitz noch Aufenthalt, so finden die Vorschriften des § 36 Abs. 2 entsprechende Anwendung.

Hat der Mann die Reichsangehörigkeit verloren, die Frau sie aber behalten, so ist, wenn der Mann im Inlande weder Wohnsitz noch Aufenthalt hat, das Gericht zuständig, in dessen Bezirke die Frau ihren Wohnsitz oder in Ermangelung eines inländischen Wohnsitzes ihren Aufenthalt hat; hat sie im Inlande weder Wohnsitz noch Aufenthalt, so finden die Vorschriften des § 36 Abs. 2 entsprechende Anwendung.

Für die Zuständigkeit ist in Ansehung jeder einzelnen Angelegenheit der Zeitpunkt maßgebend, in welchem das Gericht mit ihr befaßt wird.

Zuständigkeit für Verrichtungen in Bezug auf persönliche Angelegenheiten der Ehegatten und das eheliche Güterrecht:

Abs. 1. Vergl. B.G.B. § 1357 Abs. 2 (Aufhebung von Beschränkungen der Schlüsselgewalt der Frau); § 1358 (Ersetzung der eheherrlichen Zustimmung zu persönlichen Leistungen der Frau); § 1379 (Ersetzung der Zustimmung der Frau zu Rechtsgeschäften in Bezug auf eingebrachtes Gut); §§ 1447, 1487 Abs. 1 (in Bezug auf Gesammtgut); § 1519 (bei Errungenschaftsgemeinschaft), § 1549 (bei Fahrnißgemeinschaft); § 1402 (Ersetzung der Zustimmung des Mannes zu Rechtsgeschäften der Frau im ordentlichen gesetzlichen Güterstand); § 1451 (bei allgemeiner Gütergemeinschaft); § 1519 (bei Errungenschaftsgemeinschaft), § 1549 (bei Fahrnißgemeinschaft).

Ueber Wohnsitz vergl. § 3, B.G.B. §§ 7 ff. Ist der Mann ein Deutscher, so entscheidet in allen Fällen sein Wohnsitz bezw Aufenthalt, der letztere in Ermangelung eines inländischen Wohnsitzes auch dann, wenn die Frau nach B.G.B. § 10 Abs. 2 selbstständig einen Wohnsitz hat; in diesem Falle gilt die Vorschrift des Abs. 2.

Das Gericht des Aufenthaltsorts des Mannes ist nur subsidiär zuständig, wenn ein Wohnsitz nicht besteht oder nicht zu ermitteln ist.

Abgabe an ein anderes Gericht ist in den Fällen des § 45 ausgeschlossen.

Abs. 2. Hier entscheidet letzter inländischer Wohnsitz, bezw. Staatsangehörigkeit des Mannes; diese Zuständigkeitsnorm gilt nur, solange der Mann noch die Reichsangehörigkeit besitzt. Vergl. B.G.B. § 10 Abs. 2 und Note zu Abs. 1.

Abs. 3. Die deutschen Gesetze finden nach E.G. z. B.G.B. Art. 14, 15 auch dann Anwendung, wenn der Mann die Reichsangehörigkeit verloren hat.

Ueber Beschränkung des Verlustes der Staatsangehörigkeit auf den Mann vergl. B. u. St.Ang.G. vom 1. Juni 1870 §§ 13 ff. insbes. § 21 Abs. 2 in der Fassung des E.G. z. B.G.B. Art. 41 Ziff. 4.

Wohnsitz der Frau B.G.B. § 10. Bei Feststellung der Zuständigkeit ist insbes. zu prüfen, ob nicht § 10 Abs. 2 Anwendung findet; in zweiter Linie entscheidet erst der Aufenthalt der Frau im Inland. Zuletzt ist maßgebend der letzte inländische Wohnsitz der Frau nach § 36 Abs. 2.

Abs. 4. Maßgebende Zeit für die Zuständigkeit zur Einleitung und Durchführung der erforderlichen Thätigkeit ist diejenige, in welcher der Beginn der Thätigkeit veranlaßt wird, spätere Aenderung der die Zuständigkeit beeinflussenden thatsächlichen Verhältnisse ist ohne Belang.

§ 46.

Das Vormundschaftsgericht kann die Vormundschaft aus wichtigen Gründen an ein anderes Vormundschaftsgericht abgeben, wenn sich dieses zur Uebernahme der Vormundschaft bereit erklärt; nach der Bestellung des Vormundes ist jedoch dessen Zustimmung erforderlich.

Einigen sich die Gerichte nicht oder verweigert der Vormund oder, wenn mehrere Vormünder die Vormundschaft gemeinschaftlich führen, einer von ihnen seine Zustimmung, so entscheidet das gemeinschaftliche obere Gericht. Eine Anfechtung der Entscheidung findet nicht statt.

Diese Vorschriften finden auf die Pflegschaft und die im § 43 bezeichneten Angelegenheiten entsprechende Anwendung.

Abgabe der Vormundschaft an ein anderes inländisches Gericht: **Abs. 1.** Die Abgabe kann sowohl seitens des primär zuständigen Gerichts, als seitens desjenigen, welches selbst schon nach § 46 mit der Führung der Vormundschaft befaßt wurde, erfolgen; sie kann erfolgen sowohl vor der Einleitung durch das zuständige Gericht als in jedem späteren Zeitpunkte, sowohl von Amtswegen nach eigenem Ermessen des Gerichts, als auf Antrag. Voraussetzungen der Abgabe sind:

1. Wichtige Gründe: Ob solche vorliegen und deswegen das Angebot zur Uebernahme erfolgen soll, entscheidet das mit der Sache befaßte Gericht, vorbehaltlich des Beschwerderechts der Betheiligten, welche etwa die Abgabe wünschen, im ordentlichen Beschwerdewege. Die Gründe können nicht nur das Interesse des Mündels betreffen, sondern jedes Interesse der Erleichterung der Führung der Vormundschaft für das Gericht oder den Vormund.
2. Bereitwilligkeit des anderen Vormundschaftsgerichts: Die Ablehnung kann nur mit der Bestreitung der Wichtigkeit der Gründe motivirt werden. Abgabe kann auch an ein Gericht eines andern Bundesstaates erfolgen.
3. Zustimmung des Vormunds, bei mehreren Vormündern sämmtlicher, nicht aber des Gegenvormunds.

Abs. 2. Der Mangel der beiden letzten Voraussetzungen kann ersetzt werden durch die — der Anfechtung entzogene — zustimmende Entscheidung des Gerichts, welches dem abgebenden und dem um Uebernahme angegangenen Gerichte gemeinschaftlich vorgesetzt ist (vergl. Note zu § 5); die Entscheidung erfolgt auf Anrufen des Vormundschaftsgerichts; der die Zustimmung verweigernde Vormund zwingt durch seine Weigerung das Vormundschaftsgericht, wenn es die Uebergabe will, die Entscheidung jenes Gerichtes zu erholen; schon die Weigerung eines von mehreren Vormündern, welche nach § 1797 Abs. 1 B.G.B. die Vormundschaft gemeinsam führen, hindert die Abgabe, diese Meinungsverschiedenheit der Vormünder entscheidet nicht das Vormundschaftsgericht; ist die Vormundschaft nach B.GB. § 1797 Abs. 2 nach bestimmten Wirkungskreisen unter mehrere Vormünder vertheilt, so steht hinsichtlich seines Wirkungskreises jeder einem Einzelvormund gleich; seine Weigerung ist daher in der nämlichen Weise hindernd, wie ersetzbar, wie wenn nur ein Vormund vorhanden wäre.

Abs. 3. Ueber Pflegschaft vergl. §§ 37—42.

§ 47.

Ist über einen Deutschen, der im Auslande seinen Wohnsitz oder Aufenthalt hat, die nach den Vorschriften des Bürgerlichen Gesetzbuchs erforderliche Vormundschaft im Auslande angeordnet, so kann die Anordnung der Vormundschaft im Inland unterbleiben, wenn dies im Interesse des Mündels liegt.

Hat ein Deutscher, über den im Inland eine Vormundschaft angeordnet ist, im Auslande seinen Wohnsitz oder Aufenthalt, so kann das Gericht, bei welchem die Vormundschaft anhängig ist, sie an den ausländischen Staat abgeben, wenn dies im Interesse des Mündels liegt, der Vormund seine Zustimmung ertheilt und der ausländische Staat sich zur Uebernahme bereit erklärt. Verweigert der Vormund oder, wenn mehrere Vormünder die Vormundschaft gemeinschaftlich führen, einer von ihnen seine Zustimmung, so entscheidet an Stelle des Gerichts, bei welchem die Vormundschaft anhängig ist, das im Instanzenzuge vorgeordnete Gericht. Eine Anfechtung der Entscheidung findet nicht statt.

Diese Vorschriften gelten auch für die Pflegschaft.

Vormundschaft im Auslande, Abgabe an das Ausland:

Abs. 1. Die Vorschrift enthält eine Ausnahme von dem Grundsatze des B.G.B. §§ 1774, 1897, daß beim Vorliegen der Voraussetzungen der §§ 1773, 1896 die Vormundschaft von Amtswegen einzuleiten ist.

Die Einleitung der Vormundschaft kann unter der doppelten Voraussetzung unterbleiben, daß im Auslande eine Vormundschaft eingeleitet ist, welche dem Mündel den nämlichen Schutz und dieselben Vortheile gewährt, welche eine nach dem B.G.B. einzuleitende Vormundschaft gewähren würde, und daß zugleich das Interesse des Mündels nicht auch die gleichzeitige Führung einer Vormundschaft im Inlande als geboten erscheinen läßt. Beide Voraussetzungen müssen vereint vorliegen; erstere ist eine Rechtsfrage, die sich durch Vergleichung des ausländischen und inländischen Rechts entscheidet, letztere Ermessensfrage. Die Entscheidung liegt bei dem Gerichte, welches an sich nach § 36 zur Einleitung der Vormundschaft berufen wäre. Die letztere Voraussetzung anlangend, so muß nicht das Interesse des Mündels die

Unterlassung der Einleitung gebieten, es genügt, wenn dieses Interesse die Unterlassung nicht verbietet, die Einleitung also dem Interesse des Mündels nicht zuwiderläuft.

Die Ausnahme bezieht sich nur auf die Anordnung der Vormundschaft, nicht auf die Fortführung; die einmal eingeleitete Vormundschaft ist fortzuführen, wenn auch das Interesse des Mündels die Fortführung nicht verlangt, soweit nicht Abs. 2 Platz greift.

Die Vorschrift gilt endlich nur für die Vormundschaft über Deutsche, d. h. solche Personen, welche zur Zeit, da die Einleitung der Vormundschaft im Inlande gesetzlich geboten ist, die Reichsangehörigkeit besitzen.

Abs. 2. Die Abgabe der Vormundschaft ans Ausland kann nur erfolgen, wenn eine solche im Inlande bereits eingeleitet war, nicht kann die Einleitung der Vormundschaft dem Auslande angetragen werden.

Für die Abgabe ist es gleichgiltig, ob der Mündel schon zur Zeit der Einleitung den Wohnsitz oder Aufenthalt im Auslande hatte (vergl. § 36 Abs. 2), oder ob er ihn erst während der Dauer der Vormundschaft dorthin verlegt hat.

Voraussetzungen der Abgabe sind folgende:

1. Die Abgabe muß im Interesse des Mündels angezeigt erscheinen; darüber entscheidet — vorbehaltlich des Beschwerderechts der Betheiligten — das Vormundschaftsgericht; andere wichtige Gründe kommen, verschieden von § 46, nicht in Betracht.
2. Das Ausland (die maßgebende Behörde) muß zur Uebernahme bereit sein.
3. Der Vormund oder die mehreren Vormünder sämmtlich müssen ihre Zustimmung zur Abgabe ertheilen. Der Mangel dieser letzten Voraussetzung allein ist ersetzbar, und zwar durch die — der Anfechtung entzogene — zustimmende Entscheidung des dem Vormundschaftsgerichte im Instanzenzuge vorgeordneten Gerichts; diese kann auf Anrufen des Vormundschaftsgerichts erfolgen, wenn der Einzelvormund oder einer der mehreren Vormünder, welche die Vormundschaft nach B.G.B. § 1797 Abs. 1 gemeinschaftlich führen, die Zustimmung verweigern; die Meinungsverschiedenheit der mehreren Vormünder entscheidet hier nicht das Vormundschaftsgericht. Ist die Vormundschaft nach § 1797 Abs. 2 nach bestimmten Wirkungskreisen unter mehrere Vormünder vertheilt, so steht hinsichtlich des ihm überwiesenen Wirkungskreises jeder einem Einzelvormund gleich; seine Weigerung ist daher in gleicher Weise ersetzbar.

Abs. 3. Vergl. §§ 37—42. Die Vorschrift entspricht der des B.G.B. § 1915.

§ 48.

Wird bei einem Standesbeamten der Tod einer Person, die ein minderjähriges Kind hinterlassen hat, oder die Geburt eines ehelichen Kindes nach dem Tode des Vaters oder die Geburt eines unehelichen Kindes oder die Auffindung eines Minderjährigen, dessen Familienstand nicht zu ermitteln ist, angezeigt oder wird vor einem Standesbeamten von einer Frau, die ein minderjähriges eheliches Kind hat, eine Ehe geschlossen, so hat der Standesbeamte hiervon dem Vormundschaftsgericht Anzeige zu machen.

Anzeigepflicht des Standesbeamten: Die einzelnen Fälle der Anzeigepflicht sind:

1. Tod einer Person, die ein minderjähriges — eheliches oder uneheliches — Kind hinterlassen hat, weil Bestellung eines Pflegers zur Auseinandersetzung der Verlassenschaft (B.G.B. § 1909), Bestellung eines Beistands nach dem Tode des Vaters (B.G.B. § 1687), Bestellung eines Vormunds nach dem Tode der verwittweten Mutter, nach dem Tode des Vaters, wenn die väterliche Gewalt nicht auf die Mutter übergehen kann (B.G.B. § 1773), nothwendig wird.
2. Geburt eines ehelichen Kindes (B.G.B. § 1591) wegen etwa zu bestellenden Beistands oder auch Vormundes (siehe Ziff. 1).
3. Geburt eines unehelichen Kindes, für welches nach B.G.B. §§ 1773, 1707 stets ein Vormund zu bestellen ist.
4. Auffindung eines Minderjährigen, dessen Familienstand nicht zu ermitteln ist, weil dieser gleichfalls stets einen Vormund erhält (B.G.B. § 1773 Abs. 2).
5. Wiederverehelichung einer Wittwe, welche ein eheliches Kind früherer Ehe hat, weil sie dadurch die väterliche Gewalt verliert, und Bestellung eines Vormunds nöthig wird (B.G.B. §§ 1697, 1773).

Die Anzeigepflicht besteht unbedingt; der Standesbeamte hat nicht zu prüfen, ob eine Thätigkeit des Vormundschaftsgerichts im einzelnen Falle nöthig wird.

Die reichsrechtlich nur dem Standesbeamten auferlegte Anzeigepflicht kann gemäß § 200 landesgesetzlich auf andere Beamte und Behörden ausgedehnt werden.

An Privatpersonen legt das B.G.B. in Fällen, in welchen eine Thätigkeit des Vormundschaftsgerichts veranlaßt ist, eine Anzeigepflicht auf dem Vater, der eine neue Ehe eingehen will (§ 1669) und dem als Vormund bestellten Vater, sowie der als Vormund bestellten Mutter, wenn sie eine Ehe eingehen (§ 1845).

Die Anzeige hat an das nach §§ 36 ff. zuständige Vormundschaftsgericht zu erfolgen; die Zuständigkeit stellt der Standesbeamte nach den ihm gemachten Angaben fest; zu Ermittelungen ist er nicht verpflichtet. Das angegangene Gericht hat seine Zuständigkeit selbständig zu prüfen und die Anzeige an das nach den gepflogenen Erhebungen zuständige Gericht abzugeben. Streitigkeit zwischen den Gerichten über die örtliche Zuständigkeit werden nach § 5 entschieden; § 46 findet auf diese Abgabe keine Anwendung.

§ 49.

Erlangt der Gemeindewaisenrath von einem Falle Kenntniß, in welchem ein Vormund, ein Gegenvormund oder ein Pfleger zu bestellen ist, so hat er dem Vormundschaftsgericht Anzeige zu machen. Zugleich soll er die Person vorschlagen, die sich zum Vormunde, Gegenvormund oder Pfleger eignet.

Anzeigepflicht des Gemeindewaisenraths (B.G.B. §§ 1849—1851): Die Anzeigepflicht desselben geht weiter als die des Standesbeamten; sie begreift nicht nur die Fälle der ersten Bestellung eines Vormunds oder Pflegers in sich, sondern erstreckt sich auch auf die Fälle nothwendiger Neubestellung wegen Wegfalls (Tod) des Vormunds bezw. Pflegers oder sonstiger Beendigung seines Amtes (B.G.B. §§ 1885 ff., 1915), sowie auch auf die Fälle der Bestellung eines Gegenvormunds (B.G.B. § 1792 Abs. 2).

Die hier auferlegte Anzeigepflicht ist eine Spezialvorschrift zu B.G.B. § 1675.

Die Anzeigepflicht ist eine unbedingte.

Ueber das Gericht, an welches die Anzeige zu erfolgen hat, vergl. die Note zu § 48. In einer bereits anhängigen Sache trifft die Verpflichtung, das mit der Sache befaßte Vormundschaftsgericht zu ermitteln, den Gemeindewaisenrath.

Die hier nur als Ordnungsvorschrift aufgestellte Verpflichtung zum Vorschlag der geeigneten Person („soll") ist eine Ergänzung von B.G.B. § 1849.

§ 50.

Wird die Anordnung einer Vormundschaft oder einer Pflegschaft in Folge eines gerichtlichen Verfahrens erforderlich, so hat das Gericht das zuständige Vormundschaftsgericht hievon zu benachrichtigen.

Benachrichtigungspflicht der Gerichte: Die Benachrichtigungspflicht besteht für jedes ordentliche Civil- und Strafgericht.

Sie besteht nur, wenn Anordnung einer Vormundschaft — definitive (B.G.B. §§ 1773, 1896) oder vorläufige (l. c. § 1906) — oder Pflegschaft (B.G.B. §§ 1909 ff.) nothwendig wird, nicht wenn während der Führung derselben Maßnahmen angezeigt erscheinen (so von Thatsachen, welche nach B.G.B. § 1886 die Entlassung des Vormunds rechtfertigen würden); sie besteht ferner nur, wenn die Anordnung einer Vormundschaft oder Pflegschaft nothwendig wird, nicht wenn Beistandschaft (B.G.B. § 1687), nicht wenn sonstige Maßnahmen des Vormundschaftsgerichts außerhalb einer Vormundschaft oder Pflegschaft erforderlich wären (z. B. B.G.B. § 1635 ff., 1666).

Ob die Anzeige zu erfolgen hat, ist eine Rechtsfrage, welche das zur Anzeige verpflichtete Gericht zunächst zu entscheiden hat, ohne daß das angegangene Vormundschaftsgericht an dessen Rechtsanschauung gebunden ist. Hält sich insbesondere das angegangene Gericht für örtlich unzuständig, so kann es die Anzeige an das nach seiner Ansicht zuständige Gericht weiterleiten oder an das anzeigende Gericht zurückgeben, weil diesem die Verpflichtung obliegt, die Anzeige an das zuständige Gericht zu machen; eventuell tritt Entscheidung nach § 5 ein.

Hält das angegangene Vormundschaftsgericht die Anordnung einer Vormundschaft oder Pflegschaft für nicht erforderlich, so hat das anzeigende Gericht kein Beschwerderecht (§ 20); die Ablehnung einer Thätigkeit erfolgt auf Gefahr und unter Haftung des Vormundschaftsgerichts.

Einzelne Fälle der Anzeigepflicht:

1. Entmündigung eines Volljährigen, welcher einen Vormund zu erhalten hat (B.G.B. § 1896), sowie auch schon bloße Antragstellung auf Entmündigung, wenn vorläufige Vormundschaft angezeigt erscheint (B.G.B. § 1906); die Anzeigepflicht ist näher geregelt in C.P.O. §§ 657, 660, 674).
2. Todeserklärung des Vaters eines Minderjährigen, wenn die Mutter nicht die elterliche Gewalt erlangt, Todeserklärung der Mutter, wenn die elterliche Gewalt dem Vater nicht zusteht (B.G.B. §§ 1679, 1684, 1686, 1773).
3. Verwirkung der elterlichen Gewalt durch strafbare Handlung an dem Kinde durch den Vater, wenn nicht die Mutter die Gewalt erlangt, durch die Mutter, wenn nicht der Vater sie besitzt (B.G.B. §§ 1680, 1684, 1686, 1773).

Ueber einen Fall, in welchem die Anzeige unterbleiben kann, siehe § 88 und Note hiezu.

§ 51.

Eine Verfügung, durch die von dem Vormundschaftsgerichte festgestellt wird, daß der Vater oder die Mutter auf längere Zeit an der Ausübung der elterlichen Gewalt thatsächlich verhindert ist, tritt mit der Bestellung des Vormundes in Wirksamkeit; hat jedoch während der Verhinderung des Vaters die Mutter die elterliche Gewalt auszuüben, so wird die Verfügung mit der Bekanntmachung an die Mutter wirksam.

Eine Verfügung, durch die von dem Vormundschaftsgerichte festgestellt wird, daß der Grund für das Ruhen der elterlichen Gewalt des Vaters oder der Mutter nicht mehr besteht, wird mit der Bekanntmachung an den Vater oder an die Mutter wirksam.

Wirksamkeit von Verfügungen des Vormundschaftsgerichts: Hierüber enthalten die §§ 51—53 Sondervorschriften.

Abs. 1. Nach § 16 (vergl. dort auch über Form der Bekanntmachung) tritt die Wirksamkeit von Verfügungen mit der Bekanntmachung an denjenigen ein, für welchen sie bestimmt sind; diese Regel bleibt nach dem Schlußsatze des Abs. 1 bestehen, wenn das Vormundschaftsgericht gemäß B.G.B. § 1677 feststellt, daß der Vater an der Ausübung der elterlichen Gewalt thatsächlich verhindert ist, und nach § 1685 die elterliche Gewalt auf die Mutter übergeht; die Wirksamkeit tritt nach dem Schlußsatze des Abs. 1 mit der Bekanntmachung an die Mutter ein, welche von da ab die elterliche Gewalt auszuüben berechtigt wird. Im Falle des B.G.B. § 1685 Abs. 2 äußert sich der Eintritt der Wirksamkeit der feststellenden Verfügung dadurch, daß das Vormundschaftsgericht der Mutter jedenfalls nicht vorher, sondern höchstens gleichzeitig die elterliche Gewalt übertragen kann.

Geht die elterliche Gewalt nicht auf die Mutter über, oder wird gemäß B.G.B. §§ 1677, 1686 festgestellt, daß die Mutter an der Ausübung der elterlichen Gewalt verhindert ist, so tritt die Wirksamkeit mit der gemäß § 1773 nunmehr nothwendig werdenden Bestellung des Vormunds ein, welche sofort nach erfolgter Feststellung geschehen kann; vorherige Bekanntmachung an Vater oder Mutter ist nicht erforderlich.

Abs. 2. Die aufhebende Verfügung ist sowohl dem bisher an der Ausübung der elterlichen Gewalt verhinderten Ehetheil als dem inzwischen an seine Stelle Getretenen (Mutter oder Vormund) nach § 16 Abs. 2 bekannt zu geben. Die Wirksamkeit der Verfügung äußert sich darin, daß der bisher verhinderte Theil die elterliche Gewalt wieder erlangt, während die Mutter sie verliert, bezw. die Vormundschaft nach B.G.B. § 1882 endigt.

Diese Wirkung tritt für beide zu benachrichtigende Theile — darin liegt die Ausnahme von § 16 Abs. 1 — mit der Bekanntmachung an den bisher verhinderten Theil ein; bis dahin ist die Mutter bezw. der Vormund zur Ausübung der ihnen zustehenden Gewalt auch dann berechtigt, wenn ihnen schon eher die Verfügung bekannt gemacht wurde; dagegen sind Verfügungen, welche sie nach jenem Zeitpunkt treffen, ungiltig, auch wenn ihnen die aufhebende Verfügung noch nicht bekannt geworden ist.

Im Falle der Aufhebung solcher Verfügungen des Vormundschaftsgerichtes im Beschwerdeweg vergl. § 32.

§ 52.

Eine Verfügung, durch die ein Volljähriger unter vorläufige Vormundschaft gestellt wird, tritt, wenn die Entmündigung wegen Geisteskrankheit beantragt ist, mit der Bestellung des Vormundes, wenn die Entmündigung wegen Geistesschwäche, wegen Verschwendung oder wegen Trunksucht beantragt ist, mit der Bekanntmachung an den zu Entmündigenden, eine Verfügung, durch die eine vorläufige Vormundschaft aufgehoben wird, tritt mit der Bekanntmachung an den Mündel in Wirksamkeit.

Die Wirksamkeit der Verfügung, durch welche ein Volljähriger gemäß B.G.B. § 1906 unter vorläufige Vormundschaft gestellt wird, ist hier für alle vorkommenden Fälle besonders geregelt, obwohl theilweise die Regel des § 16 Abs. 1 Anwendung findet. Nach dieser Regel tritt die Verfügung mit der Bekanntmachung an den zu Entmündigenden ein, wenn die Entmündigung gemäß B.G.B. § 6, C.P.O. §§ 645 Abs. 1, 680 wegen Geistesschwäche, wegen Verschwendung oder wegen Trunksucht beantragt ist. Ausnahmsweise tritt dagegen die Wirksamkeit mit der Bestellung des Vormunds ein, wenn die Entmündigung gemäß B.G.B. § 6 Nr. 1, C.P.O. § 645 Abs. 1 wegen Geisteskrankheit beantragt ist (analog der Vorschrift von C.P.O. § 661 ff. für die Wirksamkeit der Entmündigung). Die Wirksamkeit äußert sich darin, daß der Vormund nur die ihm kraft seines Amtes zukommenden Rechte erhält; die Bestellung kann auch im Falle der Entmündigung wegen Geistesschwäche, Verschwendung oder Trunksucht schon vorher erfolgen. Eine Beschwerde hat nach § 24 Abs. 1 keine aufschiebende Kraft.

Bei der nach B.G.B. § 1908 Abs. 3 erfolgenden Aufhebung der vorläufigen Vormundschaft tritt wieder die Regel des § 16 Abs. 1 ein; sie wird wirksam mit der nach § 16 Abs. 2 erfolgenden Bekanntmachung an den Mündel, auch im Falle Entmündigungsantrag wegen Geisteskrankheit gestellt ist; der Vormund verliert mit diesem Zeitpunkt die Vertretungsbefugniß, auch wenn ihm die Verfügung noch nicht bekannt ist, und haben seine später für den Mündel vorgenommenen Handlungen keine Wirksamkeit.

Vergl. § 32 für den Fall der Beschwerde.

§ 53.

Eine Verfügung, durch die auf Antrag die Ermächtigung oder die Zustimmung eines Anderen zu einem Rechtsgeschäft ersetzt oder dem Manne die im § 1358 Abs. 1 des Bürgerlichen Gesetzbuchs vorgesehene Ermächtigung zur Kündigung ertheilt oder durch welche die Beschränkung oder die Ausschließung der nach § 1357 des Bürgerlichen Gesetzbuchs der Frau zustehenden Rechte aufgehoben wird, tritt erst mit der Rechtskraft in Wirksamkeit. Das Gleiche gilt von einer Verfügung, durch die auf Antrag des Kindes die Zustimmung der Mutter zur Ehelichkeitserklärung ihres Kindes ersetzt wird.

Bei Gefahr im Verzuge kann das Gericht die sofortige Wirksamkeit der Verfügung anordnen. Die Verfügung tritt mit der Bekanntmachung an den Antragsteller in Wirksamkeit.

Abs. 1. Verfügungen, durch welche auf Antrag die Ermächtigung oder die Zustimmung eines Anderen zu einem Rechtsgeschäft ersetzt wird, können erlassen werden nach B.G.B. § 113 Abs. 3 (zum

Eintritt eines Minderjährigen in ein Dienstverhältniß), § 1304 Abs. 2 (zur Eingehung der Ehe Seitens eines in der Geschäftsfähigkeit Beschränkten), § 1308 (zur Eingehung der Ehe eines volljährigen Kindes), § 1337 (zur Genehmigung einer anfechtbaren Ehe), § 1358 Abs. 2 (zu persönlichen Leistungen der Ehefrau), §§ 1379, 1447, 1525, 1549 (zu Rechtsgeschäften über eingebrachtes Gut oder Gesammtgut), §§ 1402, 1451 (zu Rechtsgeschäften über persönliche Angelegenheiten der Frau).

B.G.B. § 1358 Abs. 1. Hat sich die Frau einem Dritten gegenüber zu einer von ihr in Person zu bewirkenden Leistung verpflichtet, so kann der Mann das Rechtsverhältniß ohne Einhaltung einer Kündigungsfrist kündigen, wenn er auf seinen Antrag von dem Vormundschaftsgerichte dazu ermächtigt worden ist. Das Vormundschaftsgericht hat die Ermächtigung zu ertheilen, wenn sich ergibt, daß die Thätigkeit der Frau die ehelichen Interessen beeinträchtigt.

B.G.B. § 1357. Die Frau ist berechtigt, innerhalb ihres häuslichen Wirkungskreises die Geschäfte des Mannes für ihn zu besorgen und ihn zu vertreten. Rechtsgeschäfte, die sie innerhalb dieses Wirkungskreises vornimmt, gelten als im Namen des Mannes vorgenommen, wenn nicht aus den Umständen sich ein Anderes ergiebt.

Der Mann kann das Recht der Frau beschränken oder ausschließen. Stellt sich die Beschränkung oder die Ausschließung als Mißbrauch des Rechtes des Mannes dar, so kann sie auf Antrag der Frau durch das Vormundschaftsgericht aufgehoben werden. Dritten gegenüber ist die Beschränkung oder die Ausschließung nur nach Maßgabe des § 1435 wirksam.

Alle diese Verfügungen sind mit der sofortigen Beschwerde anfechtbar — § 60 Nr. 6 —, weshalb die Bekanntmachung nach § 16 Abs. 2 durch Zustellung von Amtswegen zu erfolgen hat (C.P.O. §§ 208—213), und können von dem sie erlassenden Gerichte nicht mehr abgeändert werden — § 18 Abs. 2. Ueber die sofortige Beschwerde vergl. § 22, über Beschwerdeberechtigung § 20, über Rechtskraft Note zu §§ 26, 31. Die Handlungen, zu welchen durch die Verfügungen die Berechtigung erlangt wird, können wirksam erst vorgenommen werden, wenn für jeden der Betheiligten, welchen die Verfügung bekannt zu machen ist, die Beschwerdefrist abgelaufen ist.

Die Ersetzung der Zustimmung zur Ehelichkeitserklärung kann nach B.G.B. § 1727 erfolgen. Die Verfügung der Staatsgewalt, durch welche die Ehelichkeitserklärung ausgesprochen wird (B.G.B. § 1723 Abs. 1) soll also nicht erfolgen, ehe für sämmtliche Betheiligte die Beschwerdefrist abgelaufen ist; vergl. § 55 über Ausschluß der Aenderung der Verfügung des Vormundschaftsgerichts nach erfolgter Ehelichkeitserklärung.

Abs. 2 stellt als Ausnahme von der Bestimmung des Abs. 1 die Regel des § 16 Abs. 2 — Wirksamkeit der Verfügung mit der Bekanntmachung — wieder her, wenn das Gericht die sofortige

Wirksamkeit angeordnet hat. Diese Anordnung kann erfolgen, wenn das Gericht nach seinem Ermessen Gefahr im Verzuge für gegeben hält, d. i. wenn es von dem Aufschube der Wirksamkeit der Verfügung bis zur Rechtskraft eine Gefährdung der zu verfolgenden Interessen befürchtet. Die Verfügung, in welcher sofortige Wirksamkeit angeordnet ist, kann nur mit der einfachen Beschwerde angefochten werden. Wird die Verfügung auf Beschwerde hin aufgehoben, so hat dies auf die Wirksamkeit der Rechtshandlungen, welche auf Grund der durch dieselbe erlangten Berechtigung vorgenommen wurden, keinen Einfluß (siehe § 32).

§ 54.

Liegen nach dem Ermessen des Vormundschaftsgerichts die Voraussetzungen vor, unter denen der Vormund, der Pfleger oder der Beistand zur Sicherheitsleistung angehalten werden kann, so ist das Gericht befugt, das Grundbuchamt um die Eintragung einer Sicherungshypothek an Grundstücken des Vormundes, des Pflegers oder des Beistandes zu ersuchen. Der Vormund, der Pfleger oder der Beistand soll soweit thunlich vorher gehört werden. Die Hypothek entsteht mit der Eintragung.

Diese Vorschriften finden auf die Eintragung eines Pfandrechts an einem im Schiffsregister eingetragenen Schiffe entsprechende Anwendung.

Sicherheitshypothek an Grundstücken des Vormunds ꝛc.

Abs. 1. Sicherheitsleistung kann gemäß B.G.B. §§ 1844, 1915, 1693 verlangt werden; sie kann durch Bestellung von Hypotheken an inländischen Grundstücken erfolgen — B.G.B. § 232. Ueber Sicherheitshypothek vergl. B.G.B. §§ 1184 f.

Vor dem Eintragungsantrag soll der Vormund ꝛc. gehört werden, wenn es ausführbar ist, da derselbe durch Ablehnung der Vormundschaft bezw. Entlassungsantrag sich von der Sicherheitsleistung befreien kann — B.G.B. §§ 1786 Nr. 6, 1889. Seine Zustimmung zur Eintragung ist abweichend von B.G.B. § 873 nicht erforderlich.

Zu dem Ersuchen um Eintragung der Sicherheitshypothek ist das Vormundschaftsgericht von Amtswegen ohne Antrag eines Betheiligten befugt; seine Anordnung ersetzt die Erklärung des Mündels, für dessen etwaige Forderungen die Sicherheit geleistet wird. Beim Eintragungsantrag ist in formeller Beziehung G.B.O. § 28 und B.G.B. § 1115 zu beachten. Die Eintragung hat vom Grundbuchamt gemäß G.B.O. § 39 zu erfolgen, ohne daß dieses die materielle Berechtigung zum Eintragungsantrag nachzuprüfen hätte.

Mit der Eintragung entsteht die Hypothek; Ertheilung eines Hypothekenbriefes erfolgt nicht (vergl. B.G.B. §§ 1185, 1117).

Von der Eintragung erhält der Vormund durch Mittheilung Seitens des Grundbuchamts Kenntniß. Die Beschwerde steht dem Vormund gemäß § 20 gegen die Verfügung des Vormundschaftsgerichts zu, nicht gemäß G.B.O. § 71 gegen die Eintragung.

Das Gleiche gilt für die Erhöhung der Sicherheit, welche durch Eintragung weiterer Hypothek erlangt wird.

Minderung oder Aufhebung der Sicherheit, also theilweise oder völlige Löschung der Sicherheitshypothek kann nicht auf unmittelbaren Antrag des Vormundschaftsgerichts beim Grundbuchamt erfolgen (vergl. B.G.B. §§ 1183, 1143, 1163, 1168). Die Erklärung des Mündels wird durch die Anordnung des Pflegschaftsgerichts ersetzt.

Die Bestimmung kann erst mit der Anlegung des Grundbuchs in Wirksamkeit treten.

Abs. 2. Ueber Schiffspfandrecht vergl. §§ 100 ff. Die Vorschrift ist eine Ausnahme von § 101; beim Eintragungsantrag ist § 106 zu beachten.

§ 55.

Eine Verfügung, durch welche die Genehmigung zu einem Rechtsgeschäft ertheilt oder verweigert wird, kann von dem Vormundschaftsgericht insoweit nicht mehr geändert werden, als die Genehmigung oder deren Verweigerung einem Dritten gegenüber wirksam geworden ist.

Eine Verfügung, durch welche die Zustimmung zu einer Ehelichkeitserklärung ersetzt wird, kann nicht mehr geändert werden, wenn die Ehelichkeitserklärung erfolgt ist.

Ausschluß der Abänderung von Verfügungen: Abs. 1. Die Fälle der Genehmigung Seitens des Vormundschaftsgerichts siehe B.G.B. §§ 1643, 1690, 1812, 1819—1822.

Die Genehmigung wird dem Dritten gegenüber wirksam bei vorheriger Genehmigung, wenn der gesetzliche Vertreter auf Grund derselben gehandelt hat, bei nachträglicher Genehmigung erst mit der Mittheilung derselben an den Dritten durch den Vormund (B.G.B. §§ 1828, 1829).

Nach diesem Zeitpunkt kann weder das Vormundschaftsgericht noch das Beschwerdegericht die Verfügung abändern (§ 62). Wird die Beschwerde vor Wirksamkeit der Verfügung gegenüber dem Dritten eingelegt, so kann das Vormundschaftsgericht wie das Beschwerdegericht durch eine Verfügung nach § 24 Abs. 2 und 3 dem Wirksamwerden vorbeugen. Hat das Beschwerdegericht trotz Wirksamkeit der Verfügung gegenüber dem Dritten dieselbe aufgehoben, so ist diese Aufhebung dem Dritten gegenüber ohne Einfluß (§ 32).

Abs. 2. Vergl. B.G.B. § 1727, ferner § 53 Abs. 1 Satz 2 und Abs. 2.

Die Ehelichkeitserklärung ist **erfolgt** mit dem Ausspruch der Staatsgewalt nach B.G.B. § 1723 und den landesgesetzlichen Bestimmungen. Das Beschwerdegericht hat auch im Falle der sofortigen Beschwerde, wenn diese rechtzeitig und vor Ehelichkeitserklärung eingelegt ist, die Beschwerde zurückzuweisen, wenn inzwischen die Ehelichkeitserklärung erfolgt ist. Vergl. im Uebrigen Bemerkungen zu Abs. 1.

§ 56.

Die Volljährigkeitserklärung soll nur auf Antrag des Minderjährigen oder desjenigen gesetzlichen Vertreters des Minderjährigen erfolgen, welchem die Sorge für die Person zusteht.

Die Verfügung, durch welche der Minderjährige für volljährig erklärt wird, tritt erst mit der Rechtskraft in Wirksamkeit.

Volljährigkeitserklärung: Abs. 1. Die Vorschrift ergänzt die Bestimmungen vom B.G.B. §§ 3—5 durch Feststellung der Antragsberechtigung.

Antragsberechtigt ist der Minderjährige selbst, der das achtzehnte Lebensjahr vollendet hat, ohne Einwilligung seines gesetzlichen Vertreters, ferner derjenige, welchem die Sorge für die Person des Minderjährigen zusteht, und welcher **zugleich** gesetzlicher Vertreter desselben ist (also nicht der Vater im Falle des B.G.B. § 1676 Abs. 2, nicht die Mutter während der Dauer der Ehe nach § 1634 und nicht in den Fällen der §§ 1696—1698, nicht der unehelichen Mutter nach § 1707). Die Sorge für das Kind ist Ausfluß der elterlichen Gewalt und steht daher primär dem Vater zu nach B.G.B. § 1627 vorbehaltlich der Bestimmungen in §§ 1630 Abs. 2, 1635, 1637, sodann der Mutter nach §§ 1684, 1685, endlich dem Vormund nach §§ 1773, 1793, 1800.

Abs. 2. Nur die Verfügung, durch welche die Volljährigkeitserklärung **erfolgt**, wird erst mit der Rechtskraft wirksam, nicht auch die den Antrag abweisende Verfügung; über Rechtskraft vergl. Note zu §§ 26, 31. Erstere Verfügung kann das Vormundschaftsgericht nicht mehr abändern — § 18 Abs. 2; die Anfechtung erfolgt im Wege der sofortigen Beschwerde — § 60 Nr. 6.

Vergl. die abweichende Bestimmung in § 196 für den Fall landesgesetzlicher Regelung der Zuständigkeit.

§ 57.

Die Beschwerde steht, unbeschadet der Vorschriften des § 20, zu:

1. gegen eine Verfügung, durch welche die Anordnung einer Vormundschaft abgelehnt oder eine Vormundschaft aufgehoben wird, Jedem, der ein recht-

liches Interesse an der Aenderung der Verfügung hat, sowie dem Ehegatten, den Verwandten und Verschwägerten des Mündels, es sei denn, daß die Verfügung eine vorläufige Vormundschaft betrifft;

2. gegen eine Verfügung, durch welche die Anordnung einer vorläufigen Vormundschaft abgelehnt oder eine solche Vormundschaft aufgehoben wird, denjenigen, welche den Antrag auf Entmündigung zu stellen berechtigt sind;
3. gegen eine Verfügung, durch welche die Anordnung einer Pflegschaft abgelehnt oder eine Pflegschaft aufgehoben wird, Jedem, der ein rechtliches Interesse an der Aenderung der Verfügung hat, in den Fällen der §§ 1909, 1910 des Bürgerlichen Gesetzbuchs auch dem Ehegatten sowie den Verwandten und Verschwägerten des Pflegebefohlenen; diese Vorschrift gilt jedoch im Falle des § 1910 nur dann, wenn eine Verständigung mit dem Pflegebefohlenen nicht möglich ist;
4. gegen eine Verfügung, durch welche die Einsetzung eines Familienraths abgelehnt oder der Familienrath aufgehoben wird, dem Ehegatten sowie den Verwandten und Verschwägerten des Mündels;
5. gegen eine Verfügung, durch die in den Fällen des § 1687 Nr. 1, 3 des Bürgerlichen Gesetzbuchs die Bestellung eines Beistandes der Mutter abgelehnt oder die Bestellung aufgehoben wird, dem Ehegatten sowie den Verwandten und Verschwägerten des Kindes;
6. gegen eine Verfügung, durch die ein Antrag des Gegenvormundes oder des Beistandes zurückgewiesen wird, gegen den gesetzlichen Vertreter wegen pflichtwidrigen Verhaltens einzuschreiten oder den Vormund oder den Pfleger aus einem der im § 1886 des Bürgerlichen Gesetzbuchs bezeichneten Gründe zu entlassen, dem Antragsteller;
7. gegen eine Verfügung, durch die dem Vormund oder dem Pfleger eine Vergütung bewilligt wird, dem Gegenvormunde;

8. gegen eine Verfügung, durch welche die Anordnung einer der in den §§ 1665 bis 1667 des Bürgerlichen Gesetzbuchs vorgesehenen Maßregeln abgelehnt oder eine solche Maßregel aufgehoben wird, den Verwandten und Verschwägerten des Kindes;
9. gegen eine Verfügung, die eine Entscheidung über eine die Sorge für die Person des Kindes oder des Mündels betreffende Angelegenheit enthält, Jedem, der ein berechtigtes Interesse hat, diese Angelegenheit wahrzunehmen.

Die Vorschrift des Abs. 1 Nr. 9 findet auf die sofortige Beschwerde keine Anwendung.

Beschwerderecht: Für die Beschwerde in Vormundschaftssachen gilt zunächst die Regel des § 20, daß Jedem die Beschwerde zusteht, dessen Recht durch die Verfügung beeinträchtigt wird; beschwerdeberechtigt ist daher insbesondere das Kind oder der Mündel selbst (vergl. § 59) und dessen gesetzliche Vertreter. § 57 räumt noch weiteren Personen ein selbständiges Beschwerderecht ein.

Abs. 1. Zu Nro. 1: Gegen die von Amtswegen erfolgende Anordnung der Vormundschaft (B.G.B. 1773, 1794, 1896) findet Beschwerde nur nach § 20 Abs. 1 statt. Das erweiterte Beschwerderecht ist nur für die Ablehnung und die Aufhebung der ordentlichen — nicht auch der vorläufigen B.G.B. § 1908 — Vormundschaft gegeben; gleichgiltig ist, ob die Vormundschaft nur wegen Wegfalls der für die Anordnung bestimmten Voraussetzungen aufhört (B.G.B. § 1882), oder ob eine ausdrückliche aufhebende Verfügung erlassen wird.

Ein rechtliches Interesse an der Aenderung der Verfügung besteht für eine Person, wenn die Aufhebung der Vormundschaft auf die Gestaltung eines Rechtsverhältnisses, an welchem die Person betheiligt ist, verändernd einwirkt, das Rechtsverhältniß entweder in seinem Zustandekommen oder in seiner Wirkung beeinflußt wird. (Vergl. die verschiedene Fassung „berechtigtes Interesse“ in Nro. 9); eine Verletzung eines Rechtes ist nicht erforderlich. Auch ein blos persönliches Interesse wegen Besorgniß für das Wohl des Mündels genügt nicht.

Der Ehegatte, Verwandte (B.G.B. § 1589) und Verschwägerte (B.G.B. § 1590) haben das Beschwerderecht ohne Rücksicht auf ein rechtliches Interesse, auch wenn die Ehe nicht mehr besteht, letztere beide ohne Rücksicht auf Gradesnähe; über nicht mehr bestehende Ehe siehe Note zu § 6 Abs. 1 Nr. 2.

Zu Nro. 2. Ueber vorläufige Vormundschaft siehe B.G.B. §§ 1906—1908. Die besondere Beschwerdeberechtigung ergiebt sich aus C.P.O.

§ 646. Der Antrag kann von dem Ehegatten, einem Verwandten oder demjenigen gesetzlichen Vertreter des zu Entmündigenden gestellt werden, welchem die Sorge für die

Person zusteht. Gegen eine Person, die unter elterlicher Gewalt oder unter Vormundschaft steht, kann der Antrag von einem Verwandten nicht gestellt werden. Gegen eine Ehefrau kann der Antrag von einem Verwandten nur gestellt werden, wenn auf Aufhebung der ehelichen Gemeinschaft erkannt ist oder wenn der Ehemann die Ehefrau verlassen hat oder wenn der Ehemann zur Stellung des Antrags dauernd außer Stande oder sein Aufenthalt dauernd unbekannt ist.

In allen Fällen ist auch der Staatsanwalt bei dem vorgesetzten Landgerichte zur Stellung des Antrags befugt.

Ueber gesetzliche Vertreter, welchen die Sorge für die Person zusteht, siehe Note zu § 56.

Zu Nro. 3: Ueber Anordnung der Pflegschaft siehe B.G.B. §§ 1909—1914, über Aufhebung §§ 1918—1921.

Wer ein rechtliches Interesse — vergl. Note zu Nro. 1 — an der Aenderung der Verfügung hat, ist in allen Fällen einer Pflegschaft beschwerdeberechtigt, der Ehegatte, Verwandte und Verschwägerte des Pflegebefohlenen ausnahmslos nur im Falle des B.G.B. § 1909 (siehe § 37), im Falle des § 1910 (siehe § 38) nur, wenn eine Verständigung mit dem Pflegebefohlenen nicht möglich ist und deswegen die Pflegschaft ohne dessen Einwilligung eingeleitet wurde (B.G.B. § 1910 Abs. 3), in den übrigen Fällen der Pflegschaft nur, wenn sie ein rechtliches Interesse haben. Vergl. im Uebrigen die Note zu Nro. 1.

Zu Nro. 4: Bestellung eines Familienraths soll auf Anordnung eines Ehetheils oder auf Antrag bestimmter hiezu berechtigter Personen erfolgen (B.G.B. §§ 1858, 1859); im letzteren Falle haben Verwandte und Verschwägerte nach § 20 Abs. 2 das Beschwerderecht, wenn sie den Antrag gestellt haben. Sie haben aber auch ohne dies und im Falle des § 1858 ebenso wie der gar nicht antragsberechtigte Ehegatte ein selbständiges Beschwerderecht.

Das gleiche Beschwerderecht besteht im Falle der Aufhebung des Familienraths B.G.B. §§ 1879, 1880.

Vergl. auch die Note zu Nro. 1.

Zu Nro. 5: Vergl. B.G.B.

§ 1687. Das Vormundschaftsgericht hat der Mutter einen Beistand zu bestellen:

1. wenn der Vater die Bestellung nach Maßgabe des § 1777 angeordnet hat;
2. wenn das Vormundschaftsgericht aus besonderen Gründen, insbesondere wegen des Umfangs oder der Schwierigkeit der Vermögensverwaltung, oder in den Fällen der §§ 1666, 1667 die Bestellung im Interesse des Kindes für nöthig erachtet.

Die Aufhebung der Bestellung kann nach B.G.B. § 1695 erfolgen.

Das selbständige Beschwerderecht steht dem Ehegatten der Frau und den Verwandten und Verschwägerten des Kindes zu; vergl. Note zu Nro. 1.

Zu Nro. 6: Ein gesetzliches Antragsrecht besteht in diesen Fällen nicht, weshalb die Beschwerdeberechtigung nicht schon nach § 20 Abs. 2 eintritt. Vergl. B.G.B.

§ 1886. Das Vormundschaftsgericht hat den Vormund zu entlassen, wenn die Fortführung des Amtes, insbesondere wegen pflichtwidrigen Verhaltens des Vormundes, das Interesse des Mündels gefährden würde, oder wenn in der Person des Vormunds einer der im § 1781 bestimmten Gründe vorliegt.

§ 1781. Zum Vormund soll nicht bestellt werden:

1. wer minderjährig oder nach § 1906 unter vorläufige Vormundschaft gestellt ist;
2. wer nach § 1910 zur Besorgung seiner Vermögensangelegenheiten einen Pfleger erhalten hat;
3. wer in Konkurs gerathen ist, während der Dauer des Konkurses;
4. wer der bürgerlichen Ehrenrechte für verlustig erklärt ist, soweit sich nicht aus den Vorschriften des Strafgesetzbuches ein Anderes ergiebt.

Die Vorschriften gelten nach B.G.B. § 1915 auch für die Pflegschaft.

Zu Nro. 7: Gewährung einer Vergütung erfolgt nach B.G.B. §§ 1836, 1915. Gegen eine Verfügung, durch die dem Gegenvormund oder dem Beistand eine Vergütung bewilligt wird (B.G.B. §§ 1836, 1694) steht dem Vormund namens des Mündels bezw. der Mutter die Beschwerde nach § 20 zu.

Zu Nro. 8: Vergl. B.G.B.

§ 1665 — abgedruckt in der Note zu § 44.

§ 1666. Wird das geistige oder leibliche Wohl des Kindes dadurch gefährdet, daß der Vater das Recht der Sorge für die Person des Kindes mißbraucht, das Kind vernachlässigt oder sich eines ehrlosen oder unsittlichen Verhaltens schuldig macht, so hat das Vormundschaftsgericht die zur Abwendung der Gefahr erforderlichen Maßregeln zu treffen. Das Vormundschaftsgericht kann insbesondere anordnen, daß das Kind zum Zwecke der Erziehung in einer geeigneten Familie oder in einer Erziehungsanstalt oder einer Besserungsanstalt untergebracht wird.

Hat der Vater das Recht des Kindes auf Gewährung des Unterhalts verletzt und ist für die Zukunft eine erhebliche Gefährdung des Unterhalts zu besorgen, so kann dem Vater auch die Vermögensverwaltung, sowie die Nutznießung entzogen werden.

§ 1667. Wird das Vermögen des Kindes dadurch gefährdet, daß der Vater die mit der Vermögensverwaltung oder die mit der Nutznießung verbundenen Pflichten verletzt oder daß er in Vermögensverfall geräth, so hat das Vormundschaftsgericht die zur Abwendung der Gefahr erforderlichen Maßregeln zu treffen.

Das Vormundschaftsgericht kann insbesondere anordnen, daß der Vater ein Verzeichnis des Vermögens einreicht und über seine Verwaltung Rechnung legt. Der Vater hat das Verzeichnis mit der Versicherung der Richtigkeit und Vollständigkeit zu versehen. Ist das eingereichte Verzeichnis ungenügend, so findet die Vorschrift des § 1640 Abs. 2 Satz 1 Anwendung. Das Vormundschaftsgericht kann auch, wenn Werthpapiere, Kostbarkeiten oder Buchforderungen gegen das Reich oder einen Bundesstaat zu dem Vermögen des Kindes gehören, dem Vater die gleichen Verpflichtungen auferlegen, welche nach den §§ 1814 bis 1816, 1818 einem Vormund obliegen; die Vorschriften der §§ 1819, 1820 finden entsprechende Anwendung.

Die Kosten der angeordneten Maßregeln fallen dem Vater zur Last.

Diese Vorschriften gelten nach B.G.B. § 1686 auch gegenüber der Mutter.

Ueber das selbständige Beschwerderecht der Verwandten und Verschwägerten siehe die Note zu Nro. 1; beschwerdeberechtigt ist jeweils auch der andere Elterntheil.

Zu Nro. 9: Verfügungen, welche die Sorge für die Person betreffen, stehen im Gegensatz zu solchen, welche das Vermögen betreffen; vergl. B.G.B. §§ 1631—1633, 1666, 1800, 1897. Die Vorschrift gilt sowohl, wenn Vormundschaft besteht, als wenn das Kind unter elterlicher Gewalt steht.

Berechtigtes Interesse — völlig verschieden vom rechtlichen Interesse in Nro. 1 und 3 — hat Jeder, der zu dem Bevormundeten oder dem Kinde, auch ohne mit demselben verwandt oder verschwägert zu sein, in solcher Beziehung steht, welche es dem Gerichte als gerechtfertigt erscheinen läßt, sich um das persönliche Wohl desselben anzunehmen. Ob diese Legitimation zur Beschwerdeführung im einzelnen Falle vorliegt, entscheidet das Ermessen des Gerichts vorbehaltlich der Beschwerde auch in diesem Punkte. Beschwerdeberechtigt sind insbesondere der Pfarrer und der Lokalschulinspektor in Angelegenheiten der religiösen Erziehung, dann die Armenverwaltungen, die Schul- und Ortsgemeinden, freiwillige Vereine zur Förderung des Wohles der Jugend.

Abs. 2. Ist nur die sofortige Beschwerde zulässig, so beschränkt sich in den Fällen der Ziff. 9 die Beschwerdeberechtigung auf die nach § 20 berechtigten Personen. Ueber die Fälle sofortiger Beschwerde siehe Note zu § 22.

§ 58.

Führen mehrere Vormünder oder Pfleger die Vormundschaft oder die Pflegschaft gemeinschaftlich, so kann jeder von ihnen für den Mündel das Beschwerderecht selbständig ausüben.

Diese Vorschrift findet in den Fällen der §§ 1629, 1798 des Bürgerlichen Gesetzbuchs entsprechende Anwendung.

Beschwerderecht bei mehreren Vormündern: **Abs. 1.** Vergl. B.G.B. §§ 1797 Abs. 1, 1915. Nur wenn die mehreren Vormünder die Vormundschaft gemeinschaftlich führen, ist jeder von ihnen selbständig hinsichtlich aller Angelegenheiten der Vormundschaft beschwerdeberechtigt. Hat dagegen nach B.G.B. § 1797 Abs. 2 das Vormundschaftsgericht die Führung der Vormundschaft unter mehrere Vormünder nach bestimmten Wirkungskreisen vertheilt, so steht das Beschwerderecht jedem Vormund nur bezüglich der in seinen Wirkungskreis fallenden Angelegenheiten zu; die Beschränkung gilt auch, vorbehaltlich Abs. 2 (B.G.B. § 1798), wenn die Verfügung die Wirkungskreise mehrerer Vormünder gleichzeitig berührt; jeder hat aber die Beschwerde nur, soweit die Entscheidung seinen Wirkungskreis trifft.

Abs. 2. B.G.B.

§ 1629. Steht die Sorge für die Person oder die Sorge für das Vermögen des Kindes einem Pfleger zu, so entscheidet bei einer Meinungsverschiedenheit zwischen dem Vater und dem Pfleger über die Vornahme einer sowohl die Person als das Vermögen des Kindes betreffenden Handlung das Vormundschaftsgericht.

§ 1798. Steht die Sorge für die Person und die Sorge für das Vermögen des Mündels verschiedenen Vormündern zu, so entscheidet bei einer Meinungsverschiedenheit über die Vornahme einer sowohl die Person als das Vermögen des Mündels betreffenden Handlung das Vormundschaftsgericht.

Im Falle des § 1629 steht also das Beschwerderecht dem Vater und dem Pfleger selbständig zu, im Falle des § 1798 jedem der mehreren Vormünder für sich ohne Rücksicht auf den ihm zugewiesenen Wirkungskreis und ohne sich auf diesen bei der Beschwerdeführung und -Begründung beschränken zu müssen.

§ 59.

Ein unter elterlicher Gewalt stehendes Kind oder ein unter Vormundschaft stehender Mündel kann in allen seine Person betreffenden Angelegenheiten ohne Mitwirkung seines gesetzlichen Vertreters das Beschwerderecht ausüben. Das Gleiche gilt in Angelegenheiten, in denen der Mündel vor einer Entscheidung des Vormundschaftsgerichts gehört werden soll.

Diese Vorschriften finden auf Personen, die geschäftsunfähig sind oder nicht das vierzehnte Lebensjahr vollendet haben, keine Anwendung.

Beschwerdeberechtigung des Kindes und Mündels. **Abs. 1.** Beschwerdeberechtigt ist ein Minderjähriger, der das 14. Lebensjahr vollendet hat (vergl. Abs. 2), sei es, daß er unter elterlicher Gewalt — §§ 1626, 1627, 1684 B.G.B. — oder unter Vormundschaft — § 1773 B.G.B. — steht, ein Volljähriger, der wegen Geistesschwäche, Verschwendung oder Trunksucht entmündigt ist — §§ 1896, 6 B.G.B., §§ 645 ff. C.P.O.

Zu den seine Person betreffenden Angelegenheiten stehen in Gegensatz solche, welche sein Vermögen betreffen (vergl. z. B. B.G.B. §§ 3, 1308, § 1337 Abs. 1, § 1357 Abs. 2, §§ 1612, 1666, 1838). Ueber Anhörung des Mündels bestimmt B.G.B.

§ 1827. Das Vormundschaftsgericht soll den Mündel hören vor der Entscheidung über die Genehmigung eines Lehrvertrags oder eines auf die Eingehung eines Dienst- oder Arbeitsverhältnisses gerichteten Vertrags und, wenn der Mündel das vierzehnte Lebensjahr vollendet hat, über die Entlassung aus dem Staatsverbande.

Hat der Mündel das achtzehnte Lebensjahr vollendet, so soll ihn das Vormundschaftsgericht, soweit thunlich, auch hören vor der Entscheidung über die Genehmigung eines der im § 1821 und 1822 Nr. 3 bezeichneten Rechtsgeschäfte sowie vor der Entscheidung über die Genehmigung des Beginns oder der Auflösung eines Erwerbsgeschäfts.

In letzterer Hinsicht ist das Beschwerderecht nicht davon abhängig, daß die Anhörung unterblieben ist, oder die Entscheidung in Widerspruch mit der bei Anhörung erfolgten Aeußerung steht. Im Beschwerdeweg kann der Gehörte von der vor dem Vormundschaftsgerichte erfolgten Aeußerung abgehen.

Die Beschwerde kann das Kind oder der Mündel selbständig neben dem gesetzlichen Vertreter oder in Widerspruch mit dessen Willen einlegen.

Abs. 2. Vergl.

B.G.B. § 104. Geschäftsunfähig ist:

1. — — — —
2. wer sich in einem die freie Willensbestimmung ausschließenden Zustande krankhafter Störung der Geistesthätigkeit befindet, sofern nicht der Zustand seiner Natur nach ein vorübergehender ist;
3. wer wegen Geisteskrankheit entmündigt ist.

Ziff. 1 des § 104 ist durch die Schlußworte des Abs. 2 gegenstandslos gemacht.

§ 60.

Die sofortige Beschwerde findet statt:

1. gegen eine Verfügung, durch die ein als Vormund, Pfleger, Gegenvormund, Beistand oder

Mitglied des Familienraths Berufener übergangen wird;

2. gegen eine Verfügung, durch welche die Weigerung, eine Vormundschaft, Pflegschaft, Gegenvormundschaft oder Beistandschaft zu übernehmen, zurückgewiesen wird;
3. gegen eine Verfügung, durch die ein Vormund, Pfleger, Gegenvormund oder Beistand gegen seinen Willen entlassen wird;
4. gegen eine Verfügung, durch die der Familienrath aufgehoben oder ein Mitglied des Familienraths gegen seinen Willen entlassen wird;
5. gegen eine Verfügung, durch die ein Volljähriger unter vorläufige Vormundschaft gestellt wird;
6. gegen Verfügungen, die erst mit der Rechtskraft wirksam werden.

Die Frist beginnt in den Fällen des Abs. 1 Nr. 1 mit dem Zeitpunkt, in welchem der Beschwerdeführer von seiner Uebergehung Kenntniß erlangt, im Falle der Aufhebung des Familienraths mit dem Zeitpunkt, in welchem das Vormundschaftsgericht die bisherigen Mitglieder von der Aufhebung in Kenntniß setzt.

Fälle der sofortigen Beschwerde: **Abs. 1.** Vergl. § 22, über sofortige weitere Beschwerde § 29 Abs. 2. Die Beschwerdeberechtigung richtet sich nach § 20, § 57 Nr. 1—8; beschwerdeberechtigt ist also insbesondere im Falle der Nr. 1 auch derjenige, welcher statt des Uebergangenen zur Uebernahme herangezogen wird, im Falle der Nr. 3 derjenige, welcher an Stelle des Entlassenen berufen ist und herangezogen wird; verletzt ist in diesen Fällen das Recht, von Uebernahme der Vormundschaft 2c. befreit zu sein. Die Rechtskraft tritt erst ein, wenn die Beschwerdefrist für sämmtliche Betheiligte abgelaufen ist.

Zu Nr. 1 vergl. über Berufung zum Vormund B.G.B. §§ 1776, 1778, 1897, 1899, 1900, zum Pfleger §§ 1915—1917, zum Gegenvormund § 1792 Abs. 4, zum Beistand § 1694 Abs. 1, zum Mitglied des Familienraths §§ 1861, 1867.

Zu Nr. 2 vergl. bezüglich Vormundschaft B.G.B. §§ 1786, 1787 Abs. 2, Pflegschaft § 1915, Gegenvormundschaft § 1792 Abs. 4, Beistandschaft § 1694 Abs. 1. Gegen eine Verfügung, durch welche der Weigerung stattgegeben wird, findet einfache Beschwerde, insbesondere für den an Stelle des sich Weigernden Berufenen statt.

Zu Nr. 3 vergl. B.G.B. §§ 1886—1888, 1915, 1792, 1694. Gegen Ablehnung der Entlassung findet einfache Beschwerde statt.

Zu Nr. 4. Ueber Aufhebung des Familienraths siehe B.G.B. §§ 1879, 1888, über Entlassung eines Mitglieds: Entlassungsgründe B.G.B. § 1878, Abs. 1 Zuständigkeit B.G.B. § 1878 Abs. 2, Instanzenzug und Ausschluß der weiteren Beschwerde siehe § 64 dieses Gesetzes.

Zu Nr. 5 B.G.B. § 1906. Gegen Ablehnung eines Antrages auf Einleitung vorläufiger Vormundschaft findet einfache Beschwerde statt.

Beschwerdeberechtigt ist insbesondere auch der zu Entmündigende selbst.

Zu Nr. 6 vergl. § 53 Abs. 1, § 56 Abs. 2.

Abs. 2. Ueber Dauer und Berechnung der Frist vergl. §§ 22, 17.

Gleichgiltig ist, abweichend von § 22 Abs. 1, wie der Uebergangene die Kenntniß erlangt hat; zum Nachweis der Wahrung der Frist hat er die Erlangung der Kenntniß, bezw. seine bisherige Unkenntniß nachzuweisen; trotz der sofortigen Beschwerde ist daher der Eintritt der Rechtskraft unbestimmt.

Die Mitglieder des Familienraths sind nach B.G.B. § 1881 in der Form des § 16 Abs. 2 Satz 1 dieses Gesetzes mit C.P.O. §§ 208—213 von der Aufhebung des Familienraths in Kenntniß zu setzen. Die Beschwerdefrist läuft für jedes Mitglied besonders von der an dasselbe erfolgten Zustellung ab.

Die Beschwerdefrist beginnt mit den festgesetzten Zeitpunkten auch für andere Beschwerdeberechtigte als den übergangenen Vormund, bezw. die Familienrathsmitglieder; Wiedereinsetzung (§ 22 Abs. 2) wegen nicht rechtzeitig erlangter Kenntniß der betreffenden Verfügung findet nicht statt.

§ 61.

Wird eine Verfügung, durch die ein Volljähriger unter vorläufige Vormundschaft gestellt ist, von dem Beschwerdegericht aufgehoben, so kann die Wirksamkeit der von oder gegenüber dem Volljährigen vorgenommenen Rechtsgeschäfte nicht auf Grund der aufgehobenen Verfügung in Frage gestellt werden.

Aufhebung der vorläufigen Vormundschaft durch das Beschwerdegericht: Vergl. B.G.B. § 1906, 115. Die Aufhebung wirkt zurück auf den Zeitpunkt der Einleitung; zwischen beiden Zeitpunkten liegende Rechtsgeschäfte des Volljährigen sind giltig. Aber auch die vom Vormunde vorgenommenen Rechtsgeschäfte behalten trotz der Aufhebung Giltigkeit (§ 32). Durch das Vormundschaftsgericht selbst kann die Aufhebung nur wegen Wegfalls der Nothwendigkeit der Vormundschaft nach B.G.B. § 1908 erfolgen, nicht weil es nachträglich die Anordnung für unbegründet hält (§ 18 Abs. 2, § 60 Nr. 5).

§ 62.

Soweit eine Verfügung nach § 55 von dem Vormundschaftsgerichte nicht mehr geändert werden kann, ist auch das Beschwerdegericht nicht berechtigt, sie zu ändern.

Beschränkung des Abänderungsrechtes des Beschwerdegerichts: Vergl. Note zu § 55. Eine eingelegte Beschwerde ist daher aus diesem formellen Grunde abzuweisen ohne materielle Würdigung.

§ 63.

Auf die weitere Beschwerde finden die Vorschriften der §§ 57 bis 62 entsprechende Anwendung.

Weitere Beschwerde: Vergl. über weitere Beschwerde im allgemeinen §§ 27—29, über gemeinsame Beschwerdeinstanz in einem Bundesstaat § 199; siehe insbesondere § 57 Abs. 2.

§ 64.

Gegen eine Verfügung, durch die über die Entlassung eines Mitglieds des Familienraths von dem Gerichte, welches dem Vormundschaftsgericht im Instanzenzuge vorgeordnet ist, entschieden wird, findet die Beschwerde an das Oberlandesgericht statt. Die weitere Beschwerde ist ausgeschlossen.

Besonderer Fall der Beschwerde; Ausschluß weiterer Beschwerde: Vergl. B.G.B. § 1878 Abs. 2. Gericht erster Instanz ist das Landgericht; gegen seine Entscheidung findet sofortige Beschwerde statt (§ 60 Nr. 4). Nach § 199 kann an Stelle des vorgesetzten Oberlandesgericht ein bestimmtes Oberlandesgericht des Bundesstaats oder das oberste Landesgericht Beschwerdeinstanz sein.

Weitere Beschwerde ist abgehend von § 27 ausgeschlossen.

Dritter Abschnitt.

Annahme an Kindesstatt.

§ 65.

Die Bestätigung des Vertrags, durch welchen Jemand an Kindesstatt angenommen oder das durch die Annahme an Kindesstatt begründete Rechtsverhältniß wieder aufgehoben wird, gehört zur Zuständigkeit der Amtsgerichte.

Sachliche Zuständigkeit: Der Vertrag über Annahme an Kindesstatt bedarf nach B.G.B. § 1741 der Bestätigung durch das zuständige Gericht; das Gleiche gilt nach B.G.B. § 1770 für die Aufhebung der Annahme. Nur auf diese Bestätigung beziehen sich die Vorschriften der §§ 65 ff. Für die Beurkundung der Einwilligungserklärung und des Annahmevertrags (B.G.B. §§ 1748 Abs. 3, 1750 Abs. 2), wenn sie durch das Gericht erfolgt, ist das Amtsgericht nach § 167 zuständig.

Sachlich zuständig für die Bestätigung ist gleichfalls das Amtsgericht; über örtliche Zuständigkeit siehe § 66; das um Bestätigung angegangene Gericht hat nur zu prüfen, ob die gesetzlichen Erfordernisse der Annahme an Kindesstatt vorhanden sind, nicht ob sie dem Anzunehmenden förderlich ist (B.G.B. § 1754 Abs. 2); das gilt auch entsprechend für die Aufhebung (§ 1770).

Der Antrag auf Bestätigung kann wirksam sowohl von allen als auch nur von einem der Betheiligten gestellt werden; vergl. § 68 Abs. 2.

§ 66.

Für die Bestätigung ist das Gericht zuständig, in dessen Bezirke der Annehmende zu der Zeit, zu welcher der Antrag auf Bestätigung eingereicht oder nach Maßgabe des § 1753 Abs. 2 des Bürgerlichen Gesetzbuchs das Gericht oder der Notar mit der Einreichung betraut wird, seinen Wohnsitz oder in Ermangelung eines inländischen Wohnsitzes seinen Aufenthalt hat.

Ist der Annehmende ein Deutscher und hat er im Inlande weder Wohnsitz noch Aufenthalt, so ist das Gericht zuständig, in dessen Bezirke der Annehmende seinen letzten inländischen Wohnsitz hatte. In Ermangelung eines solchen Wohnsitzes wird das zuständige Gericht, falls der Annehmende einem Bundesstaat angehört, von der Landesjustizverwaltung, andernfalls von dem Reichskanzler bestimmt.

Oertliche Zuständigkeit: **Abs. 1.** Ueber ausschließliche Geltung dieser Vorschrift für die Bestätigung des Vertrages siehe Note zu § 65. Von der Bestätigung hängt das Inkrafttreten des Annahmevertrags wie der Aufhebung des dadurch begründeten Verhältnisses ab (B.G.B. §§ 1754, 1770); Bestätigung durch ein örtlich nicht zuständiges Gericht schadet jedoch der Wirksamkeit derselben nicht (§ 7).

Maßgebend für die Zuständigkeit ist der Wohnsitz bezw. Aufenthalt des Annehmenden; über Wohnsitz vergl. § 3, B.G.B. §§ 7 ff.; ein inländischer Wohnsitz ermangelt, wenn ein solcher nicht zu ermitteln ist (vergl. Note zu § 36).

In Betracht kommt die Gestaltung der für die Zuständigkeit maßgebenden Verhältnisse regelmäßig in dem Zeitpunkte, in welchem der Antrag auf Bestätigung beim zuständigen Gerichte gestellt wird, ausnahmsweise in dem früheren Zeitpunkte, in welchem das Gericht oder der Notar mit der Einreichung des Antrags betraut wird; vergl. B.G.B.

§ 1753 Abs. 2. Nach dem Tode des Annehmenden ist die Bestätigung nur zulässig, wenn der Annehmende oder das Kind den Antrag auf Bestätigung bei dem zuständigen Gerichte eingereicht oder bei oder nach der gerichtlichen oder notariellen Beurkundung des Vertrags das Gericht oder den Notar mit der Einreichung betraut hat.

Die Bestimmung des Abs. 1 gilt auch, wenn der Annehmende ein Ausländer ist.

Abs. 2. Vergl. Note zu § 36 Abs. 2. Für den Fall der Annahme an Kindesstatt durch einen Ausländer, der im Inlande weder Wohnsitz noch Aufenthalt hat, gibt das Gesetz keine Zuständigkeitsbestimmung; vergl. E.G. z. B.G.B. Art. 22.

§ 67.

Der Beschluß, durch den die Bestätigung ertheilt wird, tritt mit der Bekanntmachung an den Annehmenden in Wirksamkeit.

Ist die Bestätigung noch nach dem Tode des Annehmenden zulässig, so tritt der Beschluß, unbeschadet der Vorschriften des § 1753 Abs. 3 und des § 1770 des Bürgerlichen Gesetzbuchs, mit der Bekanntmachung an das Kind in Wirksamkeit; wird nach dem Tode des Kindes das zwischen den übrigen Betheiligten bestehende Rechtsverhältniß durch Vertrag aufgehoben, so tritt der Beschluß, durch welchen die Aufhebung nach dem Tode des Annehmenden bestätigt wird, mit der Bekanntmachung an die übrigen Betheiligten in Wirksamkeit.

Das Gericht ist zu einer Aenderung des Beschlusses nicht befugt.

Wirksamkeit der Bestätigung: **Abs. 1.** Der Beschluß, durch welchen die Bestätigung bei Lebzeiten des Annehmenden ertheilt wird, braucht nur dem Annehmenden bekannt gemacht zu werden, da hiemit die Bestätigung für alle Betheiligten wirksam wird, abweichend von der Regel des § 16 Abs. 1; über Form der Bekanntmachung siehe § 16 Abs. 2 Satz 2.

Mit der Wirksamkeit der Bestätigung tritt die Annahme an Kindesstatt selbst in Kraft; vergl. B.G.B. § 1754 Abs. 1.

Abs. 2. Die Bestätigung ist nach dem Tode des Annehmenden nur nach B.G.B. § 1753 Abs. 2 zulässig (siehe Note zu § 66);

formell wirksam wird sie in diesem Falle bei Lebzeiten des Kindes mit der Bekanntmachung (§ 16 Abs. 2) an den Angenommenen; die Bekanntmachung erfolgt, wenn das Kind geschäftsunfähig oder in der Geschäftsfähigkeit beschränkt ist (B.G.B. §§ 104, 106, 114, auch 1750) an den gesetzlichen Vertreter. Civilrechtlich wird es, wenn die Bestätigung wirksam erfolgt ist, so angesehen, als ob dieselbe noch vor dem Tode des Annehmenden erfolgt wäre, vergl. B.G.B.

§ 1753 Abs. 3. Die nach dem Tode des Annehmenden erfolgte Bestätigung hat die gleiche Wirkung, wie wenn sie vor dem Tode erfolgt wäre.

§ 1770. Die für die Annahme an Kindesstatt geltenden Vorschriften des § 1741 Satz 2 und der §§ 1750, 1751, 1753—1755 gelten auch für die Aufhebung.

Wird nach B.G.B. § 1769 das bestehende Verhältniß aufgehoben und die Aufhebung bestätigt, nachdem sowohl der Annehmende als das Kind gestorben ist, so wird die Bestätigung nach der Regel des § 16 Abs. 1 mit der Bekanntmachung (§ 16 Abs. 2) an jeden Betheiligten für diesen wirksam. Lebt zur Zeit der Bestätigung der Annehmende noch, so ist auch an ihn zuzustellen.

Abs. 3. Unabänderlichkeit der Bestätigung: Abweichend von der Regel des § 18 Abs. 1 ist die Aenderung des Beschlusses ebenso durch das entscheidende Gericht ausgeschlossen, wie nach § 68 Abs. 1 die Beschwerde ausgeschlossen ist.

§ 68.

Gegen den Beschluß, durch welchen die Bestätigung ertheilt wird, findet kein Rechtsmittel statt.

Gegen den Beschluß, durch welchen die Bestätigung versagt wird, findet die sofortige Beschwerde statt. Die Beschwerde steht jedem der Vertragschließenden zu, auch wenn der Antrag auf Bestätigung von ihm nicht gestellt war. Die Vorschriften des § 22 Abs. 2, des § 24 Abs. 3 und des § 26 Satz 2 finden keine Anwendung.

Rechtsmittel: **Abs. 1.** Die Anfechtung des die Annahme bestätigenden Beschlusses ist abweichend von § 19 Abs. 1 ausgeschlossen; vergl. auch § 67 Abs. 3.

Abs. 2. Die sofortige Beschwerde gegen den die Bestätigung versagenden Beschluß (B.G.B. § 1754 Abs. 2) steht jedem der Vertragschließenden entgegen der Regel des § 20 Abs. 2 zu, weshalb derselbe auch jedem von ihnen nach § 16 Abs. 2 Satz 1 mit C.P.O. §§ 208—213 bekannt zu machen ist; über sofortige Beschwerde siehe § 22, über sofortige weitere Beschwerde § 29 Abs. 2. Mit der Rechtskraft des versagenden Beschlusses tritt der Vertrag außer Kraft (B.G.B. § 1754 Abs. 2). Ausgeschlossen ist die Wiedereinsetzung gegen die Versäumung der Beschwerdefrist (§ 22 Abs. 2), verboten die Erlassung einer einstweiligen Verfügung durch das Beschwerdegericht vor seiner Entscheidung (§ 24 Abs. 3) und Ausstattung seiner Entscheidung mit sofortiger Wirksamkeit (§ 26 Satz 2).

Vierter Abschnitt.

Personenstand.

§ 69.

Für die nach dem Gesetz über die Beurkundung des Personenstandes und die Eheschließung vom 6. Februar 1875 (Reichs-Gesetzbl. S. 23) dem Gericht erster Instanz obliegenden Verrichtungen sind die Amtsgerichte zuständig.

Zuständigkeit: Die den Gerichten erster Instanz obliegenden Verrichtungen sind enthalten im Pers.St.Ges.

§ 11 Abs. 3. Lehnt der Standesbeamte die Vornahme einer Amtshandlung ab, so kann er dazu auf Antrag der Betheiligten durch das Gericht angewiesen werden. Zuständig ist das Gericht erster Instanz, in dessen Bezirk der Standesbeamte seinen Amtssitz hat. Das Verfahren und die Beschwerdeführung regelt sich (soweit die Landesgesetze nicht ein Anderes bestimmen) nach den Vorschriften, welche in Sachen der nicht streitigen Gerichtsbarkeit gelten.

§ 14 Abs. 2. Nach Ablauf des Kalenderjahres hat der Standesbeamte jedes Haupt- und jedes Nebenregister unter Vermerk der Zahl der darin enthaltenen Eintragungen abzuschließen und das Nebenregister der Aufsichtsbehörde einzureichen; die letztere hat dasselbe nach erfolgter Prüfung dem Gericht erster Instanz zur Aufbewahrung zuzustellen.

§ 65. Die Berichtigung einer Eintragung in dem Standesregister kann nur auf Grund gerichtlicher Anordnung erfolgen. Sie geschieht durch Beischreibung eines Vermerks am Rande der zu berichtigenden Eintragung.

§ 66. Für das Berichtigungsverfahren gelten (soweit die Landesgesetze nicht ein Anderes bestimmen) die nachstehenden Vorschriften:

Die Aufsichtsbehörde hat, wenn ein Antrag auf Berichtigung gestellt wird, oder wenn sie eine solche von Amtswegen für erforderlich erachtet, die Betheiligten zu hören und geeignetenfalls eine Aufforderung durch ein öffentliches Blatt zu erlassen. Die abgeschlossenen Verhandlungen hat sie demnächst dem Gericht erster Instanz vorzulegen. Dieses kann noch weitere thatsächliche Aufklärungen veranlassen und geeignetenfalls den Antragsteller auf den Prozeßweg verweisen.

Im Uebrigen finden die für Sachen der nichtstreitigen Gerichtsbarkeit geltenden Vorschriften Anwendung.

Durch § 186 sind die Bestimmungen im Pers.St.Ges. §§ 11 und 66 insoweit aufgehoben, als sie der Landesgesetzgebung die Befugniß gewähren, das gerichtliche Verfahren abweichend zu regeln. Ein Vorbehalt zu Gunsten der Landesgesetzgebung ist nur hinsichtlich der Aufbewahrung der Nebenregister in § 197 gemacht; es ist dort gestattet, die Aufbewahrung bei den Landgerichten durch die Landesjustizverwaltung anzuordnen.

Für den Prozeßweg, auf welchen das Gericht nach Pers.St.-Ges. § 66 Abs. 2 den Antragsteller zu verweisen hat, gelten die Zuständigkeitsnormen der C.P.O.

§ 70.

Gegen eine Verfügung, durch die angeordnet wird, daß eine Eintragung in dem Standesregister zu berichtigen ist, findet die sofortige Beschwerde statt. Die Verfügung tritt erst mit der Rechtskraft in Wirksamkeit.

Beschwerde: Gegen die einen Berichtigungsantrag ablehnende Verfügung findet nur einfache Beschwerde statt; beschwerdeberechtigt ist im Hinblick auf Pers.St.Ges. § 66 Abs. 2 nicht blos der Antragsteller (vergl. Note zu § 20 Abs. 2).

Die sofortige Beschwerde (vergl. § 22) findet nur gegen die Anordnung der Berichtigung statt; die Beschwerde steht nach § 20 Abs. 1 Jedem zu, dessen Recht durch die Verfügung beeinträchtigt ist, nie dem Standesbeamten.

Wirksamkeit: Ueber Rechtskraft siehe die Noten zu §§ 26 und 31. Der Berichtigungsvermerk im Standesregister darf erst nach eingetretener Rechtskraft erfolgen; der Standesbeamte hat also die Rechtskraft zu prüfen.

§ 71.

Sind Vorgänge, die auf Antrag eines Betheiligten in dem Standesregister am Rande einer Eintragung zu vermerken sind, von einem Notar beurkundet, so gilt dieser als ermächtigt, im Namen des Betheiligten, dessen Erklärung beurkundet ist, die Eintragung des Vermerkes in das Standesregister zu beantragen.

Antragsrecht des Notars: Vergl. Pers.St.Ges.

§ 26. Wenn die Feststellung der Abstammung eines Kindes erst nach Eintragung des Geburtsfalles erfolgt oder die Standesrechte durch Legitimation, Annahme an Kindesstatt oder in anderer Weise eine Veränderung erleiden, so ist dieser Vorgang, soferne er durch öffentliche Urkunden nachgewiesen wird, auf Antrag eines Betheiligten am Rande der über den Geburtsfall vorgenommenen Eintragung zu vermerken.

Die Notare sind nach § 167 Abs. 2 neben den Amtsgerichten zur Beurkundung der Anerkennung der Vaterschaft zu einem außerehelich gebornen Kinde (B.G.B. § 1718), der Anerkennung der Vaterschaft zu einem nach der Eheschließung geborenen Kinde Seitens des Ehemanns (B.G.B. § 1720 Abs. 2), ferner nach B.G.B. § 1730 neben dem Gerichte zur Beurkundung des Antrages und der Einwilligungserklärungen zur Ehelichkeitserklärung und nach B.G.B. § 1750 Abs. 2 neben dem Gerichte zur Beurkundung des Vertrags über Annahme an Kindesstatt zuständig (vergl. § 66).

Das Antragsrecht hat ohne ausdrückliche Ermächtigung nur derjenige Notar, welcher die Beurkundung vorgenommen hat; bei diesem wird es vermutet, so daß der Standesbeamte eine Prüfung der Berechtigung nicht vorzunehmen und nicht nach einem etwaigen gegentheiligen Willen der Betheiligten zu forschen hat. Diese Antragsberechtigung bezieht sich nur auf Eintragung von Randvermerken nach Pers.St.Ges. § 26, nicht auf Berichtigungsanträge nach §§ 65, 66 dortselbst.

Fünfter Abschnitt.

Nachlaß- und Theilungssachen.

§ 72.

Für die dem Nachlaßgericht obliegenden Verrichtungen sind die Amtsgerichte zuständig.

Sachliche Zuständigkeit: Dem Nachlaßgericht in Sachen der freiwilligen Gerichtsbarkeit obliegende Verrichtungen sind enthalten in B.G.B. § 83 (Einholung der Genehmigung zu einer durch Verfügung von Todeswegen errichteten Stiftung) § 1342 (Thätigkeit auf Anfechtung der Ehe nach dem Tode des nicht anfechtungsberechtigten Ehegatten), § 1491 (auf Verzicht eines Abkömmlings auf seinen Antheil am Gesammtgute), § 1492 (auf Mittheilung der Aufhebungserklärung der fortgesetzten Gütergemeinschaft), § 1507 (Ertheilung des Zeugnisses über Fortsetzung der Gütergemeinschaft), § 1597 (Thätigkeit auf Anfechtung der Ehelichkeit eines gestorbenen Kindes), §§ 1945, 1953 (auf Ausschlagung der Erbschaft), §§ 1955, 1957, 2308 (auf Anfechtung der Annahme oder Ausschlagung der Erbschaft), §§ 1960 bis 1962 (Sicherung des Nachlasses, Bestellung der Nachlaßpflegschaft), § 1966 (Feststellung des gesetzlichen Erbrechtes des Fiskus), §§ 1981, 1983 (Anordnung der Nachlaßverwaltung), §§ 1994, 1996, 1999, 2005 Abs. 2 (Bestimmung der Inventarfrist), § 2003 (Aufnahme des Inventars, vergl. jedoch E.G. Art. 148), § 2006 (Abnahme des Offenbarungseides des Erben), § 2010 (Gestattung der Einsichtnahme von Inventar), §§ 2081, 2281 (Thätigkeit auf Anfechtung eines Testaments, eines Erbvertrages), § 2146 (Gestattung der Einsicht der Anzeige von dem Eintritte der Nacherbfolge), §§ 2200, 2202, 2216, 2224, 2227, 2228 (Thätigkeit in

Bezug auf Testamentsvollstrecker, Ernennung, Entlassung ꝛc.), § 2259 Abs. 2 (Veranlassung der Ablieferung eines Testaments), §§ 2260 bis 2262 (Testamentseröffnung), § 2300 (Eröffnung eines in amtlicher Verwahrung befindlichen Erbvertrags), § 2353, §§ 2357 bis 2363, § 2369 (Obliegenheiten in Bezug auf Erbscheine), § 2368 (Ertheilung eines Zeugnisses über Ernennung eines Testamentsvollstreckers), § 2384 (Gestattung der Einsicht von der Anzeige über Erbschaftskauf); G.B.O. §§ 37, 38, 99 (Ertheilung gewisser Zeugnisse zur Benutzung vor dem Grundbuchamt behufs Erlangung einer Umschreibung, siehe Note zu § 78).

Ueber Amtsgerichte siehe G.V.G. §§ 22 ff.

Ausnahmen von der amtsgerichtlichen Zuständigkeit:

1. Unberührt bleiben die landesgesetzlichen Vorschriften, nach welchen für die dem Nachlaßgerichte obliegenden Verrichtungen andere als gerichtliche Behörden zuständig sind; es können diesbezüglich auch neue landesgesetzliche Vorschriften erlassen werden. Nur die Abnahme des Offenbarungseides des Erben nach B.G.B. § 2006 ist der ausschließlichen Zuständigkeit der Amtsgerichte vorbehalten (vergl. E.G. zum B.G.B. Art. 147, 3, siehe auch § 185 Abs. 2).
2. Hinsichtlich der Nachlaßsachen von Landesherrn, Mitgliedern landesherrlicher Familien, der Mitglieder der fürstlichen Familie Hohenzollern, des vormaligen hannoveranischen Königshauses und des vormaligen kurhessischen und des herzoglich nassauischen Fürstenhauses vergl. E.G. zum B.G.B. Art. 57, hinsichtlich der vormals reichsständischen Familien Art. 58.

§ 73.

Die örtliche Zuständigkeit bestimmt sich nach dem Wohnsitze, den der Erblasser zur Zeit des Erbfalls hatte; in Ermangelung eines inländischen Wohnsitzes ist das Gericht zuständig, in dessen Bezirke der Erblasser zur Zeit des Erbfalls seinen Aufenthalt hatte.

Ist der Erblasser ein Deutscher und hatte er zur Zeit des Erbfalls im Inlande weder Wohnsitz noch Aufenthalt, so ist das Gericht zuständig, in dessen Bezirke der Erblasser seinen letzten inländischen Wohnsitz hatte. In Ermangelung eines solchen Wohnsitzes wird das zuständige Amtsgericht, falls der Erblasser zur Zeit des Erbfalls einem Bundesstaat angehörte, von der Landesjustizverwaltung, anderenfalls von dem Reichskanzler bestimmt.

Ist der Erblasser ein Ausländer und hatte er zur Zeit des Erbfalls im Inlande weder Wohnsitz noch

Aufenthalt, so ist jedes Gericht, in dessen Bezirke sich Nachlaßgegenstände befinden, in Ansehung aller im Inlande befindlichen Nachlaßgegenstände zuständig. Die Vorschriften des § 2369 Abs. 2 des Bürgerlichen Gesetzbuchs finden Anwendung.

Oertliche Zuständigkeit: Die Verletzung dieser Vorschriften begründet keine Nichtigkeit der von dem örtlich unzuständigen Gerichte vorgenommenen Handlungen (§ 7).

Abs. 1. Ueber Wohnsitz vergl. § 3, B.G.B. §§ 7 ff. Erbfall ist der Tod der Person (B.G.B. § 1922 Abs. 1). In erster Linie entscheidend ist der Wohnsitz des Verstorbenen, nicht der Erben, zu diesem Zeitpunkt. Der inländische Aufenthalt ist nur subsidiär maßgebend, wenn ein Wohnsitz im Inlande nicht zu ermitteln ist (vergl. Note zu § 36 Abs. 1 und § 66). Die Vorschrift gilt auch für Ausländer — vergl. E.G. zum B.G.B. Art. 25.

Abs. 2. Ein Deutscher wird, auch wenn er seinen Wohnsitz im Auslande hatte, nach den deutschen Gesetzen beerbt (E.G. zum B.G.B. Art. 24). Die Zuständigkeit für diesen Fall, und wenn auch kein inländischer Aufenthalt zur Zeit des Todes gegeben ist, regelt sich entsprechend dem analogen Fall der Pflegschaftseinleitung — vergl. Note zu § 36 Abs. 2.

Abs. 3. Für ausländische Erblasser kommt subsidiär nach dem inländischen Wohnsitz oder Aufenthalt nicht ein etwaiger früherer Wohnsitz im Inland in Betracht wie bei Deutschen (Abs. 2), sondern es ist ein Gerichtsstand des Vermögens gebildet.

Dieser Gerichtsstand kann mehrfach begründet sein, nämlich bei jedem Amtsgerichte, in dessen Bezirk sich irgend welche Vermögensstücke befinden, bewegliche, wie unbewegliche, auch Forderungen, und zwar überall für den ganzen Nachlaß, nicht blos für die betreffenden Vermögensstücke. Bei Forderungen gilt als der Ort, wo das Vermögen sich befindet, der Wohnsitz des Schuldners, und wenn für die Forderung eine Sache zur Sicherheit haftet, auch der Ort, wo die Sache sich befindet (C.P.O. § 23 Satz 2).

Nach B.G.B. § 2369 Abs. 2 gelten als im Inlande befindlich Gegenstände, für welche von einer deutschen Behörde ein zur Eintragung des Berechtigten bestimmtes Buch oder Register geführt wird, ferner ein Anspruch, wenn für die Klage ein deutsches Gericht zuständig ist.

Unter mehreren hienach zuständigen Gerichten gebührt demjenigen der Vorzug, welches zuerst in der Sache thätig geworden ist (§ 4).

§ 74.

Für die Sicherung des Nachlasses ist jedes Amtsgericht zuständig, in dessen Bezirke das Bedürfniß der

Fürsorge hervortritt. Das Gericht soll von den angeordneten Maßregeln dem nach § 73 zuständigen Nachlaßgerichte Mittheilung machen.

Zuständigkeit zur Sicherung des Nachlasses: Für Sicherung des Nachlasses hat das Nachlaßgericht bis zur Annahme der Erbschaft zu sorgen (B.G.B. § 1960); die zur Sicherung dienenden Maßregeln (B.G.B. § 1960 Abs. 2) können aber von jedem Amtsgerichte, welches auch nicht Nachlaßgericht ist, verhängt werden, wenn in dessen Bezirk ein Bedürfniß der Fürsorge hervortritt. Das Gericht hat zu prüfen, ob das Bedürfniß einer Fürsorge überhaupt, und ob es in seinem Bezirke besteht. Nur wenn eine dieser Voraussetzungen fehlt, darf also das Gericht seine Thätigkeit ablehnen, nicht deswegen weil das Nachlaßgericht selbst hätte angegangen werden können oder trotz Kenntniß der Sachlage nicht thätig geworden ist.

§ 75.

Auf die Nachlaßpflegschaft finden die für Vormundschaftssachen geltenden Vorschriften dieses Gesetzes Anwendung. Unberührt bleiben die Vorschriften über die Zuständigkeit des Nachlaßgerichts; das Nachlaßgericht kann jedoch die Pflegschaft nach Maßgabe des § 46 an ein anderes Nachlaßgericht abgeben.

Nachlaßpflegschaft: Vergl. B.G.B. §§ 1960 bis 1962, 1975, 2012, 2017. Die Nachlaßpflegschaft ist zu bestellen, wenn die Bestellung zum Zwecke der Geltendmachung eines Anspruches gegen den Nachlaß von dem Berechtigten beantragt wird, und die Erbschaft noch nicht angenommen ist, ferner zum Zwecke der Befriedigung der Gläubiger zur Beschränkung der Haftung des Erben für die Nachlaßverbindlichkeiten (Nachlaßverwaltung). Hinsichtlich der Beschwerdeberechtigung ist im ersteren Falle § 20 Abs. 2, im letzteren § 76 Abs. 2 zu beachten.

Für die Nachlaßpflegschaft tritt an die Stelle des Vormundschaftsgerichts das Nachlaßgericht. Es finden die Vorschriften über das Verfahren in Vormundschaftssachen Anwendung — insbesondere die §§ 57, 60, 63, während die Zuständigkeit sich nach §§ 72, 73 regelt, im ersten Falle auch nach § 74.

Voraussetzung für die Abgabe der Pflegschaft an ein anderes Gericht ist das Vorliegen wichtiger Gründe und die Bereitwilligkeit des anderen Gerichtes zur Uebernahme; vergl. Note zu § 46 Abs. 1. Die Vorschrift des § 46 Abs. 2 findet mangels Einigung der Gerichte Anwendung. Das Gericht, an welches die Abgabe erfolgt, übernimmt mit der Nachlaßpflegschaft alle auf den betreffenden Nachlaß bezüglichen Verrichtungen, es wird Nachlaßgericht.

§ 76.

Gegen eine Verfügung, durch die dem Antrage des Erben, die Nachlaßverwaltung anzuordnen, stattgegeben wird, ist die Beschwerde unzulässig.

Gegen eine Verfügung, durch die dem Antrag eines Nachlaßgläubigers, die Nachlaßverwaltung anzuordnen, stattgegeben wird, findet die sofortige Beschwerde statt. Die Beschwerde steht nur dem Erben, bei Miterben jedem Erben, sowie dem Testamentsvollstrecker zu, welcher zur Verwaltung des Nachlasses berechtigt ist.

Nachlaßverwaltung: Vergl. B.G.B. § 1975 ff. und Note zu § 75.

Abs. 1. Die Beschwerde ist ausgeschlossen nur gegen die Anordnung der Nachlaßverwaltung, und zwar wieder nur, wenn sie auf Antrag des Erben erfolgte, das heißt des einzigen vorhandenen Erben oder der sämmtlichen Erben. Wäre entgegen der Bestimmung des B.G.B § 2062, daß die Anordnung der Nachlaßverwaltung nur von den Erben gemeinschaftlich beantragt werden kann, die Anordnung auf Antrag nur eines Theiles der Erben erfolgt, so hätten die übrigen Erben auch gegen die Anordnung die Beschwerde.

Abs. 2. Die Legitimation zur Einlegung der sofortigen Beschwerde (§ 22 Abs 1), wenn die Anordnung der Nachlaßverwaltung auf Antrag eines Nachlaßgläubigers erfolgte, ist abweichend von § 20 besonders geregelt. Die Beschwerde braucht von mehreren Erben nicht gemeinschaftlich eingelegt zu werden. Der Testamentsvollstrecker hat das Beschwerderecht nur, wenn er zur Nachlaßverwaltung berechtigt ist, das ist nach B.G.B. § 2205 die Regel; Ausschluß von der Verwaltung ist nach § 2208 möglich. Nicht beschwerdeberechtigt sind die übrigen Nachlaßgläubiger

Die Verfügung über die Anordnung ist in diesem Falle nach § 16 Abs. 2 Satz 1 (Zustellung von Amtswegen nach Maßgabe von C P O. §§ 208 bis 213) bekannt zu machen, um die Beschwerdefrist in Lauf zu setzen.

§ 77.

Gegen eine Verfügung, durch die dem Erben eine Inventarfrist bestimmt wird, findet die sofortige Beschwerde statt.

Das Gleiche gilt von einer Verfügung, durch die über die Bestimmung einer neuen Inventarfrist oder über den Antrag des Erben, die Inventarfrist zu verlängern, entschieden wird.

In den Fällen der Abs. 1, 2 beginnt die Frist zur

Einlegung der Beschwerde für jeden Nachlaßgläubiger mit dem Zeitpunkt, in welchem die Verfügung demjenigen Nachlaßgläubiger bekannt gemacht wird, welcher den Antrag auf die Bestimmung der Inventarfrist gestellt hat.

Inventarfrist: Sofortige Beschwerde (§ 22 Abs. 1) findet statt:

1. gegen die nach B.G.B. § 1994 Abs. 1 erfolgte Bestimmung der Inventarfrist auf Antrag eines Nachlaßgläubigers (gegen Ablehnung also einfache Beschwerde),
2. gegen jede Verfügung, durch welche über die Bestimmung einer neuen Frist im Falle der Verhinderung des Erben oder Unkenntniß von der ursprünglichen Frist nach B.G.B. § 1996 oder wegen Unvollständigkeit des eingereichten Verzeichnisses nach B.G.B. § 2005 Abs. 2, sowie über den Antrag des Erben auf Fristverlängerung nach B.G.B. § 1995 Abs. 3 entschieden wird, in allen diesen Fällen also sowohl gegen die Bestimmung bezw. Verlängerung der Frist, wie gegen einen ablehnenden Bescheid, im Falle der Verlängerung auch wegen zu geringer oder zu großer Verlängerung.

Bekanntmachung dieser Verfügungen erfolgt nach § 16 Abs. 2 Satz 1 durch Zustellung von Amtswegen (C.P.O. §§ 208 bis 213); Beschwerdeberechtigung siehe § 20, in den Fällen von B.G.B. §§ 1994 Abs. 1, 1995 Abs. 3 insbesondere § 20 Abs. 2.

Die Beschwerdefrist beginnt — abweichend von § 22 Abs. 1 Satz 2 — für jeden Nachlaßgläubiger, selbst wenn er von der Fristbestimmung überhaupt keine Kenntniß erlangt hat, mit dem Zeitpunkte der Bekanntmachung an den antragstellenden Nachlaßgläubiger; für die Erben beginnt die Frist jedoch je mit der Bekanntmachung an dieselben.

§ 78.

Hat das Nachlaßgericht nach § 1964 des Bürgerlichen Gesetzbuchs festgestellt, daß ein anderer Erbe als der Fiskus nicht vorhanden ist, so steht die Einsicht der dieser Feststellung vorausgegangenen Ermittelungen Jedem zu, der ein berechtigtes Interesse glaubhaft macht. Das Gleiche gilt von der Einsicht einer Verfügung, welche die Bestimmung einer Inventarfrist oder die Ernennung oder die Entlassung eines Testamentsvollstreckers betrifft, eines Protokolls über die Leistung des im § 79 bezeichneten Eides sowie von der Einsicht eines Erbscheins und eines der in den §§ 1507, 2368 des Bürgerlichen

Gesetzbuches und den §§ 37, 38 der Grundbuchordnung vorgesehenen gerichtlichen Zeugnisse.

Von den Schriftstücken, deren Einsicht gestattet ist, kann eine Abschrift gefordert werden; die Abschrift ist auf Verlangen zu beglaubigen.

Akteneinsicht: **Abs. 1.** Vergl. die allgemeinen Vorschriften des § 34. In den hier aufgeführten Fällen besteht — verschieden von § 34 — ein Recht auf Akteneinsicht; der Richter hat lediglich die Legitimation hiezu zu prüfen. Ueber berechtigtes Interesse vergl. Note zu § 34, über Glaubhaftmachung zu § 15 Abs. 2.

Das Recht auf Akteneinsicht erstreckt sich im Falle des Satz 1 nur auf die Ermittelungen, welche der Feststellung, daß kein anderer Erbe als der Fiskus vorhanden sei, vorausgegangen sind, gleichviel von wem sie herrühren, nicht auf weitere in der Nachlaßsache erwachsene Akten.

Bestimmung einer Inventarfrist erfolgt nach B.G.B. §§ 1994, 1996, 2005; die Vorschrift wird sinngemäß auch auf die Fristverlängerung nach § 1995 Abs. 3 anzuwenden sein. Ueber Ernennung eines Testamentsvollstreckers siehe B.G.B. § 2200, über Entlassung § 2227. Das Recht auf Einsicht besteht lediglich hinsichtlich der Verfügung selbst sammt Begründung, nicht hinsichtlich etwaiger Vorverhandlungen und sonstiger Aktenprodukte (z. B. der Anträge); sie besteht aber nach der Fassung der Vorschrift auch für abweisende Verfügungen in den genannten Fällen; liegen Verfügungen mehrerer Instanzen vor, wohl nur für die zuletzt wirksame.

Ueber Erbschein siehe B.G.B. §§ 2353 ff., vergl. auch § 84.

Nach B.G.B. § 1507 hat das Nachlaßgericht dem überlebenden Ehegatten auf Antrag ein Zeugniß über die Fortsetzung der Gütergemeinschaft zu ertheilen.

Nach B.G.B § 2368 ist dem Testamentsvollstrecker vom Nachlaßgericht auf Antrag ein Zeugniß über seine Ernennung zu ertheilen, in welchem etwaige Beschränkungen in der Verwaltung oder der Ausschluß von Beschränkungen in der Eingehung von Verbindlichkeiten anzugeben sind.

G.B.O. § 37 betrifft das Zeugniß des Nachlaßgerichts, auf Grund dessen bei einer zu einem Nachlaß gehörenden Hypothek, Grundschuld oder Rentenschuld einer von mehreren Erben als neuer Gläubiger eingetragen werden kann, § 38 dasjenige, auf Grund dessen bei einer Hypothek, Grundschuld oder Rentenschuld, die zu dem Gesammtgute einer ehelichen Gütergemeinschaft oder einer fortgesetzten Gütergemeinschaft gehört, ein Betheiligter, auf welchen das Recht bei der Auseinandersetzung übertragen ist, als neuer Gläubiger eingetragen werden kann.

Abs. 2. Auch auf Ertheilung von Abschriften besteht ein Recht, im nämlichen Umfange, wie auf Akteneinsicht. Ueber Beglaubigung siehe Note zu § 34.

§ 79.

Verlangt ein Nachlaßgläubiger von dem Erben die Leistung des im § 2006 des Bürgerlichen Gesetzbuchs vorgesehenen Offenbarungseids, so kann die Bestimmung des Termins zur Leistung des Eides sowohl von dem Nachlaßgläubiger als von dem Erben beantragt werden. Zu dem Termine sind beide Theile zu laden. Die Anwesenheit des Gläubigers ist nicht erforderlich.

Offenbarungseid des Erben: Der Erbe hat auf Verlangen eines Nachlaßgläubigers vor dem Nachlaßgerichte den Eid dahin zu leisten, daß er nach bestem Wissen die Nachlaßgegenstände so vollständig angegeben habe, als er dazu im Stande sei. Zu dem nur auf Antrag des Nachlaßgläubigers oder des Erben anzuberaumenden Termine hat das Nachlaßgericht den Erben und den den Eid verlangenden Gläubiger, nicht auch die sonstigen Nachlaßgläubiger, von Amtswegen zu laden. Die Form der Ladung ist reichsrechtlich nicht bestimmt; die Vorschriften der Civilprozeßordnung finden nicht ohne diesbezügliche landesgesetzliche Vorschrift Anwendung; die Bekanntmachung der Ladung erfolgt nach § 16 Abs. 2 Satz 2.

Das Verfahren auf Eidesabnahme bestimmt sich nach § 15 mit C.P.O. §§ 478 bis 484.

Der Eid ist dem Erben auch abzunehmen, wenn der geladene Gläubiger nicht erscheint. Die Folgen des Nichterscheinens des Erben sind — abgesehen von der Zulässigkeit der Anberaumung eines zweiten Termins — civilrechtlicher Natur (B.G.B. § 2006 Abs. 3); Mittel zur Erzwingung des Eides bestehen nicht.

§ 80.

Gegen eine Verfügung, durch die nach den §§ 2151, 2153 bis 2155, 2192, 2193 und dem § 2198 Abs. 2 des Bürgerlichen Gesetzbuchs dem Beschwerten oder einem Dritten eine Frist zur Erklärung bestimmt wird, findet die sofortige Beschwerde statt.

Fristbestimmung bei bestimmten Vermächtnissen und Auflagen: B.G.B.

§ 2151. Der Erblasser kann Mehrere mit einem Vermächtniß in der Weise bedenken, daß der Beschwerte oder ein Dritter zu bestimmen hat, wer von den Mehreren das Vermächtniß erhalten soll.

Die Bestimmung des Beschwerten erfolgt durch Erklärung gegenüber demjenigen, welcher das Vermächtniß erhalten soll; die Bestimmung des Dritten erfolgt durch Erklärung gegenüber dem Beschwerten.

Kann der Beschwerte oder der Dritte die Bestimmung nicht treffen, so sind die Bedachten Gesammtgläubiger. Das

Gleiche gilt, wenn das Nachlaßgericht dem Beschwerten oder dem Dritten auf Antrag eines der Betheiligten eine Frist zur Abgabe der Erklärung bestimmt hat und die Frist verstrichen ist, sofern nicht vorher die Erklärung erfolgt. Der Bedachte, der das Vermächtniß erhält, ist im Zweifel nicht zur Theilung verpflichtet.

§ 2153. Der Erblasser kann Mehrere mit einem Vermächtniß in der Weise bedenken, daß der Beschwerte oder ein Dritter zu bestimmen hat, was jeder von dem vermachten Gegenstand erhalten soll. Die Bestimmung erfolgt nach § 2151 Abs. 2.

Kann der Beschwerte oder der Dritte die Bestimmung nicht treffen, so sind die Bedachten zu gleichen Theilen berechtigt. Die Vorschrift des § 2151 Abs. 3 Satz 2 findet entsprechende Anwendung.

§ 2154. Der Erblasser kann ein Vermächtniß in der Art anordnen, daß der Bedachte von mehreren Gegenständen nur den einen oder den anderen erhalten soll. Ist in einem solchen Falle die Wahl einem Dritten übertragen, so erfolgt sie durch Erklärung gegenüber dem Beschwerten.

Kann der Dritte die Wahl nicht treffen, so geht das Wahlrecht auf den Beschwerten über. Die Vorschrift des § 2151 Abs. 3 Satz 2 findet entsprechende Anwendung.

§ 2155. Hat der Erblasser die vermachte Sache nur der Gattung nach bestimmt, so ist eine den Verhältnissen des Bedachten entsprechende Sache zu leisten.

Ist die Bestimmung der Sache dem Bedachten oder einem Dritten übertragen, so finden die nach § 2154 für die Wahl des Dritten geltenden Vorschriften Anwendung.

Entspricht die von dem Bedachten oder dem Dritten getroffene Bestimmung den Verhältnissen des Bedachten offenbar nicht, so hat der Beschwerte so zu leisten, wie wenn der Erblasser über die Bestimmung der Sache keine Anordnung getroffen hätte.

§ 2192. Auf eine Auflage finden die für letztwillige Zuwendungen geltenden Vorschriften der §§ 2065, 2147, 2148, 2154 bis 2156, 2161, 2171, 2181 entsprechende Anwendung.

§ 2193. Der Erblasser kann bei der Anordnung einer Auflage, deren Zweck er bestimmt hat, die Bestimmung der Person, an welche die Leistung erfolgen soll, dem Beschwerten oder einem Dritten überlassen.

(Abs. 2 hieher gegenstandslos).

Steht die Bestimmung einem Dritten zu, so erfolgt sie durch Erklärung gegenüber dem Beschwerten. Kann der Dritte die Bestimmung nicht treffen, so geht das Bestimmungsrecht auf den Beschwerten über. Die Vorschrift des § 2151 Abs. 3 Satz 2 findet entsprechende Anwendung; zu den Betheiligten im Sinne dieser Vorschrift gehören der Beschwerte und diejenigen, welche die Vollziehung der Auflage zu verlangen berechtigt sind.

§ 2198. Der Erblasser kann die Bestimmung der Person des Testamentsvollstreckers einem Dritten überlassen. Die Bestimmung erfolgt durch Erklärung gegenüber dem Nachlaßgerichte; die Erklärung ist in öffentlich beglaubigter Form abzugeben.

Das Bestimmungsrecht des Dritten erlischt mit dem Ablauf einer ihm auf Antrag eines der Betheiligten von dem Nachlaßgerichte bestimmten Frist.

Die sofortige Beschwerde (§ 22 Abs. 1) findet sowohl gegen die Fristbestimmung überhaupt als gegen die Ausdehnung der Frist statt. Die Beschwerdeberechtigung bemißt sich nach § 20 Abs. 1 und deckt sich — abgesehen von der Beschwerdeberechtigung dessen, dem die Frist gesetzt ist — nicht nothwendig mit der Legitimation zur Antragstellung auf Fristbestimmung.

Die Fristbestimmung ist nach § 16 Abs. 2 Satz 1 durch Zustellung von Amtswegen nach C.P.O. §§ 208 bis 213 bekannt zu geben.

Gegen eine die Fristbestimmung ablehnende Verfügung steht die einfache Beschwerde dem Antragsteller zu (§ 20 Abs. 2).

§ 81.

Gegen eine Verfügung, durch die von dem Nachlaßgericht ein Testamentsvollstrecker ernannt oder einem zum Testamentsvollstrecker Ernannten eine Frist zur Erklärung über die Annahme des Amtes bestimmt wird, findet die sofortige Beschwerde statt.

Das Gleiche gilt von einer Verfügung, durch die ein Testamentsvollstrecker gegen seinen Willen entlassen wird.

Anfechtung der Ernennung und Entlassung des Testamentsvollstreckers: Ueber sofortige Beschwerde siehe § 22 Abs. 1.

Die Beschwerdeberechtigung gegen die Ernennung eines Testamentsvollstreckers (B.G.B. § 2200), gegen die Bestimmung einer Frist zur Erklärung über die Annahme des Amtes (B.G.B. § 2202 Abs. 3), sowie gegen die Entlassung (B.G.B. § 2227) bemißt sich nach § 20 Abs. 1, gegen einen eine solche Verfügung ablehnenden Bescheid, welcher nur mit einfacher Beschwerde anfechtbar ist, im ersten Falle nach § 20 Abs. 1, in den beiden letzten Fällen nach § 20 Abs. 2.

Die Bekanntmachung der Ernennung, Entlassung und Fristbestimmung hat an alle Beschwerdeberechtigten nach § 16 Abs. 2 Satz 1 durch Zustellung von Amtswegen nach C.P.O. §§ 203 bis 213 zu erfolgen.

§ 82.

Führen mehrere Testamentsvollstrecker das Amt gemeinschaftlich, so steht gegen eine Verfügung, durch die das Nachlaßgericht Anordnungen des Erblassers für die Verwaltung des Nachlasses außer Kraft setzt oder bei einer Meinungsverschiedenheit zwischen den Testamentsvollstreckern entscheidet, jedem Testamentsvollstrecker die Beschwerde selbständig zu.

Auf eine Verfügung, durch die bei einer Meinungsverschiedenheit zwischen den Testamentsvollstreckern über die Vornahme eines Rechtsgeschäfts das Nachlaßgericht entscheidet, finden die Vorschriften des § 53 und des § 60 Abs. 1 Nr. 6 entsprechende Anwendung.

Mehrere Testamentsvollstrecker: Nach B.G.B. § 2224 führen mehrere Testamentsvollstrecker ihr Amt gemeinsam; bei einer Meinungsverschiedenheit entscheidet das Nachlaßgericht. Dieses Gericht ist nach B.G.B. § 2216 befugt, auf Antrag des Testamentsvollstreckers oder eines anderen Betheiligten Anordnungen des Erblassers über die Nachlaßverwaltung wegen Gefährdung des Nachlasses abzuändern. Die Zulassung der Beschwerdeführung durch jeden Testamentsvollstrecker für sich ist eine Ausnahme von B.G.B. § 2224.

Während im letzteren Fall (B.G.B. § 2216) nur einfache Beschwerde gegeben ist und die Beschwerdeberechtigung sich nach § 20 Abs. 1 und 2 regelt, findet im ersteren Falle (B.G.B. § 2224) die sofortige Beschwerde (§ 22 Abs. 1) statt, welche nur den Testamentsvollstreckern einzuräumen sein wird; auch wird die Entscheidung erst mit der Rechtskraft wirksam, wenn nicht das Gericht wegen Gefahr auf Verzug sofortige Wirksamkeit — das ist mit der Bekanntmachung (§ 16 Abs. 1) — anordnet; vergl. Note zu § 53, über Rechtskraft Noten zu §§ 26, 31.

§ 83.

Das Nachlaßgericht kann im Falle des § 2259 Abs. 1 des Bürgerlichen Gesetzbuchs den Besitzer des Testaments durch Ordnungsstrafen zur Ablieferung des Testaments anhalten.

Besteht Grund zu der Annahme, daß Jemand ein Testament im Besitze hat, zu dessen Ablieferung er nach § 2259 Abs. 1 des Bürgerlichen Gesetzbuchs verpflichtet ist, so kann er von dem Nachlaßgerichte zur Leistung des Offenbarungseids angehalten werden; die Vorschriften des § 883 Abs. 2, 3, des § 900 Abs. 1 und der §§ 901,

902, 904 bis 910, 912, 913 der Civilprozeßordnung finden entsprechende Anwendung.

Ablieferungszwang bei Testamenten: B.G.B. § 2259 Abs. 1. Wer ein Testament, das nicht in amtliche Verwahrung gebracht ist, im Besitze hat, ist verpflichtet, es unverzüglich, nachdem er von dem Tode des Erblassers Kenntniß erlangt hat, an das Nachlaßgericht abzuliefern.

Ueber Androhung und Höhe der Ordnungsstrafen siehe § 33. Eine Ordnungsstrafe darf nur dann verhängt werden, wenn Sicherheit besteht, daß der Betreffende im Besitze des Testamentes ist. Steht dies nicht fest, sondern besteht nur die Vermuthung über den Besitz, so kann das Nachlaßgericht den Offenbarungseid dahin verlangen, „daß er das Testament nicht besitze, auch nicht wisse, wo das Testament sich befinde". Das Gericht kann eine der Lage der Sache entsprechende Aenderung der Eidesnorm beschließen — C.P.O. § 883 Abs. 2 und 3.

Beide Maßregeln kann das Nachlaßgericht nach seinem Ermessen von Amtswegen oder auf Antrag verhängen.

Das Verfahren auf Leistung des Offenbarungseides beginnt mit der Ladung des Schuldners — C.P.O. § 900 Abs. 1 —, welche von Amtswegen zu bethätigen ist; über die Form der Ladung bestehen keine reichsrechtlichen Vorschriften; die Bekanntmachung der Ladung erfolgt nach § 16 Abs. 2 Satz 2. Sonstige Betheiligte brauchen nicht vom Termine verständigt zu werden.

Gegen den nicht im Termine Erschienenen oder die Leistung des Eides Verweigernden ist die Anordnung der Haft bis zu sechs Monaten zulässig — C.P.O. §§ 901, 913; die Anordnung erfolgt von Amtswegen.

Die Vorschriften der C.P.O. §§ 902, 904 bis 910, 912 handeln vom Vollzug der Haft. Eine Vorschußpflicht für Haftkosten besteht auch nicht, wenn die Anordnung der Eidesleistung von einem Betheiligten beantragt worden ist.

Einfache Beschwerde und zwar für jeden, der ein rechtliches Interesse hat (§ 20 Abs. 1), ist zulässig gegen einen die Anordnung der Eidesleistung wie der Haft ablehnenden Bescheid.

Gegen die Anordnung der Eidesleistung wie der Haft hat der Betroffene die Beschwerde (C.P.O. § 793 findet nicht entsprechende Anwendung), welche jedoch im letzteren Falle keine aufschiebende Wirkung hat, da die Haft hier nicht Strafe, sondern Zwangsmittel ist (vergl. § 24 Abs. 1).

§ 84.

Gegen einen Beschluß, durch den ein Erbschein für kraftlos erklärt wird, findet die Beschwerde nicht statt. Das Gleiche gilt von einem Beschlusse, durch den eines der in den §§ 1507, 2368 des Bürgerlichen Gesetzbuchs und den §§ 37, 38 der Grundbuchordnung vorgesehenen gerichtlichen Zeugnisse für kraftlos erklärt wird.

Kraftloserklärung des Erbscheins und anderer Zeugnisse: Nach B.G.B. § 2361 Abs. 2 hat das Nachlaßgericht einen unrichtigen Erbschein, der nicht sofort behufs Einziehung erlangt werden kann, für kraftlos zu erklären.

Der Ausschluß der Beschwerde hindert nicht die Ausstellung eines neuen Erbscheins gleichen Inhalts, wenn sich nachher ergiebt, daß die Kraftloserklärung zu Unrecht erfolgt ist. Erst gegen die Verweigerung eines neuen Erbscheines findet die Beschwerde statt.

Ueber den Inhalt der in Satz 2 bezeichneten Zeugnisse siehe Note zu § 78.

§ 85.

Wer ein rechtliches Interesse glaubhaft macht, kann verlangen, daß ihm von dem Gericht eine Ausfertigung des Erbscheins ertheilt werde. Das Gleiche gilt in Ansehung der im § 84 Satz 2 bezeichneten Zeugnisse sowie in Ansehung der gerichtlichen Verfügungen, die sich auf die Ernennung oder die Entlassung eines Testamentsvollstreckers beziehen.

Ausfertigung des Erbscheins und anderer Zeugnisse: Ueber rechtliches Interesse siehe Note zu § 57 Nr. 1, über Glaubhaftung zu § 15 Abs. 2.

Die Verfügungen auf Ernennung und Entlassung des Testamentsvollstreckers erfolgen nach B.G.B. § 2200 bezw. 2227.

Für Jeden, der ein rechtliches Interesse glaubhaft macht, nicht blos für den Erben besteht ein Recht auf Ertheilung einer Ausfertigung (nicht blos einer beglaubigten Abschrift).

§ 86.

Hinterläßt ein Erblasser mehrere Erben, so hat das Nachlaßgericht auf Antrag die Auseinandersetzung in Ansehung des Nachlasses zwischen den Betheiligten zu vermitteln, sofern nicht ein zur Bewirkung der Auseinandersetzung berechtigter Testamentsvollstrecker vorhanden ist.

Antragsberechtigt ist jeder Miterbe, der Erwerber eines Erbtheils sowie derjenige, welchem ein Pfandrecht oder ein Nießbrauch an einem Erbtheile zusteht

Verfahren bei Nachlaßtheilung; Antragsrecht: Abs. 1. Hinterläßt ein Erblasser mehrere Erben, so wird der Nachlaß gemeinschaftliches Vermögen der Erben. Jeder Erbe kann nur über seinen Antheil am gesammten Nachlaß, nicht über seinen Antheil an einzelnen Nachlaßgegenständen verfügen (B.G.B. §§ 2032, 2033). Jeder Miterbe kann — besondere Fälle ausgenommen B.G.B. §§ 2043 bis 2045 — jederzeit die Auseinandersetzung des

Nachlasses verlangen (B.G.B. § 2042). Die Art der Auseinandersetzung regeln B.G.B. §§ 2046 ff.

Formell kann die Auseinandersetzung durch Vereinbarung der Miterben ohne gerichtliche Einmischung und ohne Einhaltung einer Frist erfolgen und zwar auch, wenn bevormundete Personen betheiligt sind; der Erbtheilungsvertrag bedarf im letzteren Falle nur der Genehmigung des Vormundschaftsgerichts (B.G.B. § 1822 Nr. 1).

Eine Ausnahme macht § 192: Landesgesetzliche Vorschriften, nach welchen das Nachlaßgericht die Auseinandersetzung zu vermitteln hat, wenn diese nicht binnen einer bestimmten Frist bewirkt wird, bleiben unberührt.

Sonst hat das Gericht die Nachlaßauseinandersetzung nur auf Antrag zu vermitteln. Nach landesgesetzlicher Vorschrift kann eine ausschließliche oder konkurrirende Zuständigkeit der Notare geschaffen sein (§ 193).

Die Nachlaßbehandlung erstreckt sich, wenn sie einmal angeregt ist, auf den gesammten Nachlaß. Die Vermittelung des Gerichts bezieht sich nur auf die Auseinandersetzung unter den mehreren Erben, weshalb als Betheiligte zunächst nur die Miterben, dann die nach Abs. 2 weiter Antragsberechtigten in Betracht kommen. Die Heranziehung eines Nacherben ist im Hinblick auf B.G.B. § 2113 dann nothwendig, wenn zum Nachlaß ein Grundstück oder ein Recht an einem Grundstück gehört, da die Verfügung des Vorerben ungiltig ist, wenn sie das Recht der Nacherben vereitelt oder beeinträchtigt. Betheiligt sind jedenfalls nicht die Nachlaßgläubiger oder die Gläubiger der Erben, aber auch nicht die Vermächtnißnehmer, da diese sich wegen ihrer Rechte nur an die Beschwerten zu halten haben.

Die Vermittelung des Nachlaßgerichts ist Pflicht desselben, sobald ein hiezu Berechtigter den Antrag gestellt hat. Seine Thätigkeit ist trotz gestellten Antrags ausgeschlossen:

1. wenn ein Testamentsvollstrecker vorhanden und dieser auch zur Bewirkung der Auseinandersetzung berechtigt ist; der Testamentsvollstrecker ist zur Auseinandersetzung berufen, soferne ihm nicht durch den Erblasser ausdrücklich nur die Verwaltung des Nachlasses übertragen ist, B.G.B. §§ 2204, 2209;
2. wenn der Erblasser durch letztwillige Verfügung entgegenstehende Anordnungen getroffen hat, so insbesondere, daß die Auseinandersetzung nach dem billigen Ermessen eines Dritten erfolgen soll, B.G.B. § 2048.

In diesen Fällen hat das Gericht den Antrag auf gerichtliche Theilung abzuweisen.

Abs. 2. Den Antrag kann jeder Miterbe für sich beziehungsweise dessen gesetzlicher Vertreter stellen, ohne daß die übrigen Erben ein Widerspruchsrecht hätten.

Antragsberechtigt ist ferner derjenige, welcher durch Verfügung eines Miterben über seinen Antheil am Nachlaß einen solchen Antheil erworben hat (vergl. B.G.B. §§ 2033 ff.). Besteht an einem Erbtheil ein Pfandrecht oder Nießbrauch, so kann der Antrag nur von dem Pfandgläubiger beziehungsweise Nießbraucher und dem betreffenden Miterben gemeinsam gestellt werden B.G.B. §§ 1258 Abs. 2, 1066 Abs. 2. Der Antrag eines Miterben ist auch im Vollstreckungswege pfändbar C.P.O. § 859 Abs. 2; der Pfändungspfandgläubiger ist jedoch dann nicht antragsberechtigt, wenn der Schuldtitel blos vorläufig vollstreckbar ist, B.G.B. § 2042 mit § 751; ausgeschlossen vom Antrag ist daher auch der Arrestpfandgläubiger.

§ 87.

In dem Antrage sollen die Betheiligten und die Theilungsmasse bezeichnet werden.

Hält das Gericht vor der Verhandlung mit den Betheiligten eine weitere Aufklärung für angemessen, so hat es den Antragsteller zur Ergänzung des Antrags, insbesondere zur Angabe der den einzelnen Betheiligten in Ansehung des Nachlasses zustehenden Ansprüche, zu veranlassen. Es kann dem Antragsteller auch die Beschaffung der Unterlagen aufgeben.

Antrag: Der Antrag kann schriftlich oder zu Protokoll des Gerichtsschreibers des zuständigen oder eines anderen Amtsgerichts gestellt werden; § 11 und Note hiezu.

Daß der Antrag die Bezeichnung des Erblassers, den Nachweis seines Todes und Angaben über eine etwaige letztwillige Verfügung zu enthalten hat, ist als selbstverständlich nicht vorgeschrieben; auch der Nachweis der Zuständigkeit des angegangenen Gerichts (§ 73) ist zu erbringen. Eine genaue Aufzählung der einzelnen Nachlaßgegenstände ist nicht erforderlich.

Ueber den Begriff der Betheiligten, welche der Antrag enthalten soll, siehe Note zu § 86.

Das Gericht darf mangelhafte Anträge nicht sofort zurückweisen; es hat vielmehr deren Ergänzung durch den Antragsteller zu veranlassen, ohne daß es verhindert wäre, auch von Amtswegen die nöthigen Ermittelungen zu pflegen.

Wenn die aufgetragenen Ergänzungen oder die verlangten Unterlagen nicht erbracht werden, kann die Abweisung des Antrages erfolgen; hiegegen steht die Beschwerde nur dem Antragsteller zu § 20 Abs. 2.

§ 88.

Einem abwesenden Betheiligten kann, wenn die Voraussetzungen der Abwesenheitspflegschaft vorliegen und eine Pflegschaft über ihn nicht bereits anhängig ist, für das Auseinandersetzungsverfahren von dem Nachlaßgericht ein Pfleger bestellt werden. Für die Pflegschaft tritt an die Stelle des Vormundschaftsgerichts das Nachlaßgericht.

Pflegschaft über abwesende Betheiligte: Hält das Nachlaßgericht hinsichtlich eines Betheiligten, der von seinem Wohnsitz entfernt ist, die Voraussetzungen einer Abwesenheitspflegschaft für gegeben (das ist der Fall, wenn der Aufenthalt des Abwesenden unbekannt, oder wenn er zwar bekannt, der Abwesende aber an der Rückkehr oder an der Besorgung seiner Vermögensangelegenheiten verhindert ist, B.G.B. § 1911), so kann es das für die Einleitung der Abwesenheitspflegschaft nach § 39 zuständige Gericht verständigen, welches, wenn es ein Bedürfniß der Fürsorge erblickt, zur Einleitung der Abwesenheitspflegschaft verpflichtet ist, oder es kann nach seinem Ermessen auch selbst dem Abwesenden nur für das Auseinandersetzungsverfahren einen Pfleger bestellen. Will das Nachlaßgericht das letztere nicht thun, so muß es das erstere thun — siehe § 50.

Das Nachlaßgericht hat für die Dauer der von ihm eingeleiteten Pflegschaft alle Geschäfte zu besorgen, welche sonst das Vormundschaftsgericht zu besorgen hat, auch wenn dieselben nicht auf das Theilungsverfahren Bezug haben.

Die Pflegschaft endet mit der vollständigen Durchführung des Auseinandersetzungsverfahrens, wenn nicht schon vorher die Voraussetzungen für dieselbe dadurch wegfallen, daß der Abwesende an der Besorgung seiner Angelegenheiten nicht mehr gehindert ist, B.G.B. §§ 1919, 1921.

Bedarf der Abwesende nach der Beendigung des Theilungsverfahrens noch eines Pflegers, so muß das Nachlaßgericht das zuständige Pflegschaftsgericht verständigen. Dieses hat die Pflegschaft nun fortzuführen; die Bestimmung des § 46 findet keine Anwendung, d. h. es findet nicht Abgabe der bisher vom Nachlaßgericht geführten Pflegschaft statt, zu der das zuständige Pflegschaftsgericht zustimmen müßte, sondern Neueinleitung einer Pflegschaft nach § 39.

§ 89.

Das Gericht hat den Antragsteller und die übrigen Betheiligten, diese unter Mittheilung des Antrags, zu einem Verhandlungstermine zu laden. Die Ladung durch öffentliche Zustellung ist unzulässig. Die Ladung soll den Hinweis darauf enthalten, daß ungeachtet des Ausbleibens eines Betheiligten über die Auseinandersetzung verhandelt werden würde und daß, falls der Termin vertagt oder ein neuer Termin zur Fortsetzung der Verhandlung anberaumt werden sollte, die Ladung zu dem neuen Termin unterbleiben könne. Sind Unterlagen für die Auseinandersetzung vorhanden, so ist in der Ladung zu bemerken, daß die Unterlagen auf der Gerichtsschreiberei eingesehen werden können.

Ladung der Betheiligten: Auf den nach § 87 gestellten Antrag hin, beziehungsweise nach Einlauf der verlangten Ergänzungen hat das Nachlaßgericht von Amtswegen den Antragsteller und die übrigen Betheiligten, die ihm durch den Antrag bekannt geworden sind, zu einem anzuberaumenden Termine zu laden. Der Termin muß soweit hinausverlegt werden, daß Wahrung der in § 90 bestimmten Frist möglich ist. Zur Prüfung, ob die Frist zwischen Ladung und Termin eingehalten ist, muß erstere nach § 16 Abs. 2 Satz 1, also durch Zustellung von Amtswegen nach den Vorschriften der C.P.O. §§ 208—213, erfolgen. Allen Betheiligten außer dem Antragsteller ist mit der Ladung der Antrag mitzutheilen; abschriftliche Mittheilung des ganzen Antrages ist nicht vorgeschrieben, weshalb auszugsweise Mittheilung als genügend erachtet werden muß.

Als weiteren Inhalt der Ladung schreibt Satz 3 die Mittheilung der dort festgesetzten Versäumnißfolgen vor. Ueber weitere Versäumnißfolgen siehe § 91 Abs. 3 und § 93 Abs. 2; erst diese letzteren Versäumnisse haben materiellrechtliche Folgen.

Der Ausschluß öffentlicher Zustellung der Ladung nöthigt in solchen Fällen zur Einleitung der Abwesenheitspflegschaft (§ 88).

Verletzung dieser Vorschrift, sowie der Vorschriften über Form und Inhalt der Ladung machen diese zu einer nicht ordnungsmäßigen, an welche sich die Versäumnißfolgen nicht knüpfen. Es hat also das Gericht vor Eintritt in die Verhandlung die ordnungsmäßige Ladung der nicht erschienenen Betheiligten zu prüfen, im Falle eines Mangels den Termin zu verlegen und neuerliche Ladung anzuordnen. Ist der neue Termin den Erschienenen verkündet worden, so ist deren wiederholte Ladung nicht erforderlich (§ 90 Abs. 2 Satz 2).

Die in Abwesenheit eines nicht ordnungsmäßig Geladenen gepflogenen Verhandlungen sind für diesen unverbindlich, und kann nicht die in § 91 Abs. 3 und § 93 Abs. 2 vorgesehene Versäumnißfolge eintreten, d. h. es kann dem nicht Erschienenen das dort zugelassene Präjudiz nicht gesetzt werden.

Nichtberücksichtigung mangelhafter Ladung macht die nach §§ 91, 93 erfolgte Bestätigung anfechtbar (§ 96). Durch Rechtskraft der Bestätigung wird der Mangel geheilt (vergl. § 97 Abs. 1).

§ 90.

Die Frist zwischen der Ladung und dem Termine muß mindestens zwei Wochen betragen.

Diese Vorschrift findet auf eine Vertagung sowie auf einen Termin zur Fortsetzung der Verhandlung keine Anwendung. In diesen Fällen kann die Ladung der zu dem früheren Termine geladenen Betheiligten durch die Verkündung des neuen Termins ersetzt werden.

Ladungsfrist: Die Fristbestimmung hat die Wirkung, daß, wenn die Frist nicht gewahrt ist, die Verhandlung zu unterbleiben hat. Für die Nichtbeachtung dieser Vorschrift gilt das in der Note zu § 89 letzter Absatz für die mangelhafte Ladung Gesagte.

Die Frist berechnet sich nach § 17 mit B.G.B. §§ 187, 188; der Tag der Zustellung der Ladung wird nicht mitgerechnet; die Frist endet mit Ablauf desjenigen Tages der zweiten Woche, welcher durch seine Benennung dem Tage entspricht, an welchem die Ladung erfolgt ist.

Auf Wahrung der Frist kann nur von sämmtlichen Betheiligten verzichtet werden, auch stillschweigend durch Einlassung in die Verhandlung.

Die Fristbestimmung gilt nur für den ersten Termin, als solcher gilt aber auch der wegen mangelhafter Ladung angesetzte neue Termin (siehe Note zu § 89).

Die Ansetzung eines neuen Termines, sei es, daß im ersten Termine verhandelt oder ohne Verhandlung Vertagung beschlossen wurde, erfolgt entweder durch Verkündung an die Erschienenen, in welchem Falle neuerliche Ladung der nicht Erschienenen, aber ordnungsmäßig Geladenen nicht mehr nothwendig ist, oder durch neuerliche Ladung aller Betheiligten.

§ 91.

Treffen die erschienenen Betheiligten vor der Auseinandersetzung eine Vereinbarung über vorbereitende Maßregeln, insbesondere über die Art der Theilung, so hat das Gericht die Vereinbarung zu beurkunden. Das Gleiche gilt, wenn nur ein Betheiligter erschienen ist, in Ansehung der von diesem gemachten Vorschläge.

Sind die Betheiligten sämmtlich erschienen, so hat das Gericht die von ihnen getroffene Vereinbarung zu bestätigen. Dasselbe gilt, wenn die nicht erschienenen Betheiligten ihre Zustimmung zu gerichtlichem Protokoll oder in einer öffentlich beglaubigten Urkunde ertheilen.

Ist ein Betheiligter nicht erschienen, so hat das Gericht, sofern er nicht nach Abs. 2 Satz 2 zugestimmt hat, ihm den Inhalt der Urkunde, soweit dieser ihn betrifft, bekannt zu machen und ihn gleichzeitig zu benachrichtigen, daß er die Urkunde auf der Gerichtsschreiberei einsehen und eine Abschrift der Urkunde fordern könne. Die Bekanntmachung muß den Hinweis darauf enthalten, daß, wenn der Betheiligte nicht innerhalb einer von dem Gerichte zu bestimmenden Frist die Anberaumung eines neuen Termins beantrage oder wenn er in dem neuen Termine nicht erscheine, sein Einverständniß mit dem Inhalte der Urkunde angenommen werden würde. Beantragt der Betheiligte rechtzeitig die Anberaumung eines neuen Termins und erscheint er in diesem Termine, so ist die Verhandlung fortzusetzen. Anderenfalls hat das Gericht die Vereinbarung zu bestätigen.

Vorbereitende Verhandlungen, Versäumnißfolgen: Die materiellrechtlichen Vorschriften über die Auseinandersetzung sind enthalten in B.G.B. § 2042 mit § 749 Abs. 2 und 3, §§ 750 bis 758. Von der definitiven Auseinandersetzung handelt § 93; § 91 hat etwa nothwendige vorbereitende Verhandlungen zum Gegenstand.

Das Verfahren kann sich in folgender Weise abwickeln:

1. Verhandlung über die vorbereitenden Maßregeln, Art der Theilung:
   a) sämmtliche Betheiligte sind erschienen und einigen sich,
   b) Einigung unter den Erschienenen kommt nicht zu Stande,
   c) nur ein Theil der Betheiligten oder nur einer ist erschienen; dieselben einigen sich, beziehungsweise letzterer macht seine Vorschläge;
2. a) im Falle 1 a: Beurkundung der Vereinbarung, auch wenn sich dieselbe nicht auf alle Punkte bezieht (§ 95 Abs. 2),
   b) im Falle 1 b: Verweisung auf den Rechtsweg (§ 95),
   c) im Falle 1 c: Beurkundung der von den Erschienenen getroffenen Vereinbarungen, bezw. gemachten Vorschläge und Mittheilung an die Nichterschienenen unter Fristbestimmung für Beantragung eines neuen Termines mit der Folge, daß Versäumung der Frist als Zustimmung gilt.
3. a) Bestätigung der Vereinbarung in folgenden Fällen:
      α) im Falle 2 a,
      β) wenn sämmtliche nichterschienene Betheiligte nachträglich ihre Zustimmung in gehöriger Form ertheilen,
      γ) wenn die Zustimmung derselben wegen Versäumung der gesetzten Frist zu präsumiren ist,
      δ) wenn dieselben in dem auf ihren Antrag angesetzten neuen Termine nicht erschienen sind;
   b) neuerliche Verhandlung bis zur möglichen Bestätigung oder Verweisung auf den Rechtsweg, wenn im neuen Termin der zuerst nicht Erschienene nun erschienen ist.

Diese Reihenfolge gilt auch für die Verhandlungen auf Auseinandersetzung (vergl. § 93 Abs. 2).

Im Einzelnen ist zu bemerken:

Abs. 1. Ueber Betheiligte siehe Note zu § 86, über Vertretung der Betheiligten § 13, über Genehmigung des Vormundschaftsgerichts § 97 Abs. 2.

Die Vorbesprechungen können zum Gegenstand haben die Schätzung, den Verkauf von Nachlaßgegenständen zum Zweck der Ermöglichung der Theilung, die Art der Theilung, wenn diese abweichend von den Vorschriften in B.G.B. §§ 752 ff. erfolgen soll.

Die Beurkundung erfolgt in einem Richterprotokolle; Gerichtsschreiberprotokoll ist nicht genügend. Das Gericht darf die Verhandlung und Beurkundung wegen Nichterscheinens einzelner Betheiligter nicht verweigern, sondern hat auch mit dem einzigen Erschienenen, der nicht der Antragsteller zu sein braucht, zu verhandeln.

Abs. 2. Die Vorschrift der Bestätigung der Vereinbarung über vorbereitende Maßregeln, welche die sämmtlichen erschienenen Betheiligten getroffen haben, ist nicht in dem Sinne obligatorisch, daß sie in jedem Falle erfolgen müßte, in welchem Vorbesprechungen stattfinden. In einfach gelagerten Fällen, deren sofortige Erledigung thunlich ist, kann sie entfallen, und kann sich an die Vorbesprechungen sofort die Verhandlung über die Auseinandersetzung im nämlichen Termine anreihen.

Auch die nachträgliche Zustimmung kann nicht zu Protokoll eines Gerichtsschreibers, sondern nur des zuständigen Richters oder in einer öffentlich beglaubigten Urkunde erfolgen; über die Form dieser siehe B.G.B. § 129. Gleichgiltig ist, ob sie von einem Betheiligten aus eigenem Antriebe oder auf eine nach Abs. 3 erfolgte Aufforderung hin erfolgte.

Die Bestätigung kann auf eine solche freiwillige Erklärung hin auch ertheilt werden, wenn dieselbe von einem Betheiligten abgegeben ist, dessen Vorhandensein dem Gerichte erst im Termine bekannt geworden ist. Dagegen kann gegen nachträglich bekannt gewordene Betheiligte, wenn sie nicht freiwillig zustimmen, nicht nach Abs. 3 vorgegangen werden; sie sind vielmehr zu einem neuen Termine zu laden.

Abs. 3. Die Vorschrift gilt sowohl für den Fall, in welchem mehrere Betheiligte zu einer Vereinbarung gelangt sind, als für den, in welchem die Vorschläge des einzigen Erschienenen entgegengenommen wurden.

Als nicht erschienen ist auch derjenige zu betrachten, welcher sich vor Abschluß der Verhandlung und Beurkundung freiwillig entfernt hat oder nach § 8 mit G.V.G. § 178 wegen Ungebühr aus dem Verhandlungsraum entfernt worden ist. Verweigert ein Erschienener die Erklärungsabgabe, so gilt dies als Widerspruch, und es ist nach § 95 zu verfahren.

Die Bekanntmachung der gepflogenen Verhandlung braucht nur auszugsweise und nur soweit zu erfolgen, als sie den Empfänger betrifft; eine vollständige Abschrift erhält derselbe erst auf Verlangen. Die Bekanntmachung hat nach § 16 Abs. 2 Satz 1 durch Zustellung von Amtswegen (C.P.O. §§ 208 bis 213) zu erfolgen mit Rücksicht auf die zu setzende Frist. Ein Mangel im Inhalt der Bekanntmachung, wie sie in Abs. 1 und 2 vorgeschrieben ist, hindert, wenn der Nichterschienene keine Erklärung abgiebt, den Eintritt der Versäumnißfolge.

Die Versäumniß kann eine doppelte sein:

1. der Ausgebliebene giebt überhaupt keine Erklärung innerhalb der Frist ab; dann wird sein Einverständniß zu der Vereinbarung oder den Vorschlägen angenommen und sofort nach Fristablauf die Bestätigung ertheilt. Materielle Einwendungen gegen die Bestätigung kann sodann der Ausgebliebene nicht mehr geltend machen, da die Anfechtung nur wegen Formfehler zulässig ist (§ 96, vergl. jedoch § 97 Abs. 1);
2. er beantragt Anberaumung eines Termines, zu welchem alle Betheiligten wieder in der Form des § 89 zu laden sind, erscheint aber auch in diesem Termine nicht. Die erschienenen Betheiligten sind in diesem Falle an die frühere Vereinbarung gebunden. Die Wirkung der Terminsversäumung ist dieselbe wie sub 1.

Gegen geschäftsunfähige und in der Geschäftsfähigkeit beschränkte Personen, welche einen gesetzlichen Vertreter haben, können die Versäumißfolgen, wenn die Vereinbarung der Genehmigung des Vormundschaftsgerichtes bedarf (vergl. B.G.B. §§ 1821, 1822), nur in der Weise eintreten, daß zwar die Zustimmung des säumigen gesetzlichen Vertreters anzunehmen ist, zu der so zu präsumirenden Erklärung desselben aber die Genehmigung des Vormundschaftsgerichtes noch zu erholen ist (vergl. auch § 97 Abs. 2).

Ist der Säumige im neuen Termine erschienen, so können abweichende Vereinbarungen getroffen werden, auch wenn solche Betheiligte, welche im ersten Termine erschienen waren, jetzt nicht erschienen sind; gegen diese ist nun wieder nach Abs. 3 zu verfahren.

Die Bestätigung hat in Form eines Beschlusses zu erfolgen und ist mit sofortiger Beschwerde unter den in § 96 aufgeführten Beschränkungen anfechtbar; die Bekanntmachung kann durch Verkündung an die Anwesenden erfolgen (§ 16 Abs. 3), an die Nichterschienenen, oder wenn Verkündigung nicht erfolgt, an alle Betheiligten nach § 16 Abs. 2 Satz 1 durch Zustellung von Amtswegen (C.P.O. §§ 208 bis 213). Abänderung der Bestätigung durch das Nachlaßgericht ist nach § 18 Abs. 2 ausgeschlossen. Ueber Wirkungen der rechtskräftigen Bestätigungen siehe §§ 97, 98.

§ 92.

War im Falle des § 91 der Betheiligte ohne sein Verschulden verhindert, die Anberaumung eines neuen Termins rechtzeitig zu beantragen oder in dem neuen Termine zu erscheinen, so ist ihm auf Antrag von dem Gerichte die Wiedereinsetzung in den vorigen Stand zu ertheilen, wenn er binnen zwei Wochen nach der Beseitigung des Hindernisses die Anberaumung eines neuen Termins beantragt und die Thatsachen, welche die Wiedereinsetzung begründen, glaubhaft macht. Eine Versäumung, die in dem Verschulden eines Vertreters ihren Grund hat, wird als eine unverschuldete nicht angesehen. Nach dem Ablauf eines Jahres, von dem Ende der versäumten Frist an gerechnet, kann die Wiedereinsetzung nicht mehr beantragt werden.

Wiedereinsetzung: Die Vorschrift, welche auch für die Bestätigung der Auseinandersetzung selbst gilt (§ 93 Abs. 2), stimmt wörtlich mit der des § 22 Abs. 2 überein (siehe die Note dortselbst). Mit dem Gesuche ist hier der Antrag auf Anberaumung eines neuen Termines zu verbinden. Ueber das Gesuch entscheidet das Nachlaßgericht, dessen Verfügung nach § 96 mit sofortiger Beschwerde anfechtbar ist; die Bekanntmachung der Verfügung hat daher nach § 16 Abs. 2 Satz 1 durch Zustellung von Amtswegen (C.P.O. §§ 208 bis 213) zu erfolgen.

§ 93.

Sobald nach Lage der Sache die Auseinandersetzung stattfinden kann, hat das Gericht einen Auseinandersetzungsplan anzufertigen. Sind die erschienenen Betheiligten mit dem Inhalte des Planes einverstanden, so hat das Gericht die Auseinandersetzung zu beurkunden. Sind die Betheiligten sämmtlich erschienen, so hat das Gericht die Auseinandersetzung zu bestätigen; dasselbe gilt, wenn die nicht erschienenen Betheiligten ihre Zustimmung zu gerichtlichem Protokoll oder in einer öffentlich beglaubigten Urkunde ertheilen.

Ist ein Betheiligter nicht erschienen, so hat das Gericht nach § 91 Abs. 3 zu verfahren. Die Vorschriften des § 92 finden entsprechende Anwendung.

Auseinandersetzungstermin; Versäumnißfolgen: Ueber die einzelnen Stadien, welche das Verfahren durchlaufen kann, siehe Note zu § 91 am Eingang.

Die Auseinandersetzung kann, wenn umfangreiche vorbereitende Maßregeln nicht erforderlich sind und der Nachlaß feststeht, sofort im ersten Termine erfolgen. Das Gericht hat zunächst alle zur Theilung gelangenden Nachlaßbestandtheile festzustellen und sodann den Theilungsplan zu entwerfen. Ein solcher kann auch von den Betheiligten vorgelegt werden; das Gericht hat denselben aber dann zum Bestandtheil seiner Akten zu machen und im Protokoll zu konstatiren, daß die Betheiligten diesen Plan als gerichtlichen Theilungsplan erachtet wissen wollen.

Beim Mangel der Einigung über den Theilungsplan oder über einzelne Bestandtheile desselben erfolgt Verweisung auf den Rechtsweg (§ 95).

Insoweit eine Einigung — über den ganzen Plan oder einzelne Theile desselben — unter sämmtlichen Betheiligten entweder sofort in Gegenwart derselben oder durch nachträgliche Zustimmung (siehe Note zu § 91 Abs. 2 Satz 2) erzielt ist, hat das Gericht die Auseinandersetzung im nämlichen oder einem neuen von Amtswegen anzuberaumenden Termine zu beurkunden und die Auseinandersetzung zu bestätigen, im Falle der Betheiligung bevormundeter Personen jedoch erst nach erholter Genehmigung des Vormundschaftsgerichtes (vergl. auch § 97 Abs. 2).

Bei Beurkundung der Auseinandersetzung sind die Vorschriften der §§ 167 ff. zu beachten, da dieselbe einen Vertrag enthält.

Die Bestätigung, welche in Form eines Beschlusses zu erfolgen hat, ist mit sofortiger Beschwerde nach Maßgabe des § 96 anfechtbar, daher nach § 16 Abs. 2 Satz 1 durch Zustellung von Amtswegen (C.P.O. §§ 208 bis 213), eventuell nach § 16 Abs. 3 bekannt zu machen. Ueber die Wirkungen der rechtskräftigen Bestätigung siehe §§ 97, 98.

Die Theilung selbst auf Grund des Planes hat das Gericht nicht vorzunehmen. Etwaige Streitigkeiten hiebei entscheidet der Prozeßrichter, ohne daß das Nachlaßgericht eine Vermittelung zu versuchen hätte.

Kommen auch Grundstücke zur Vertheilung, so ist nach B.GB. § 925 regelmäßig außer der gerichtlich bestätigten Auseinandersetzung noch die Auflassung vor dem Grundbuchamt zur Uebertragung des Eigenthums nöthig. Ist aber nach E.G. zum B.G.B. Art. 143 durch Landesgesetz bestimmt, daß die Auflassung vor dem Nachlaßgerichte erklärt werden kann, so kann sie auch im Auseinandersetzungsverfahren erfolgen. Die in § 91 Abs. 3 mit § 93 Abs. 2 ausgesprochene Versäumnißfolge, daß unter den dortigen Voraussetzungen eine Zustimmungserklärung als abgegeben gilt, ist dann auch auf die Auflassung anwendbar. Mit der rechtskräftigen Bestätigung der Auseinandersetzung ist die Auflassung dann als erfolgt anzusehen. Ein Zeugniß des Nachlaßgerichts genügt, um die Umschreibung im Grundbuch bewirken zu können G.B.O. § 99.

§ 94.

Ist vereinbart, daß eine Vertheilung durch das Loos geschehen soll, so wird das Loos, sofern nicht ein Anderes bestimmt ist, für die nicht erschienenen Betheiligten von einem durch das Gericht zu bestellenden Vertreter gezogen.

Loosziehung: Ueber Vertheilung durch Loos siehe B.G.B. § 2042 mit § 752. Die Bestimmung gilt, gleichviel ob das Loos vor oder nach der Anfertigung des Theilungsplanes zu ziehen ist. Voraussetzung der Bestellung eines Vertreters ist, daß der Nichterschienene zu dem Termine rechtswirksam geladen oder der Termin durch Verkündigung bekannt gegeben war; daß der Nichterschienene bei der Terminsverkündigung anwesend war, ist nicht nothwendig (§ 90 Abs. 2).

Die Loosziehung durch den Vertreter unterliegt keiner Bemängelung.

§ 95.

Ergeben sich bei den Verhandlungen Streitpunkte, so ist ein Protokoll darüber aufzunehmen und das Verfahren bis zur Erledigung der Streitpunkte auszusetzen. Soweit bezüglich der unstreitigen Punkte die Aufnahme einer Urkunde ausführbar ist, hat das Gericht nach den §§ 91, 93 zu verfahren.

Verfahren bei Streitpunkten: Die Vorschrift betrifft sowohl Streitigkeiten im vorbereitenden wie im Auseinandersetzungsverfahren. Zur Entscheidung derselben ist der Prozeßrichter berufen; das Nachlaßgericht hat nur die Streitpunkte festzustellen. Soweit kein Streit besteht, wird das Verfahren wie gewöhnlich durchgeführt; es kann die Auseinandersetzung, soweit sie nicht durch die Streitpunkte berührt ist, durch Anfertigung des Theilungsplanes und Bestätigung desselben erfolgen.

§ 96.

Gegen den Beschluß, durch welchen eine vorgängige Vereinbarung oder eine Auseinandersetzung bestätigt, sowie gegen den Beschluß, durch welchen über den Antrag auf Wiedereinsetzung in den vorigen Stand entschieden wird, findet die sofortige Beschwerde statt. Die Beschwerde gegen den Bestätigungsbeschluß kann nur darauf gegründet werden, daß die Vorschriften über das Verfahren nicht beobachtet seien.

Rechtsmittel: Ueber sofortige Beschwerde vergl. § 22 Abs. 1, Bestätigungsbeschluß §§ 91, 93, Wiedereinsetzung § 92.

Gegen hier nicht aufgeführte Verfügungen im Auseinandersetzungsverfahren ist die einfache Beschwerde gegeben; dieselbe kann jedoch nicht mehr mit Erfolg eingelegt werden, soweit durch eine Aenderung der angefochtenen Verfügung ein bereits rechtskräftiger Bestätigungsbeschluß eine Aenderung erleiden würde.

Hinsichtlich der Bestätigungsbeschlüsse ist die Geltendmachung materiellrechtlicher Einwendungen im Beschwerdeverfahren ausgeschlossen; über die Form der Geltendmachung siehe Note zu § 97. Einwendungen gegen das Verfahren werden insbesondere aus einer Verletzung der Vorschriften der §§ 90 Abs. 1 über die Ladungsfrist, §§ 89, 91 über die Zustellung sowie §§ 91 Abs. 3, 93 Abs. 2 über die Versäumnißfolgen abgeleitet werden können.

§ 97.

Eine vorgängige Vereinbarung, sowie eine Auseinandersetzung ist nach dem Eintritte der Rechtskraft des Bestätigungsbeschlusses für alle Betheiligten in gleicher Weise verbindlich wie eine vertragsmäßige Vereinbarung oder Auseinandersetzung.

Bedarf ein Betheiligter zur Vereinbarung oder zur Auseinandersetzung der Genehmigung des Vormundschaftsgerichts, so ist, wenn er im Inlande keinen Vormund, Pfleger oder Beistand hat, für die Ertheilung oder die Verweigerung an Stelle des Vormundschaftsgerichts das Nachlaßgericht zuständig.

Wirkung der bestätigten Vereinbarung und Auseinandersetzung:

Abs. 1. Die nach § 91 getroffenen Vereinbarungen und die nach § 93 erfolgte Auseinandersetzung verlieren durch die gerichtliche Bestätigung nicht ihren Charakter als privatrechtliche Vereinbarungen beziehungsweise Rechtsgeschäfte. Sie sind trotz der rechtskräftigen Bestätigung nur unter denselben Voraussetzungen rechtsgiltig wie gewöhnliche Verträge und unterliegen denselben Nichtigkeits- und Anfechtungsgründen, so Irrthum, Zwang, Betrug (B.G.B. §§ 116 ff.; Mangel der Genehmigung des Vormundschaftsgerichts, wo diese nothwendig ist (B.G.B. § 1821 Nr. 1, § 1822 Nr. 1 bis 3) macht die Vereinbarung und die Auseinandersetzung für den Bevormundeten unverbindlich.

Die Geltendmachung von Nichtigkeits- oder Anfechtungsgründen erfolgt nicht im Wege der Beschwerde, sondern wie bei jedem Vertrage im Prozeßwege.

Abs. 2. Bedürfen Erklärungen, welche von einem Vormunde, Pfleger, Beistand oder wie das ausländische Recht ihn sonst nennen mag, abzugeben sind, nach dem maßgebenden Rechte der Genehmigung des Vormundschaftsgerichts, so ist diese mit Wirksamkeit für und gegen alle Betheiligten an Stelle der ausländischen Vormundschaftsbehörde von dem Gericht zu ertheilen (bezw. zu verweigern), welches die Nachlaßauseinandersetzung behandelt. Eine etwa gegentheilige Entscheidung der ausländischen Vormundschaftsbehörde über Ertheilung oder Versagung der Genehmigung ist für die Wirksamkeit der Auseinandersetzung und der Bestätigung im Inland ohne Einfluß.

Hat dagegen eine im Auslande zu bevormundende Person überhaupt keinen Vormund, so haben die übrigen Betheiligten für die Bestellung eines solchen Sorge zu tragen, um die Auseinandersetzung zu ermöglichen. Die Geschäftsfähigkeit bemißt sich nach den Gesetzen des Staats, dem die Person angehört (E.G. zum B.G.B. Art. 7).

§ 98.

Aus einer vorgängigen Vereinbarung sowie aus einer Auseinandersetzung findet nach dem Eintritte der Rechtskraft des Bestätigungsbeschlusses die Zwangsvollstreckung statt. Die Vorschriften der §§ 795, 797 der Civilprozeßordnung finden Anwendung.

Zwangsvollstreckung: Die vorgängige Vereinbarung (§ 91) wie die Auseinandersetzung (§ 93) ist, versehen mit der rechtskräftigen Bestätigung, Vollstreckungstitel hinsichtlich der darin festgestellten Ansprüche unter den Erben. Ueber Rechtskraft vergl. Note zu §§ 26 und 31.

Auf die Zwangsvollstreckung finden nach C.P.O. § 795 die Vorschriften der §§ 724 bis 793 dortselbst entsprechende Anwendung. Nach C.P.O. § 797 Abs. 1 und 2 ertheilt die vollstreckbare Ausfertigung der Gerichtsschreiber des Nachlaßgerichts, und wenn nach E.G. zum B.G.B. Art. 147 den Notaren die Nachlaßbehandlung übertragen ist, der Notar, welcher den Nachlaß behandelt hat und daher die Urkunden verwahrt. § 797 Abs. 3—5 behandelt die Zuständigkeit zur Verbescheidung von Einwendungen gegen die Vollstreckungsklausel, gegen den geltend gemachten Anspruch, zur Entscheidung über Ertheilung einer weiteren vollstreckbaren Ausfertigung, für Klagen auf Ertheilung der Vollstreckungsklausel.

§ 99.

Nach Beendigung einer ehelichen Gütergemeinschaft oder einer fortgesetzten Gütergemeinschaft finden auf die Auseinandersetzung in Ansehung des Gesammtguts die Vorschriften der §§ 86 bis 98 entsprechende Anwendung.

Für die Auseinandersetzung ist, falls ein Antheil an dem Gesammtgute zu einem Nachlasse gehört, das Amtsgericht zuständig, welches für die Auseinandersetzung in Ansehung des Nachlasses zuständig ist. Im Uebrigen ist das Amtsgericht zuständig, in dessen Bezirke der Ehemann oder bei fortgesetzter Gütergemeinschaft der überlebende Ehegatte zur Zeit der Beendigung der Gütergemeinschaft seinen Wohnsitz oder in Ermangelung eines inländischen Wohnsitzes seinen Aufenthalt hatte. Hatte der Ehemann oder Ehegatte zu der bezeichneten Zeit im Inlande weder Wohnsitz noch Aufenthalt, so finden die Vorschriften des § 73 Abs. 2 entsprechende Anwendung.

Auseinandersetzung der Gütergemeinschaft: Jede Gütergemeinschaft kann durch Vertrag aufgehoben werden (B.G.B. § 1432); die allgemeine Gütergemeinschaft endet nach

§§ 1468 bis 1470, die Errungenschaftsgemeinschaft nach §§ 1542 bis 1544, die Fahrnißgemeinschaft nach §§ 1549, 1557, die nach dem Tode fortgesetzte Gütergemeinschaft nach §§ 1492 bis 1496. Die Auseinandersetzung erfolgt bei der allgemeinen Gütergemeinschaft nach §§ 1474 bis 1481, bei Errungenschaftsgemeinschaft nach § 1546, bei Fahrnißgemeinschaft nach § 1549, bei fortgesetzter Gütergemeinschaft nach §§ 1497 bis 1505.

Auch hier tritt die gerichtliche Auseinandersetzung nur auf Antrag eines Theiles ein, selbst wenn die Aufhebung der Gütergemeinschaft durch Urtheil ausgesprochen ist.

Das zur Nachlaßauseinandersetzung zuständige Gericht (§§ 73, 86) ist auch zur Auseinandersetzung der Gütergemeinschaft zuständig, wenn diese durch den Tod eines Ehegatten aufgelöst ist und ein gemeinschaftlicher Abkömmling nicht vorhanden, und deshalb die Fortsetzung der Gütergemeinschaft ausgeschlossen ist (B.G.B. § 1482). Im Uebrigen ist die Zuständigkeit analog den Vorschriften in § 73 Abs. 1 und 2 geregelt (vergl. Note dortselbst), nur tritt an Stelle des Erblassers der Ehemann, bezw. der überlebende Ehegatte. Maßgebend für die Zuständigkeit ist der Zeitpunkt der Aufhebung der Gütergemeinschaft, nicht des gestellten Antrages.

Nach § 193 kann die ausschließliche oder konkurrirende Zuständigkeit anderer Behörden, insbesondere der Notare durch Landesgesetz geschaffen sein.

Sechster Abschnitt.

Schiffspfandrecht.

§ 100.

In Ansehung eines Pfandrechts an einem im Schiffsregister eingetragenen Schiffe soll, soweit nicht das Gesetz ein Anderes vorschreibt, eine Eintragung nur auf Antrag erfolgen. Der Zeitpunkt, in welchem der Antrag bei der Registerbehörde eingeht, soll auf dem Antrage genau vermerkt werden.

Antragsberechtigt ist Jeder, dessen Recht von der Eintragung betroffen wird oder zu dessen Gunsten die Eintragung erfolgen soll. Die Vorschriften der §§ 14 bis 18 der Grundbuchordnung finden entsprechende Anwendung.

Vorbemerkung: Die Vorschriften des VI. Abschnittes regeln das Verfahren auf Eintragung in das Schiffsregister, haben also nur das Pfandrecht an registrirten Schiffen zum Gegenstand; dieses ist in B.G.B. §§ 1259 ff. besonders geregelt.

Ueber die Einrichtung der Register sowie darüber, welche Schiffe in das Register einzutragen sind, enthält weder das Bürgerliche Gesetzbuch noch dieses Gesetz Vorschriften; es bleiben die geltenden Vorschriften unberührt, und kann nach § 200 die Landesgesetzgebung ergänzend eingreifen.

Vergl. über Registrirung von Seeschiffen das Gesetz betr. die Nationalität der Kauffahrteischiffe und ihre Befugniß zur Führung der Bundesflagge vom 25. Oktober 1867 (Bundesgesetzblatt S. 35), Gesetz betr. die Registrirung und Bezeichnung der Kauffahrteischiffe vom 28. Juni 1873 (R.G.Bl. Seite 184), Gesetz betr. die Befugniß von Seefahrzeugen, welche der Gattung der Kauffahrteischiffe nicht angehören, zur Führung der Reichsflagge vom 15. April 1885 (R.G.Bl. Seite 89), Gesetz betr. die Aenderung des Gesetzes über die Nationalität der Kauffahrteischiffe vom 23. Dezember 1888 (R.G.Bl. Seite 300), hinsichtlich der Registrirung von Binnenschiffen das Gesetz betr. die privatrechtlichen Verhältnisse der Binnenschifffahrt vom 15. Juni 1897 (in neuer Textirung bekannt gemacht im R.G.Bl. 1898 Nr. 25 Seite 868) §§ 119 bis 129.

Die allgemeinen Vorschriften des I. Abschnittes finden nur auf die Registerführung für Binnenschiffe Anwendung, da nach B.Sch.G. § 120 Abs. 1 mit § 125 dieses Gesetzes die Führung der Schiffsregister den Amtsgerichten übertragen ist, und falls auf Grund B.Sch.G. § 120 Abs. 2 nach Landesgesetz andere als gerichtliche Behörden zuständig sind, die Anwendbarkeit nach § 194 dieses Gesetzes feststeht. Hinsichtlich der Seeschiffe ist es nach § 3 des Gesetzes vom 25. Oktober 1867 der Landesgesetzgebung überlassen, die zur Registerführung zuständige Behörde zu bestimmen (Aenderung dieser Bestimmung ist in Aussicht genommen), weshalb hier die Vorschriften des I. Abschnittes nicht Anwendung finden.

Eintragung auf Antrag: **Abs. 1.** Ein Pfandrecht an einem registrirten Schiffe kann entstehen durch Bestellung (B.G.B. § 1260) oder kraft Gesetzes (H.G.B. §§ 754 bis 777 und B.Sch.G. §§ 102 bis 107); auf beide Fälle findet § 100 Anwendung. Was für das Pfandrecht an einem Schiffe gilt, findet auch auf das Pfandrecht an einer Schiffspart Anwendung (H.G.B. § 774, B.G.B. § 1272).

Regel ist Eintragung nur auf Antrag; über Eintragung auf Ersuchen einer Behörde siehe § 110. Ausnahmsweise sind Eintragungen von Amtswegen vorgeschrieben in §§ 100 Abs. 2 mit G.B.O. § 18 Abs. 2, §§ 116, 118, 119, auf Anweisung des Beschwerdegerichts in §§ 122, 123.

Da der Zeitpunkt des Einganges des Antrages bei der Registerbehörde regelmäßig für die Reihenfolge der Anträge (§ 114) und damit für das Rangverhältniß bestimmend ist (B.G.B. § 1261 mit § 879) muß die Zeit des Eingangs nicht nur dem Tage, sondern auch der Tageszeit nach (Stunde, nöthigenfalls Minute) vermerkt werden.

Abs. 2. Die Antragsberechtigung kann sich aus dem Register ergeben, muß dies aber nicht; als berechtigt kann auch derjenige in Betracht kommen, welcher eine Forderung, zu Gunsten deren ein Pfandrecht besteht, erworben hat, oder dem sie verpfändet ist, oder der nachstehende Berechtigte, wenn ein vorstehendes Recht gelöscht werden soll. Von der Eintragung betroffen ist überhaupt Jeder, dessen Rechtslage nach dem Inhalte der Eintragung eine Aenderung erleidet; zu Gunsten einer Person erfolgt eine Eintragung dann, wenn nach der Eintragung die Rechtslage derselben eine günstigere ist.

Besondere Vorschriften über die Antragsberechtigung und den Vollzug von Anträgen, welche auf das Schiffsregister entsprechend Anwendung finden, enthält die Grundbuchordnung:

§ 14. Die Berichtigung des Grundbuchs (Schiffsregisters) durch Eintragung eines Berechtigten darf auch von demjenigen beantragt werden, welcher auf Grund eines gegen den Berechtigten vollstreckbaren Titels eine Eintragung in das Grundbuch (Schiffsregister) verlangen kann, sofern die Zulässigkeit dieser Eintragung von der vorgängigen Berichtigung des Grundbuchs (Schiffsregisters) abhängt.

Vergl. hiezu B.G.B. § 1263 mit §§ 894, 895. Berechtigter im Sinne der Vorschrift ist der thatsächliche Eigenthümer oder Gläubiger, welcher als solcher noch nicht eingetragen ist. Erforderlich ist ein Vollstreckungstitel, welcher ein Recht auf eine Eintragung gewährt; bedarf der Kläger zur Ermöglichung der Eintragung weiterer Urkunden, so ist C.P.O. §§ 792, 896 zu beachten.

§ 15. Ist die zu einer Eintragung erforderliche Erklärung von einem Notar beurkundet oder beglaubigt, so gilt dieser als ermächtigt im Namen eines Antragsberechtigten die Eintragung zu beantragen.

Vergl. Note zu § 129.

§ 16. Einem Eintragungsantrage, dessen Erledigung an einen Vorbehalt geknüpft wird, soll nicht stattgegeben werden.

Werden mehrere Eintragungen beantragt, so kann von dem Antragsteller bestimmt werden, daß die eine Eintragung nicht ohne die andern erfolgen soll.

Der Vorbehalt darf sich nur auf die Erledigung des Antrags, nicht auf das einzutragende Recht beziehen.

§ 17. Werden mehrere Eintragungen beantragt, durch die dasselbe Recht betroffen wird, so darf die später beantragte Eintragung nicht vor der Erledigung des früher gestellten Antrages erfolgen.

Vergl. § 114 und G.B.O. § 18 Abs. 2.

§ 18. Steht einer beantragten Eintragung ein Hinderniß entgegen, so hat das Grundbuchamt (die Registerbehörde) entweder den Antrag unter Angabe der Gründe zurückzuweisen oder dem Antragsteller eine angemessene Frist zur

Hebung des Hindernisses zu bestimmen. Im letzteren Falle ist der Antrag nach dem Ablaufe der Frist zurückzuweisen, wenn nicht inzwischen die Hebung des Hindernisses nachgewiesen ist.

Wird vor der Erledigung des Antrags eine andere Eintragung beantragt, durch die dasselbe Recht betroffen wird, so ist zu Gunsten des früher gestellten Antrags von Amtswegen eine Vormerkung oder ein Widerspruch einzutragen; die Eintragung gilt im Sinne des § 17 als Erledigung dieses Antrags. Die Vormerkung oder der Widerspruch wird von Amtswegen gelöscht, wenn der früher gestellte Antrag zurückgewiesen wird.

§ 101.

Eine Eintragung erfolgt, wenn derjenige sie bewilligt, dessen Recht von ihr betroffen wird.

Eintragungsbewilligung: Ueber die formellen Voraussetzungen der Eintragung siehe § 111 Abs. 1, über den Inhalt derselben § 113 und B.G.B. § 1260 Abs. 2.

Materielle Voraussetzung der Eintragung ist die Einwilligung desjenigen, dessen Recht von ihr betroffen wird (vergl. hierüber Note zu § 100 Abs. 1), bei mehreren Betroffenen sämmtlicher; über den Inhalt der Einwilligungserklärung siehe § 106, über deren Form § 107. Die thatsächliche Einwilligung wird ersetzt durch ein Urtheil auf Einwilligung (C.P.O. §§ 894, 895).

Die Legitimation zur Eintragungsbewilligung hat die Registerbehörde zu prüfen; legitimirt ist insbesondere der Eigentümer des Schiffs, der Inhaber eines Rechts, an welchem ein Recht eingetragen werden soll (B.G.B. §§ 1068, 1273); wenn es sich um Berichtigung des Registers handelt, der als berechtigt Eingetragene (B.G.B. § 1263 mit § 894 ff.; vergl. auch §§ 105, 111 Abs. 1).

Die Eintragungsbewilligung ist entbehrlich in den Fällen der §§ 102 bis 104, nicht genügend im Falle des § 105.

Vergl. G.B.O. § 19.

§ 102.

Zur Berichtigung des Schiffsregisters bedarf es der Bewilligung desjenigen, dessen Recht von der Berichtigung betroffen wird, nicht, wenn die Unrichtigkeit nachgewiesen wird. Dies gilt insbesondere für die Eintragung oder Löschung einer Verfügungsbeschränkung.

Berichtigung des Schiffsregisters: Diese sieht B.G.B. § 1263 nur für den Fall vor, daß der Inhalt des Registers in Ansehung eines Pfandrechts mit der wirklichen Rechtslage nicht in Einklang steht. Die Berichtigung tritt ein, wenn die Eintragung von Anfang an unrichtig gewesen ist, oder wenn sie es erst durch nachträglich erfolgte Aenderungen der Rechtslage geworden ist. So kann derjenige, welcher den Pfandgläubiger befriedigt hat, ohne Einwilligung des in seinem Rechte Betroffenen (Ausnahme von § 101) die Löschung erwirken (vergl. B.G.B. §§ 1224 f., 1255 f., 1267). Ueber den Schutz des Erwerbers einer durch Pfand gesicherten Forderung siehe § 104.

Den Nachweis der Unrichtigkeit hat der Antragsteller zu erbringen und zwar in der in § 107 vorgeschriebenen Form.

Ueber Eintragung oder Löschung von Verfügungsbeschränkungen siehe B.G.B. §§ 135 f., 2211. Derjenige, zu Gunsten dessen ein Veräußerungsverbot besteht, der Testamentsvollstrecker kann die Eintragung, derjenige, gegen welchen die Beschränkung bestand, nach deren Wegfall die Löschung erwirken.

Vergl. G.B.O. § 22.

§ 103.

Ist eine Vormerkung oder ein Widerspruch auf Grund einer einstweiligen Verfügung eingetragen, so bedarf es zur Löschung nicht der Bewilligung des Berechtigten, wenn die einstweilige Verfügung durch eine vollstreckbare Entscheidung aufgehoben ist. Diese Vorschrift findet entsprechende Anwendung, wenn auf Grund eines vorläufig vollstreckbaren Urtheils nach den Vorschriften der Civilprozeßordnung eine Vormerkung oder ein Widerspruch eingetragen ist.

Löschung einer Vormerkung oder eines Widerspruchs: Die Vorschrift bezieht sich auf die prozessualen einstweiligen Verfügungen, welche nach Maßgabe von C.P.O. §§ 935 ff., insbesondere § 938 und 942 Abs. 2 erwirkt werden und deren Löschung nach § 936 mit §§ 924 bis 927, §§ 939, 942 Abs. 3 erfolgt.

Der Löschungsantrag ist von dem durch die Eintragung Betroffenen zu stellen; der Einwilligung des durch dieselbe Begünstigten und durch die Löschung seines Rechtes Beraubten bedarf es nicht (Ausnahme von § 101).

Dasselbe gilt hinsichtlich einer nach C.P.O. § 895 erfolgten Eintragung einer Vormerkung oder eines Widerspruchs und dessen Löschung, wenn eine vollstreckbare Entscheidung erlangt ist, durch welche die frühere Entscheidung, auf Grund deren die Eintragung erfolgte, aufgehoben ist.

Die Registerbehörde hat die Vollstreckbarkeit der Entscheidung vor der Löschung zu prüfen; vergl. C.P.O. §§ 704, 724, 726 f.

Vergl. G.B.O. § 25.

§ 104.

Soll die Uebertragung einer Forderung, für die

ein Pfandrecht am Schiffe eingetragen ist oder für die ein solches Pfandrecht als Pfand haftet, eingetragen werden, so genügt es, wenn an Stelle der Eintragungsbewilligung die Abtretungserklärung des bisherigen Gläubigers vorgelegt wird.

Diese Vorschrift findet entsprechende Anwendung, wenn eine Belastung der Forderung eingetragen werden soll.

Uebertragung der Forderung: Abs. 1. Vergl. über Uebertragung der Forderung B.G.B. §§ 398 ff., über Haftung eines Pfandrechtes als Pfand §§ 1273 ff.

Voraussetzung der Eintragung ist lediglich Vorlage der Abtretungserklärung, welche der in § 107 vorgeschriebenen Form bedarf; vergl. auch B.G.B. § 403; der Einwilligung des bisher als berechtigt Eingetragenen bedarf es nicht.

Die Abtretungserklärung wird ersetzt durch einen gerichtlichen Ueberweisungsbeschluß im Zwangsvollstreckungsverfahren (C.P.O. § 836).

Bei Uebergang der Forderung kraft Gesetzes (B.G.B. §§ 412, 426 Abs. 2, 774, 1143, 1438 Abs. 2 und 3, 1519 Abs. 2) genügt ein in der Form des § 107 abgegebenes Anerkenntniß des Eintritts des Uebergangs Seitens des bisher Forderungsberechtigten.

Abs. 2. Ueber die Belastung der Forderung mit Nießbrauch vergl. B.G.B. §§ 1068 f., mit Pfandrecht §§ 1273 ff. Hier genügt es, wenn eine der Vorschriften des § 107 entsprechende Urkunde über die Einräumung des Nießbrauchs, die Bestellung des Pfandrechts vorgelegt wird.

Vergl. G.B.O. § 26.

§ 105.

Ein Pfandrecht am Schiffe darf nur mit Zustimmung des eingetragenen Eigenthümers, ein das Pfandrecht belastendes Recht nur mit Zustimmung des eingetragenen Pfandgläubigers gelöscht werden. Für eine Löschung, die zur Berichtigung des Schiffsregisters erfolgen soll, ist die Zustimmung nicht erforderlich, wenn die Unrichtigkeit des Registers nachgewiesen wird.

Zustimmung zur Löschung: Vergl. B.G.B. §§ 1255, 1276. Eingetragener Eigenthümer bezw. Pfandgläubiger ist derjenige, welcher thatsächlich Eigenthümer bezw. Pfandgläubiger ist und als solcher auch eingetragen ist; vergl. § 111 Abs. 1. Ueber Rechte am Pfandrecht siehe B.G.B. §§ 1068 ff., 1273 ff.

Ueber Berichtigung des Schiffsregisters siehe B.G.B. § 1263 mit §§ 894 ff. und Note zu § 102, über Nachweis der Unrichtigkeit ebenda.

Die Löschung setzt voraus die Bewilligung desjenigen, dessen Recht nach der Löschung untergeht und die Bewilligung des Eigenthümers bezw. Pfandgläubigers; erstere genügt allein nicht (Ausnahme von § 101).

Die Löschungsbewilligung hat in der Form des § 107 zu erfolgen. Ueber Löschung von Amtswegen siehe § 119.

Vergl. G.B.O. § 27.

§ 106.

In der Eintragungsbewilligung oder, wenn eine solche nicht erforderlich ist, in dem Eintragungsantrage sind der Name und die Ordnungsnummer, unter welcher das Schiff im Schiffsregister eingetragen ist, sowie die einzutragenden Geldbeträge in Reichswährung anzugeben.

Inhalt der Eintragungsbewilligung: Ueber Eintragungsbewilligung siehe § 101, über Fälle, in welchen dieselbe nicht erforderlich ist §§ 102 bis 104, 110. Die Vorschrift ist zwingender Natur; im Falle eines Mangels in dieser Richtung ist nach § 100 Abs. 2 mit G.B.O. § 18 Abs. 1 zu verfahren.

Ueber Bezeichnung des Schiffes siehe Gesetz vom 25. Oktober 1867 § 6, B.Sch.G. §§ 124, 125 Abs. 1.

Vergl. G.B.O. § 28.

§ 107.

Eine Eintragung soll nur erfolgen, wenn die Eintragungsbewilligung oder die sonstigen zu der Eintragung erforderlichen Erklärungen vor der Registerbehörde zu Protokoll gegeben oder durch öffentliche oder öffentlich beglaubigte Urkunden nachgewiesen werden.

Andere Voraussetzungen der Eintragung bedürfen, soweit sie nicht bei der Registerbehörde offenkundig sind, des Nachweises durch öffentliche Urkunden. Die Vorschriften der §§ 33 bis 38 der Grundbuchordnung finden entsprechende Anwendung.

Voraussetzungen der Eintragung: Abs. 1. Die Vorschrift ist Ordnungsvorschrift, und hat ihre Verletzung keine materiellrechtlichen Wirkungen. Siehe über Eintragungsbewilligung § 101, sonstige Erklärungen §§ 102, 104, 105, ferner B.G.B. § 1255 (Erklärung über Aufhebung des Pfandrechtes).

Registerbehörde ist bei Binnenschiffen regelmäßig das Amtsgericht (vergl. über örtliche Zuständigkeit B.Sch.G. § 122), bei Seeschiffen die landesgesetzlich bestimmte Behörde (siehe Note zu § 100). Erforderlich ist ein Protokoll der Registerbehörde, also des Registerbeamten (Richters) selbst, nicht des Gerichtsschreibers; über die Form der Protokollirung bestimmt das Nähere die Landesgesetzgebung (§ 200).

Ueber den Begriff der öffentlichen Urkunde siehe C.P.O. § 415; es müssen nicht gerichtliche oder notarielle Urkunden sein; über öffentliche Beglaubigung siehe B.G.B. § 129, ferner §§ 167 Abs. 2, 183 dieses Gesetzes.

Abs. 2. Offenkundig sind bei der Registerbehörde solche Thatsachen, welche dem Registerbeamten als solchem, nicht in privater Eigenschaft bekannt sind, sei es, daß die Thatsachen auch außeramtlichen Kreisen oder nur innerhalb der Behörde bekannt sind. Nicht offenkundig sind Thatsachen, welche sich aus den Registern oder sonstigen Akten der Behörde ergeben, von denen aber der Beamte erst durch Einsichtnahme sich Kenntniß verschaffen muß.

Bei anderen als den in Abs. 1 aufgeführten Voraussetzungen der Eintragung genügen öffentlich beglaubigte Urkunden zum Nachweise der darin abgegebenen Erklärungen nicht.

Soweit die nachstehend aufgeführten Bestimmungen der Grundbuchordnung, welche die Erbringung eines Nachweises für besondere Fälle regeln, entsprechende Anwendung finden, tritt an Stelle des Grundbuchamts die Registerbehörde; was für die Hypothek 2c. vorgeschrieben ist (§§ 37, 38), gilt hier für das Pfandrecht am Schiffe.

G.B.O. § 33. Der Nachweis, daß der Vorstand einer Aktiengesellschaft aus den im Handelsregister eingetragenen Personen besteht, wird durch ein Zeugniß des Gerichts über die Eintragung geführt.

Das Gleiche gilt von dem Nachweise der Befugniß zur Vertretung einer offenen Handelsgesellschaft, einer Kommanditgesellschaft, einer Kommanditgesellschaft auf Aktien oder einer Gesellschaft mit beschränkter Haftung.

§ 34. Der Nachweis, daß zwischen Ehegatten Gütertrennung oder ein vertragsmäßiges Güterrecht besteht oder daß ein Gegenstand zum Vorbehaltsgut eines Ehegatten gehört, wird durch ein Zeugniß des Gerichts über die Eintragung des güterrechtlichen Verhältnisses im Güterrechtsregister geführt.

Vergl. hiezu B.G.B. §§ 1558 ff.

§ 35. Ist in den Fällen der §§ 33, 34 das Grundbuchamt zugleich das Registergericht, so genügt statt des Zeugnisses die Bezugnahme auf das Register.

§ 36. Der Nachweis der Erbfolge kann nur durch einen Erbschein geführt werden. Beruht jedoch die Erbfolge auf einer Verfügung von Todeswegen, die in einer öffentlichen Urkunde enthalten ist, so genügt es, wenn an Stelle des Erbscheins die Verfügung und das Protokoll über die Eröffnung der Verfügung vorgelegt werden; erachtet das Grundbuchamt die Erbfolge durch diese Urkunden nicht für nachgewiesen, so kann es die Vorlegung eines Erbscheins verlangen.

Das Bestehen der fortgesetzten Gütergemeinschaft sowie die Befugniß eines Testamentsvollstreckers zur Verfügung über einen Nachlaßgegenstand ist nur auf Grund der in den §§ 1507, 2368 des Bürgerlichen Gesetzbuchs vorgesehenen Zeugnisse als nachgewiesen anzunehmen; auf den Nachweis der Befugniß des Testamentsvollstreckers finden jedoch die Vorschriften des Abs. 1 Satz 2 entsprechende Anwendung.

Vergl. über Erbschein B.G.B. §§ 2353 bis 2355, §§ 2365 bis 2367. Neben einem vom Erblasser eigenhändig geschriebenen und unterschriebenen Testamente (B.G.B. §§ 2231 Nr. 2, 2267) ist stets die Vorlage des Erbscheines nöthig; über Testamentserrichtung in öffentlicher Urkunde siehe B.G.B. § 2231 Nr. 1, über Abschluß eines Erbvertrags § 2276.

§ 37. Soll bei einer zu einem Nachlasse gehörenden Hypothek, Grundschuld oder Rentenschuld einer von mehreren Erben als neuer Gläubiger eingetragen werden, so genügt zum Nachweise der Erbfolge und der Eintragungsbewilligung der Erben ein Zeugniß des Nachlaßgerichts.

Das Zeugniß darf nur ausgestellt werden, wenn die Voraussetzungen für die Ertheilung eines Erbscheins vorliegen und die Erklärungen der Erben vor dem Nachlaßgerichte zu Protokoll gegeben oder durch öffentliche oder öffentlich beglaubigte Urkunden nachgewiesen sind.

Abs. 2 des § 37 enthält eine Anweisung an das Nachlaßgericht; vergl. §§ 91, 93 dieses Gesetzes.

§ 38. Die Vorschriften des § 37 finden entsprechende Anwendung, wenn bei einer Hypothek, Grundschuld oder Rentenschuld, die zu dem Gesammtgut einer ehelichen Gütergemeinschaft oder einer fortgesetzten Gütergemeinschaft gehört, ein Betheiligter, auf den das Recht bei der Auseinandersetzung übertragen ist, als neuer Gläubiger eingetragen werden soll.

Vergl. Note zu §§ 86 und 99.

§ 108.

Für den Eintragungsantrag sowie für die Vollmacht zur Stellung eines solchen gelten die Vorschriften des § 107 Abs. 1 nur, wenn durch den Antrag zugleich eine zu der Eintragung erforderliche Erklärung ersetzt werden soll.

Form des Eintragungsantrages und der Vollmacht: Weder der Eintragungsantrag noch die Vollmacht zur

Stellung desselben bedürfen besonderer Form, außer wenn in dem Antrage zugleich eine Eintragungsbewilligung oder eine sonst zur Eintragung erforderliche Erklärung enthalten ist; vergl. Note zu § 107 Abs. 1.

Ueber Antragsrecht des Notars ohne ausdrückliche Bevollmächtigung siehe § 100 Abs. 2 mit G.B.O. § 15; wegen Zurücknahme und Widerruf von Antrag oder Vollmacht § 109.

Vergl. G.B.O. § 30.

§ 109.

Erklärungen, durch die ein Eintragungsantrag zurückgenommen oder eine zur Stellung des Eintragungsantrags ertheilte Vollmacht widerrufen wird, bedürfen der im § 107 Abs. 1 vorgeschriebenen Form.

Form der Zurücknahme des Eintragungsantrags: Die Vorschrift gilt auch, wenn Antrag und Vollmacht hiezu keiner Form bedurften (§ 107). Ist die Form nicht gewahrt, so darf die Registerbehörde die betreffenden Erklärungen nicht berücksichtigen; sie muß insbesondere einen formlos zurückgenommenen Antrag vollziehen. Vergl. G.B.O. § 32.

§ 110.

In den Fällen, in denen nach gesetzlicher Vorschrift eine Behörde befugt ist, die Registerbehörde um eine Eintragung zu ersuchen, erfolgt die Eintragung auf Grund des Ersuchens der Behörde.

Eintragung auf Ersuchen einer Behörde: Die Befugniß der Behörde zum Eintragungsantrag kann sich auf Reichs- oder Landesrecht stützen; vergl. z. B. § 54 Abs. 2. Die Registerbehörde hat die gesetzliche Antragsbefugniß zu prüfen und, wenn diese gegeben ist, die Eintragung ohne Rücksicht auf die mangelnde Einwilligung desjenigen, dessen Recht betroffen wird (§ 101), zu vollziehen. Die Behörde hat auch die sonstigen einem Antragsberechtigten zustehenden Befugnisse (vergl. G.B.O. § 14); die Befugniß zur Löschung hat jedoch die Behörde nicht (§ 105). Gegenüber dem Ersuchen finden die Vorschriften der §§ 111 Abs. 1, 100 Abs. 2 mit G.B.O. §§ 16—18 Anwendung.

Vergl. G.B.O. § 39.

§ 111.

Eine Eintragung soll nur erfolgen, wenn derjenige, dessen Recht durch sie betroffen wird, als der Berechtigte eingetragen ist.

Ist derjenige, dessen Recht durch eine Eintragung betroffen wird, Erbe des eingetragenen Berechtigten, so findet die Vorschrift des Abs. 1 keine Anwendung, wenn die Uebertragung oder die Aufhebung des Rechtes eingetragen werden soll oder wenn der Eintragungsantrag durch die Bewilligung des Erblassers oder eines Nachlaßpflegers oder durch einen gegen den Erblasser oder den Nachlaßpfleger vollstreckbaren Titel begründet wird. Das Gleiche gilt für eine Eintragung auf Grund der Bewilligung eines Testamentsvollstreckers oder auf Grund eines gegen diesen vollstreckbaren Titels, sofern die Bewilligung oder der Titel gegen den Erben wirksam ist.

Vorherige Eintragung des Berechtigten: **Abs. 1.** Die Bestimmung ist bloße Ordnungsvorschrift, deren Nichtbeachtung auf die Eintragung keinen Einfluß hat.

Erkennt die Registerbehörde aus dem gestellten Eintragungsantrage, daß derjenige, dessen Recht durch den Antrag betroffen wird, noch nicht als Berechtigter eingetragen ist, also das Register mit der wirklichen Rechtslage nicht übereinstimmt, so soll es die Eintragung ablehnen, soweit nicht die Vorschriften in Abs. 2 oder § 112 eine Abweichung gestatten. Die Berichtigung des Registers kann nach B.G.B. §§ 1263 mit 895 und § 100 Abs. 2 mit G.B.O. § 14 herbeigeführt werden.

Die Registerbehörde hat aber auch darauf zu achten, ob nicht mehrere gleichzeitig beantragte Eintragungen sich ergänzen (vergl. G.B.O. § 16 Abs. 2).

Abs. 2. Ausnahmsweise kann eine Eintragung erfolgen, ohne daß derjenige, dessen Recht betroffen ist, als Berechtigter eingetragen ist, wenn

1. der Betroffene Erbe des noch als berechtigt Eingetragenen ist, und wenn es sich
2. um Uebertragung oder Aufhebung des Rechts, nicht, wenn es sich um andere Verfügungen über das Recht, insbesondere Belastung handelt, oder wenn der Antrag auf Eintragung durch die Bewilligung des Erblassers oder des Nachlaßpflegers (siehe § 75, B.G.B. §§ 1960 ff. §§ 1975 ff., insbes. § 1984) oder einen gegen den Erblasser oder Nachlaßpfleger vollstreckbaren Titel begründet wird.

Die Voraussetzung sub 1 und eine der sub 2 alternativ aufgezählten müssen gleichzeitig vorliegen. An Stelle dieser letzteren Voraussetzungen kann nach Satz 2 die andere treten, daß der Antrag auf Eintragung durch die Bewilligung des Testamentsvollstreckers (B.G.B. §§ 2197 ff.) oder durch einen gegen diesen vollstreckbaren Titel begründet wird (vergl. B.G.B. § 2213, C.P.O. § 748); in diesem Falle kommt noch als weitere Voraussetzung hinzu, daß die Bewilligung oder der Vollstreckungstitel gegen den Erben wirksam ist; vergl. hiezu B.G.B. §§ 2206, 2207, C.P.O. §§ 327, 728 Abs. 2, 747, 748.

Vergl. G.B.O. § 40 Abs. 1, 41.

§ 112.

Bei einem Pfandrechte für die Forderung aus einer Schuldverschreibung auf den Inhaber, aus einem Wechsel oder einem anderen Papiere, das durch Indossament übertragen werden kann, soll eine Eintragung nur erfolgen, wenn die Urkunde vorgelegt wird.

Diese Vorschrift findet keine Anwendung, wenn eine Eintragung auf Grund der Bewilligung eines nach den §§ 1189, 1270 des Bürgerlichen Gesetzbuchs bestellten Vertreters oder auf Grund einer gegen diesen erlassenen gerichtlichen Entscheidung bewirkt werden soll.

Vorlegung der Urkunden: **Abs. 1.** Siehe B.G.B. § 1270, auch § 117 dieses Gesetzes.

Ueber Schuldverschreibungen auf den Inhaber vergl. B.G.B. §§ 793 bis 808, über Orderpapiere H.GB. §§ 363 bis 365. Die Registerbehörde hat zu prüfen, ob sich Einwendungen aus der Urkunde ergeben (B.G.B. § 796, H.G.B. § 364 Abs. 2). Die Vorschrift in Abs. 1 gilt auch, wenn auf Grund einer gerichtlichen Entscheidung eingetragen wird.

Abs. 2. Bei einem Pfandrecht der in Abs. 1 bezeichneten Art kann für den jeweiligen Gläubiger ein Vertreter mit der Befugniß bestellt werden, mit Wirkung für und gegen jeden späteren Gläubiger, Bestimmungen über das Pfandrecht zu treffen und den Gläubiger bei der Geltendmachung desselben zu vertreten — sog. Treuhänder (B.G.B. §§ 1189, 1270). Ist ein solcher Vertreter bestellt, und von diesem die Eintragung bewilligt oder gegen diesen die gerichtliche Entscheidung, auf Grund deren die Eintragung erfolgen soll, erlassen, so braucht die Urkunde nicht vorgelegt zu werden.

Vergl. G.B.O. § 44.

§ 113.

Jede Eintragung soll den Tag, an welchem sie erfolgt ist, angeben und mit der Unterschrift des zuständigen Beamten versehen werden.

Datum und Unterschrift der Eintragung: Siehe B.G.B. §§ 1261 mit 879 bis 881. Die Tageszeit braucht nicht angegeben zu werden; vergl. dagegen hinsichtlich des Vermerkes des Einlaufs bei der Registerbehörde die Vorschrift in § 100 Abs. 1 Satz 2, durch welchen in Verbindung mit § 114 das Rangverhältniß genügend gesichert ist. Wer zuständiger Beamter ist, bestimmt nach § 200 die Landesgesetzgebung; es muß nicht der Registerbeamte (Richter) sein.

Vergl. G.B.O. § 45.

§ 114.

Die Eintragungen erhalten diejenige Reihenfolge, welche der Zeitfolge der Anträge entspricht; sind die

Anträge gleichzeitig gestellt, so ist, wenn unter den Eintragungen ein Rangverhältniß besteht, im Schiffsregister zu vermerken, daß die Eintragungen gleichen Rang haben.

Diese Vorschriften finden insoweit keine Anwendung, als das Rangverhältniß von den Antragstellern abweichend bestimmt ist.

Reihenfolge der Eintragungen; Rangvermerk: **Abs. 1.** Die Reihenfolge der Eintragungen richtet sich nach dem Einlaufvermerk; siehe § 100 Abs. 1 Satz 2. Gleichzeitig gestellte Anträge können — abgesehen von einer sinngemäß gebotenen Reihenfolge — in beliebiger Ordnung erledigt werden; wenn jedoch ihrem Inhalte nach unter ihnen ein Rangverhältniß bestehen kann, wie z. B. bei mehreren Verpfändungen, so ist der Gleichrang ausdrücklich in dem Eintrage festzustellen, um die sonst aus der Reihenfolge hinsichtlich des Rangverhältnisses zu ziehende Schlußfolgerung auszuschließen.

Abs. 2. Ist das Rangverhältniß durch Parteiwillen abweichend festgestellt, so wird es sich praktisch empfehlen, wenn möglich die Eintragungen ohne Rücksicht auf die Zeit des Einlaufes in die Reihenfolge zu bringen, welche dem von den Betheiligten bestimmten Rangverhältnisse entspricht. B.G.B. § 1261 mit § 879 Abs. 3 schreibt die Eintragung des abweichenden Rangverhältnisses vor.
Vergl. G.B.O. § 46 Abs. 1 und 3.

§ 115.

Die Löschung eines Rechtes oder einer Verfügungsbeschränkung erfolgt durch Eintragung eines Löschungsvermerkes.

Löschung: Für Löschungen sind besondere Eintragungen zu machen, auf welche die für alle Eintragungen geltenden Vorschriften Anwendung finden. Durchstreichen des zu löschenden Eintrags ist reichsrechtlich nicht verboten, aber auch nicht genügend.
Vergl. G.B.O. § 47.

§ 116.

Werden mehrere Schiffe mit einem Pfandrechte belastet, so ist auf dem Blatte jedes Schiffes die Mitbelastung der übrigen von Amtswegen erkennbar zu machen. Das Gleiche gilt, wenn mit einem an einem Schiffe bestehenden Pfandrechte nachträglich noch ein anderes Schiff belastet wird. Soweit eine Mitbelastung erlischt, ist dies von Amtswegen zu vermerken.

Vermerk der Mitbelastung: Vergl. B.G.B. § 1222, G.B.O. § 49.

§ 117.

Bei der Eintragung eines Pfandrechts für Theilschuldverschreibungen auf den Inhaber genügt es, wenn der Gesammtbetrag der Forderungen unter Angabe der Anzahl, des Betrags und der Bezeichnung der Theile eingetragen wird.

Pfandrecht für Theilschuldverschreibungen: Ueber Eintragung für Schuldverschreibungen auf den Inhaber überhaupt vergl. § 112. Die Eintragung der Theilforderungen kann in einem einzigen Eintrag unter Benennung der Gesammtsumme und näherer Bezeichnung der Theile erfolgen.

Vergl. G.B.O. § 51 Abs. 1.

§ 118.

Ist ein Testamentsvollstrecker ernannt, so ist dies bei der Eintragung des Erben des Gläubigers von Amtswegen miteinzutragen, es sei denn, daß das eingetragene Recht der Verwaltung des Testamentsvollstreckers nicht unterliegt.

Eintragung des Testamentsvollstreckers: Vergl. B.G.B. §§ 2197 ff. insbesondere §§ 2202, 2205, 2208, 2211 ferner § 2368. Die Eintragung des Testamentsvollstreckers kann erst erfolgen, wenn derselbe das Amt angenommen hat. Ob das eingetragene Recht der Verwaltung des Testamentsvollstreckers unterliegt, hat die Registerbehörde nicht selbständig zu prüfen; das Zeugniß des Nachlaßgerichts nach B.G.B. § 2368 genügt.

Vergl. G.B.O. § 53.

§ 119.

Ergibt sich, daß die Registerbehörde unter Verletzung gesetzlicher Vorschriften eine Eintragung vorgenommen hat, durch die das Schiffsregister unrichtig geworden ist, so ist von Amtswegen ein Widerspruch einzutragen. Erweist sich eine Eintragung nach ihrem Inhalt als unzulässig, so ist sie von Amtswegen zu löschen.

Eintragung eines Widerspruchs und Löschung von Amtswegen: Die nach dieser Vorschrift von Amtswegen vorzunehmenden Eintragungen können im Beschwerdewege nach § 122 Satz 2 erzwungen werden.

Die Eintragung eines Widerspruchs setzt voraus:

1. daß gesetzliche — reichs- oder landesgesetzliche — Vorschriften verletzt sind, welche das Verfahren — insbesondere die Vorschriften über Eintragung der §§ 101, 105, 107, 111, 112 — oder das materielle Recht betreffen können, und

2. daß durch diese Gesetzesverletzung das Schiffsregister unrichtig geworden ist, d. h. mit der wirklichen Rechtslage nicht mehr übereinstimmt.

Sind formelle Vorschriften verletzt, ohne daß sich daran die zweite Folge knüpft, so ist die Eintragung eines Widerspruchs ausgeschlossen.

Die endgiltige Berichtigung des Registers erfolgt nach Maßgabe von B.G.B. § 1263 mit §§ 894 ff.

Die Löschung einer Eintragung kann wegen Verletzung von Formvorschriften nie erfolgen, wegen Verletzung materiellrechtlicher Vorschriften nur, wenn die Verletzung aus dem Inhalte der Eintragung selbst ersichtlich ist. Die Vorschrift ist eine Ausnahme von § 101; die Zustimmung desjenigen, dessen Recht betroffen wird, ist nicht erforderlich. Auch für diese Löschung gilt die Vorschrift des § 121; über den Vollzug der Löschung siehe § 115.

Vergl. G.B.O. 54 Abs. 1.

§ 120.

Jede Eintragung ist baldthunlichst auf dem Schiffscertifikat oder dem Schiffsbriefe zu vermerken.

Wird eine Urkunde über die Pfandforderung vorgelegt, so ist die Eintragung auch auf dieser Urkunde unter kurzer Bezeichnung des Inhalts der Eintragungen, welche dem Pfandrecht im Range vorgehen oder gleichstehen, zu vermerken. Der Vermerk ist mit Unterschrift und Siegel zu versehen.

Vermerk auf dem Schiffscertifikat oder Schiffsbrief: Vergl. Gesetz über die Nationalität der Kauffahrteischiffe 2c. § 8, B.Sch.G. §§ 125 Abs. 3, 126; für die Binnenschiffe tritt § 120 Abs. 1 an die Stelle des durch E.G zum H.G.B. Art. 12 aufgehobenen § 131 Abs. 4 des Binnenschiffahrtsgesetzes.

Der Vermerk hat im Falle des Abs. 1 nur den Inhalt der Eintragung in zweifelloser Form wiederzugeben, im Falle des Abs. 2 auch den Rang der Pfandforderung durch Aufführung der im Range vorgehenden und gleichstehenden Forderungen anzugeben. Vergl. G.B.O. § 62.

§ 121.

Jede Eintragung soll dem Antragsteller und dem eingetragenen Eigenthümer sowie im Uebrigen allen aus dem Schiffsregister ersichtlichen Personen bekannt gemacht werden, zu deren Gunsten die Eintragung erfolgt ist oder deren Recht durch sie betroffen wird. Auf die Bekanntmachung kann verzichtet werden.

Bekanntgabe der Eintragungen: Nichtbefolgung der Vorschrift ist ohne rechtliche Wirkung.

Die Benachrichtigung hat auch an die antragstellende Behörde zu erfolgen, wenn der Notar nach § 100 Abs. 2 mit G.B.O. § 15 den Antrag gestellt hat, nicht an den Notar, sondern an den Betheiligten selbst, da der Notar nur zur Beantragung der Eintragung bevollmächtigt erachtet wird, nicht schlechthin als Vertreter des Betheiligten gilt, an den Eigenthümer auch dann, wenn die Eintragung nicht in seine Rechtslage eingreift (vergl. B.G.B. §§ 1261 mit 1151.) Zu Mittheilung an andere Personen kann die Eintragung von Vormerkungen, Widersprüchen, Löschungen nach §§ 119, 122, 123 Anlaß geben.

Die Mittheilung erfolgt beim Binnenschifffahrtsregister nach Maßgabe von § 16 Abs. 2 Satz 2 und Abs. 3.

Der Verzicht auf die Bekanntmachung bedarf keiner Form, ist aber der Registerbehörde gegenüber schriftlich oder mündlich zu erklären; im letzteren Falle ist zu den Akten entsprechender Vermerk zu machen; hinsichtlich der Binnenschiffe gilt § 11.

Vergl. G.B.O. § 55.

§ 122.

Die Beschwerde gegen eine Eintragung ist unzulässig. Im Wege der Beschwerde kann jedoch verlangt werden, daß die Registerbehörde angewiesen wird, nach § 119 einen Widerspruch einzutragen oder eine Löschung vorzunehmen.

Beschwerde: Gegen Entscheidungen der Registerbehörde, insbesondere also gegen eine Eintragung ablehnende Verfügungen findet die Beschwerde statt. Hinsichtlich der Registerführung über Binnenschiffe kommen die Vorschriften in §§ 19 ff. vorbehaltlich der besonderen Vorschriften der §§ 123, 124 zur Anwendung.

Erfolgte Eintragungen können nicht unmittelbar im Wege der Beschwerde beseitigt und hinsichtlich ihrer Wirkung rückgängig gemacht werden. Satz 2 gibt jedoch die Möglichkeit die durch eine Eintragung geschehene Beeinträchtigung indirekt aufzuheben; vergl. auch § 119.

Vergl. G.B.O. § 71 Abs. 2.

§ 123.

Das Beschwerdegericht kann vor der Entscheidung durch eine einstweilige Anordnung der Registerbehörde aufgeben, eine Vormerkung oder einen Widerspruch einzutragen.

Die Vormerkung oder der Widerspruch wird von Amtswegen gelöscht, wenn die Beschwerde zurückgenommen oder zurückgewiesen wird.

Einstweilige Anordnungen des Beschwerdegerichts: Abs. 1. Die Vorschrift bezieht sich sowohl auf Fälle, in welchen Beschwerde wegen verweigerter Eintragung, als auf solche, in welchen dieselbe nach § 122 Abs. 2 in Bezug auf eine erfolgte Eintragung eingelegt ist. Die Registerbehörde selbst kann nach § 119 die Wirkung einer unrichtigen Eintragung beseitigen.

Die dem Beschwerdegerichte gegebene Befugniß enthält eine besondere Anwendung des in § 24 Abs. 3 aufgestellten Grundsatzes; vergl. Note dortselbst.

Eine Löschung kann im Wege der einstweiligen Anordnung nicht verfügt werden. Die Eintragungen sind nach § 121 bekannt zu geben.

Abs. 2. Die Löschung einer nach Abs. 1 erfolgten Eintragung hat nach Zurücknahme oder Zurückweisung der Beschwerde ohne Anordnung des Beschwerdegerichts durch die Registerbehörde von Amtswegen zu erfolgen. Für die Zurücknahme der Beschwerde gilt die Vorschrift des § 109 nicht. Die Zurückweisung der Beschwerde muß wirksam sein, ehe die Löschung erfolgen kann (vergl. für Binnenschiffe § 16 Abs. 1).

Vergl. G.B.O. § 76.

§ 124.

Bei der Einlegung der weiteren Beschwerde durch Einreichung einer Beschwerdeschrift bedarf es der Zuziehung eines Rechtsanwalts nicht, wenn die Beschwerde von dem Notar eingelegt wird, der die zu der Eintragung erforderliche Erklärung beurkundet oder beglaubigt und im Namen eines Antragsberechtigten den Eintragungsantrag gestellt hat. Die Vorschrift des § 29 Abs. 1 Satz 3 bleibt unberührt.

Weitere Beschwerde: Vergl. für Binnenschiffe §§ 27 ff. Das hier dem Notar unter Befreiung vom Anwaltszwang gegebene Recht zur Beschwerdeeinlegung weicht von dem des § 29 Abs. 1 insoferne ab, als hier der Notar nicht blos den Antrag auf Eintragung bei der Registerbehörde (§ 100 Abs. 2 mit G.B.O. § 15) gestellt, sondern auch die zur Eintragung erforderliche Erklärung beurkundet oder wenigstens beglaubigt (§ 107 Abs. 1) haben muß.

Nach § 29 Abs. 1 Satz 3 sind auch Behörden als Beschwerdeführer vom Anwaltszwang befreit.

Vergl. B.G.B. § 80.

Siebenter Abschnitt.

Handelssachen.

§ 125.

Für die Führung des Handelsregisters sind die Amtsgerichte zuständig.

Durch Anordnung der Landesjustizverwaltung kann die Führung des Registers für mehrere Amtsgerichtsbezirke einem Amtsgericht übertragen werden.

Zuständigkeit zur Führung des Handelsregisters: Handelssachen im Sinne dieses Gesetzes sind nur die im VII. Abschnitt behandelten Sachen; G.V.G. § 101 findet hieher keine Anwendung.

Nach H.G.B. § 8 wird das Handelsregister von den Gerichten geführt. Die sachliche Zuständigkeit der Amtsgerichte ist eine ausschließliche; Vorbehalte zu Gunsten der Landesgesetze bestehen nicht weiter als Abs. 2 dies bestimmt, also nur hinsichtlich der örtlichen Zuständigkeit.

Durch die Bestellung des Amtsgerichts als Registergericht für Handelssachen ist dasselbe zugleich berufen zur Führung des Musterregisters (Gesetz betr. das Urheberrecht an Mustern und Modellen vom 11. Januar 1876 § 9 Abs. 1), des Genossenschaftsregisters (Gesetz betr. die Erwerbs- und Wirthschaftsgenossenschaften vom 1. Mai 1889 § 10 Abs. 2, in neuer Textirung bekannt gemacht im R.G.Bl. 1898 Nr. 25 Seite 810), des Börsenregisters (Börsengesetz vom 22. Juni 1896 § 54), des Registers für Binnenschiffe (B.Sch.G. § 120 Abs. 1, siehe auch Note zu § 100).

Die nähere Regelung der Registerführung ist, soweit nicht die einschlägigen Gesetze Bestimmungen enthalten, der Landesgesetzgebung überlassen; hinsichtlich des Genossenschaftsregisters siehe jedoch Genossenschaftsgesetz § 161.

Die örtliche Zuständigkeit ist für die einzelnen Register jeweils in den betreffenden Gesetzen geregelt; vergl. H.G.B. §§ 29, 106, 161 Abs. 2, 195, 320 Abs. 3, Musterschutzgesetz § 9 Abs. 2, Genossenschaftsgesetz § 10 Abs. 1, Börsengesetz § 55 Abs. 2, Binnenschifffahrtsgesetz § 122.

§ 126.

Die Organe des Handelsstandes sind verpflichtet, die Registergerichte behufs der Verhütung unrichtiger Eintragungen sowie behufs der Berichtigung und Vervollständigung des Handelsregisters zu unterstützen; sie sind berechtigt, Anträge zu diesem Zwecke bei den Registergerichten zu stellen und gegen Verfügungen, durch die über solche Anträge entschieden wird, das Rechtsmittel der Beschwerde zu erheben.

Die näheren Bestimmungen werden von den Landesregierungen getroffen.

Mitwirkung der Organe des Handelsstandes bei der Registerführung: Organe des Handelsstandes sind die Handelskammern und sonstige landesgesetzlich zur Wahrung und Vertretung der Interessen des Handelsstandes berufene Organe. Wo und soweit solche bestehen, sind die hier aufgeführten Aufgaben Pflicht derselben; die nöthigen Vorschriften zur Erzwingung der Erfüllung dieser Verpflichtung zu erlassen ist Sache der Landesgesetzgebung. Die Unterstützung ist nicht nur auf Anrufen und erfolgte Anfrage zu ertheilen, sondern die Organe haben ohne solche Anregung selbst das Nöthige zu veranlassen, Ermittelungen zu pflegen und dem Registergerichte Mittheilung zu machen. Die Vorschrift des § 12, wonach das Gericht selbst Ermittelungen zu pflegen hat, bleibt jedoch unberührt.

Das den Organen des Handelsstandes eingeräumte Beschwerderecht ist eine Erweiterung des § 20 Abs. 1; hinsichtlich der weiteren Beschwerde ist § 29 Abs. 1 Satz 3 zu beachten; zu prüfen ist, ob die betreffenden Organe nach der Landesgesetzgebung als Behörden zu erachten sind.

§ 127.

Das Registergericht kann, wenn eine von ihm zu erlassende Verfügung von der Beurtheilung eines streitigen Rechtsverhältnisses abhängig ist, die Verfügung aussetzen, bis über das Verhältniß im Wege des Rechtsstreits entschieden ist. Es kann, wenn der Rechtsstreit nicht anhängig ist, einem der Betheiligten eine Frist zur Erhebung der Klage bestimmen.

Aussetzung der Eintragung: Das Registergericht kann nach seinem Ermessen das streitige Rechtsverhältniß selbst entscheiden, soweit es für die Registerführung nothwendig ist. Streitig ist ein Rechtsverhältniß nicht erst dann, wenn es im Prozeß begriffen ist, sondern überhaupt schon, wenn unter den Interessenten über dasselbe Meinungsverschiedenheit besteht.

Die Aussetzung ist den Betheiligten nach § 16 Abs. 2 Satz 2, und wenn eine Frist zur Klagestellung gesetzt wird, nach § 16 Abs. 2 Satz 1 mit C.P.O. §§ 208 bis 213 durch Zustellung von Amtswegen bekannt zu machen; die Frist beginnt mit der Zustellung der Verfügung; über Fristberechnung siehe § 17 und Note hiezu.

§ 128.

Die Anmeldungen zur Eintragung in das Handelsregister sowie die zur Aufbewahrung bei dem Gerichte bestimmten Zeichnungen von Unterschriften können zum Protokolle des Gerichtsschreibers des Registergerichts erfolgen.

Form der Anmeldungen: Nach H.G.B. § 12 erfolgen die Anmeldungen zur Eintragung sowie die zur Aufbewahrung bei dem Gerichte bestimmten Zeichnungen von Unterschriften persönlich beim Gerichte oder durch Einreichung in beglaubigter Form. Im ersteren Fall genügt die Erklärung zu Protokoll des Gerichtsschreibers des Registergerichts; die Vorschrift des § 11 findet keine Anwendung. Der Gerichtsschreiber hat bei der Entgegennahme von Anmeldungen und Zeichnungen deren Zulässigkeit zu prüfen; entscheidend sind in dieser Hinsicht die maßgebenden Gesetze.

§ 129.

Ist die zu einer Eintragung erforderliche Erklärung von einem Notar beurkundet oder beglaubigt, so gilt dieser als ermächtigt, im Namen des zur Anmeldung Verpflichteten die Eintragung zu beantragen. Die Vorschriften des § 124 finden entsprechende Anwendung.

Antragsrecht der Notare: Ueber notarielle Beurkundung siehe §§ 168 ff. und B.G.B. § 128, über Beglaubigung § 167 Abs. 2, § 183, B.G.B. § 129.

Nur bei dem Notare, welcher die Beurkundung oder Beglaubigung vorgenommen hat, wird die Bevollmächtigung znr Antragstellung vermuthet; ein anderer Notar bedarf der Vollmacht (vergl. B.G.B. § 12 Abs. 2). Auch nur jener Notar ist zur Beschwerdeführung unter Befreiung vom Anwaltszwang berechtigt (§ 124).

§ 130.

Jede Eintragung soll den Tag, an welchem sie erfolgt ist, angeben und mit der Unterschrift des zuständigen Beamten versehen werden.

Jede Eintragung soll demjenigen, welcher sie beantragt hat, bekannt gemacht werden. Auf die Bekanntmachung kann verzichtet werden.

Form der Eintragung; Benachrichtigung des Antragstellers: Die Eintragungen sind nicht von dem Tage des Einlaufs der Anmeldung bei der Registerbehörde, auch nicht der erfolgten Unterschrift durch den zuständigen Beamten, sondern von dem Tage, an welchem die Eintragung thatsächlich erfolgt, zu datiren (mit Rücksicht auf die an die Eintragung geknüpften Rechtsfolgen; vergl. z. B. H.G.B. §§ 2, 15, 123, 200, 277 Abs. 2, Genossenschaftsgesetz § 13).

Wer zuständiger Beamter ist, bestimmt nach § 200 die Landesgesetzgebung; es braucht nicht der Registerrichter zu sein.

Die Bekanntmachung der erfolgten Eintragung erfolgt nach § 16 Abs. 2 Satz 2, im Falle des § 129 nicht an den Notar, sondern an den Betheiligten selbst, da der Notar nur zur Beantragung der Eintragung bevollmächtigt erachtet wird, aber nicht schlechthin Vertreter der Partei ist.

An den sonst vorgeschriebenen öffentlichen Bekanntmachungen ist damit nichts geändert.

§ 131.

Die Eintragung einer Zweigniederlassung ist von Amtswegen dem Registergerichte der Hauptniederlassung mitzutheilen und in dessen Register zu vermerken. Das Gleiche gilt, wenn die Zweigniederlassung aufgehoben wird.

Eintragung einer Zweigniederlassung: Nach H.G.B. § 13 ist die Firma auch bei dem Gerichte anzumelden, in dessen Bezirk eine Zweigniederlassung sich befindet. Hier ist Mittheilung von der erfolgten Eintragung oder Löschung beim Register der Zweigniederlassung behufs Vermerk auch beim Register der Hauptniederlassung vorgeschrieben.

Andere Thatsachen, welche die Zweigniederlassung betreffen, sind im Register der Hauptniederlassung nicht zu vermerken. Hinsichtlich Zweigniederlassung einer eingetragenen Genossenschaft siehe Genossenschaftsgesetz §§ 157, 158.

§ 132.

Sobald das Registergericht von einem sein Einschreiten nach den §§ 14, 319 und dem § 325 Nr. 9 des Handelsgesetzbuchs rechtfertigenden Sachverhalte glaubhafte Kenntniß erhält, hat es dem Betheiligten unter Androhung einer Ordnungsstrafe aufzugeben, innerhalb einer bestimmten Frist seiner gesetzlichen Verpflichtung nachzukommen oder die Unterlassung mittels Einspruchs gegen die Verfügung zu rechtfertigen.

Die Beschwerde gegen diese Verfügung ist unzulässig.

Androhung von Ordnungsstrafen: **Abs. 1.** Für den Registerrichter wird nur eine amtlich erlangte Kenntniß Anlaß zum Einschreiten geben; auf welche Weise aber amtlich die Kenntniß erlangt ist, ist ohne Belang.

Eine Strafe ist erst dann verwirkt, wenn das Gericht dem Betheiligten aufgegeben hat, seiner Verpflichtung nachzukommen, und der Betheiligte die Aufforderung binnen der ihm gesetzten Frist nicht befolgt hat, oder der rechtzeitig erhobene Einspruch verworfen ist (§§ 133, 134). Die Aufforderung mit Strafandrohung ist daher obligatorisch. Die Androhung hat sich innerhalb des zulässigen Rahmens der nachher zu verhängenden Strafe zu halten.

Die Frist hat das Gericht nach seinem Ermessen festzusetzen; die Verfügung ist mit Rücksicht auf dieselbe nach § 16 Abs. 2 Satz 1 mit C.P.O. §§ 208 bis 213 bekannt zu machen; über Berechnung der Frist siehe Note zu § 17.

Abs. 2. Die Verfügung, welche die Strafandrohung enthält, ist der Aenderung durch das Beschwerdegericht entzogen; über ihre Begründetheit soll zunächst das Registergericht selbst im Einspruchsverfahren entscheiden.

§ 133.

Wird innerhalb der bestimmten Frist weder der gesetzlichen Verpflichtung genügt noch Einspruch erhoben, so ist die angedrohte Strafe festzusetzen und zugleich die frühere Verfügung unter Androhung einer erneuten Ordnungsstrafe zu wiederholen.

In gleicher Weise ist fortzufahren, bis der gesetzlichen Verpflichtung genügt oder Einspruch erhoben wird.

Straffestsetzung: Vor Straffestsetzung ist zu prüfen, 1. ob die Verfügung nach § 132 ordnungsmäßig bekannt gemacht ist, 2. ob die gesetzte Frist abgelaufen ist, 3. ob die Anordnung nicht befolgt wurde, 4. ob nicht vor Fristablauf Einspruch eingelegt wurde.

Einspruchseinlegung nach Fristablauf hindert die Straffestsetzung nicht. Die Strafe muß hier in der angedrohten Höhe festgesetzt werden (vergl. dagegen §§ 135, 136), wenn nicht das Gericht auch ohne erhobenen Einspruch zu der Anschauung gelangt, daß die erste Verfügung überhaupt ungerechtfertigt war; in diesem Falle hat es aber, wenn es von der Befugniß des § 18 Gebrauch machen will, eine abändernde Verfügung zu erlassen und dem Betheiligten bekannt zu geben, nicht blos stillschweigend die Straffestsetzung zu unterlassen.

Die Verfügung, durch welche die Strafe festgesetzt wird, hat den Ausspruch im Kostenpunkt nach § 138, und eine erneute Verfügung nach § 132 zu enthalten.

Ueber Wiedereinsetzung gegen den Fristablauf siehe § 137, über Beschwerde gegen die Straffestsetzung § 139, über Aufhebung im Falle Einspruchs gegen die neuerliche Androhung § 136.

Hinsichtlich der Wiederholung der Strafandrohung und -Festsetzung besteht keine Grenze, insbesondere kein Höchstmaß der Summe der zu erkennenden Strafen.

§ 134.

Wird rechtzeitig Einspruch erhoben, so hat das Gericht, wenn sich der Einspruch nicht ohne Weiteres als begründet ergiebt, zur Erörterung der Sache den Betheiligten zu einem Termine zu laden.

Das Gericht kann, auch wenn der Betheiligte nicht erscheint, nach Lage der Sache entscheiden.

Einspruch gegen Strafandrohung: Abs. 1. Für den Einspruch ist keine Form vorgeschrieben; er kann also schriftlich oder zu Protokoll des Gerichtsschreibers sowohl des Registergerichts als jeden Amtsgerichts eingelegt werden (§ 11); im letzteren Falle ist die Frist nur gewahrt, wenn das Protokoll des Gerichtsschreibers noch innerhalb der Frist beim Registergericht einläuft.

Der Einspruch bedarf keiner Begründung; das Gegentheil ist nicht aus den Schlußworten des § 132 zu schließen, die Unterlassung ist mittelst Einspruchs zu rechtfertigen, nicht der Einspruch ist zu rechtfertigen.

Der Einspruch ist das einzige Rechtsmittel, um die Begründetheit der Strafandrohung zu behaupten (vergl. § 139 Abs. 2). Rechtzeitig ist der Einspruch eingelegt, wenn die Einlegung vor Ablauf der nach § 132 bestimmten Frist erfolgt; über Wiedereinsetzung gegen die Fristversäumung siehe § 137.

Erweist sich der Einspruch auf Grund des Vorbringens bei der Einspruchseinlegung sofort als begründet, so kann das Gericht ohne Weiteres seine nach § 132 erlassene Verfügung aufheben. Sieht sich das Gericht hiezu nicht veranlaßt, so darf es den Einspruch nicht in einem schriftlichen Verfahren behandeln, sondern muß mündliche Verhandlung anberaumen. Die Form der Ladung der Betheiligten ist reichsrechtlich nicht bestimmt. Die Verhandlung ist nicht öffentlich.

Abs. 2. Erscheint der Betheiligte nicht, so hat das richterliche Ermessen zu entscheiden, ob der Einspruch sofort verworfen werden kann, oder ob noch Ermittelungen zu pflegen und Beweise zu erheben sind. Jedenfalls zieht das Nichterscheinen nicht die Verwerfung des Einspruchs als Versäumnißfolge nach sich. Das Gericht kann auch die Vertagung beschließen und neuerliche Ladung verfügen.

§ 135.

Wird der Einspruch für begründet erachtet, so ist die erlassene Verfügung aufzuheben.

Anderenfalls hat das Gericht den Einspruch zu verwerfen und die angedrohte Strafe festzusetzen. Das Gericht kann, wenn die Umstände es rechtfertigen, von der Festsetzung einer Strafe absehen oder eine geringere als die angedrohte Strafe festsetzen.

Im Falle der Verwerfung des Einspruchs hat das Gericht zugleich eine erneute Verfügung nach § 132 zu erlassen. Die in dieser Verfügung bestimmte Frist beginnt mit dem Eintritte der Rechtskraft der Verwerfung des Einspruchs.

Entscheidung über den Einspruch: **Abs. 1.** Die Aufhebung der erlassenen Verfügung braucht nicht sofort im Termine verkündet zu werden; die Bekanntmachung erfolgt sodann nach § 16 Abs. 2 Satz 2, da für die nach § 20 Abs. 1 Beschwerdeberechtigten nur einfache Beschwerde zulässig ist.

Abs. 2. Ist der Einspruch zwar rechtzeitig eingelegt, aber sachlich nicht begründet, so erfolgt Verwerfung desselben und Straffestsetzung unter Ueberbürdung der Kosten auf den Betheiligten (§ 138). Das Gericht ist hier — verschieden von § 133 — an die angedrohte Strafe nicht gebunden; es kann trotz Einspruchsverwerfung von der Straffestsetzung nach seinem Ermessen absehen oder die Strafe ermäßigen; Erhöhung der Strafe gegenüber der Androhung, etwa weil der Einspruch sich als frivol erweist, ist nicht statthaft.

Der die Verwerfung aussprechende Bescheid ist, wenn er nicht dem Betheiligten mündlich eröffnet wird (§ 16 Abs. 3), demselben nach § 16 Abs. 2 Satz 1 mit C.P.O. §§ 208 bis 213 durch Zustellung von Amtswegen bekannt zu machen (mit Rücksicht auf § 139 Abs. 1).

Abs. 3. Mit der Erlassung einer neuerlichen Verfügung nach § 132 braucht die Rechtskraft der Einspruchsverwerfung nicht abgewartet zu werden; nur die darin bestimmte Frist beginnt erst mit der Rechtskraft; über diese vergl. Note zu §§ 26 und 31.

§ 136.

Wird im Falle des § 133 gegen die wiederholte Verfügung Einspruch erhoben und dieser für begründet erachtet, so kann das Gericht, wenn die Umstände es rechtfertigen, zugleich die früher festgesetzte Strafe aufheben oder an deren Stelle eine geringere Strafe festsetzen.

Einspruch gegen wiederholte Verfügung: Die Vorschrift gilt nur hinsichtlich der wiederholten Verfügung, welche wegen nicht rechtzeitiger Einspruchseinlegung erging, nicht auch hinsichtlich derjenigen nach Einspruchsverwerfung.

Bei rechtzeitiger Einspruchseinlegung gegen die wiederholte Verfügung kann die erste nach § 133 festgesetzte Strafe aufgehoben oder gemindert werden; die Begründetheit des Einspruchs hat dies aber nicht nothwendig zur Folge; es entscheidet das Ermessen des Gerichts.

Nach dem Wortlaute der Vorschrift findet diese keine Anwendung, wenn Einspruch erst gegen die nach § 133 Abs. 2 erlassene dritte oder fernere Verfügung eingelegt wird (verbis: „die festgesetzte Strafe“ nicht festgesetzten Strafen).

§ 137.

Gegen die Versäumung der Einspruchsfrist ist auf Antrag nach Maßgabe des § 22 Abs. 2 die Wiedereinsetzung in den vorigen Stand zu ertheilen.

Wiedereinsetzung: Ueber Einspruchsfrist siehe § 132, über Wiedereinsetzung Note zu § 22 Abs. 2. Hier muß mit dem Gesuche um Wiedereinsetzung die Einspruchseinlegung binnen zwei Wochen nach Beseitigung des Hindernisses erfolgen. Gegen die Verwerfung des Wiedereinsetzungsantrages findet hier die sofortige (nicht sofortige weitere) Beschwerde statt, da das Gericht erster Instanz über denselben entscheidet; vergl. auch Note zu § 139.

§ 138.

Bei der Festsetzung der Ordnungsstrafe ist der Betheiligte zugleich in die Kosten des Verfahrens zu verurtheilen.

Verurtheilung zu den Kosten: Die Kostenpflicht ist eine nothwendige Folge der Straffestsetzung; die Aufhebung der Strafe nach § 136 hat auch die Aufhebung des Ausspruchs im Kostenpunkt zur Folge. Die Einspruchsverwerfung ohne Straffestsetzung hat die Verpflichtung zur Kostentragung nicht zur Folge.

§ 139.

Gegen den Beschluß, durch welchen die Ordnungsstrafe festgesetzt oder der Einspruch verworfen wird, findet die sofortige Beschwerde statt.

Ist die Strafe nach Maßgabe des § 133 festgesetzt, so kann die Beschwerde nicht darauf gestützt werden, daß die Verfügung, durch welche die Strafe angedroht worden ist, nicht gerechtfertigt gewesen sei.

Rechtsmittel: Ueber sofortige Beschwerde siehe § 22 Abs. 1, über Zuständigkeit der Handelskammer zur Verbescheidung in 2. Instanz § 30 Abs. 1; vergl. auch § 132 Abs. 2.

Erfolgte Straffestsetzung wegen Fristversäumung (§ 133), so sind materielle Einwendungen gegen die Begründetheit der dem Betheiligten in der ersten Verfügung gemachten Auflage im Beschwerdewege ausgeschlossen; die Beschwerde kann sich nur gegen die Höhe der Strafe richten oder das Vorhandensein der formellen

Voraussetzungen der Straffestsetzung (richtige Bekanntmachung, Fristberechnung) bestreiten. Für materielle Einwendungen steht der Weg des Einspruchs gegen die wiederholte Verfügung offen (§ 136).

§ 140.

Soll nach § 37 Abs. 1 des Handelsgesetzbuchs gegen eine Person eingeschritten werden, die eine ihr nicht zustehende Firma gebraucht, so finden die Vorschriften der §§ 132 bis 139 mit der Maßgabe Anwendung, daß

1. in der nach § 132 zu erlassenden Verfügung dem Betheiligten aufgegeben wird, sich des Gebrauchs der Firma zu enthalten oder binnen bestimmter Frist den Gebrauch der Firma mittelst Einspruchs gegen die Verfügung zu rechtfertigen;
2. die Ordnungsstrafe festgesetzt wird, falls kein Einspruch erhoben oder der erhobene Einspruch rechtskräftig verworfen ist und der Betheiligte nach der Bekanntmachung der Verfügung dieser zuwidergehandelt hat.

Ordnungsstrafenverfahren bei unbefugtem Firmengebrauch: H.G.B.

§ 37 Abs. 1. Wer eine nach den Vorschriften dieses Abschnitts ihm nicht zustehende Firma gebraucht, ist von dem Registergerichte zur Unterlassung des Gebrauchs der Firma durch Ordnungsstrafen anzuhalten. Die Höhe der Strafen bestimmt sich nach § 14 Satz 2.

Gegen die Verfügung, welche dem Betheiligten unter Strafandrohung aufgiebt, sich des Gebrauches der Firma zu enthalten, ist keine Beschwerde zulässig (§ 132 Abs. 2); der Gebrauch der Firma ist im Einspruchsverfahren zu rechtfertigen.

Eine Straffestsetzung nach § 133 unterbleibt, wenn der Betheiligte nach der Bekanntmachung der Verfügung nach § 132 sich des Gebrauchs der Firma sofort enthält. Eine Straffestsetzung nach § 135 Abs. 2 darf erst erfolgen, wenn die Einspruchsverwerfung rechtskräftig ist, also nie mit dieser in der nämlichen Verfügung; weitere Voraussetzung der Straffestsetzung ist in diesem Falle, daß nach der Bekanntmachung der Einspruchsverwerfung die Firma fortgeführt wird; Fortführung auch noch nach der Rechtskraft ist nicht nothwendig.

§ 141.

Soll nach § 31 Abs. 2 des Handelsgesetzbuchs das

Erlöschen einer Firma von Amtswegen in das Handelsregister eingetragen werden, so hat das Registergericht den eingetragenen Inhaber der Firma oder dessen Rechtsnachfolger von der beabsichtigten Löschung zu benachrichtigen und ihm zugleich eine angemessene Frist zur Geltendmachung eines Widerspruchs zu bestimmen. Die Frist darf nicht weniger als drei Monate betragen.

Sind die bezeichneten Personen oder deren Aufenthalt nicht bekannt, so erfolgt die Benachrichtigung und die Bestimmung der Frist durch Einrückung in diejenigen Blätter, welche für die Bekanntmachungen der Eintragungen in das Handelsregister bestimmt sind. Es kann angeordnet werden, daß die Bekanntmachung noch in andere Blätter eingerückt wird.

Wird Widerspruch erhoben, so entscheidet über ihn das Gericht. Gegen die den Widerspruch zurückweisende Verfügung findet die sofortige Beschwerde statt.

Die Löschung darf nur erfolgen, wenn Widerspruch nicht erhoben oder wenn die den Widerspruch zurückweisende Verfügung rechtskräftig geworden ist.

Löschung einer Firma: Die Vorschrift tritt an Stelle des durch E.G. zum H.G.B. Art. 8 Nr. 1 aufgehobenen Gesetzes vom 30. März 1888 betr. die Löschung der nicht mehr bestehenden Firmen und Prokuren im Handelsregister.

Abs. 1. H.G.B.

§ 31 Abs. 2. Das Gleiche (nämlich Verpflichtung zu der Anmeldung zur Eintragung ins Handelsregister) gilt, wenn die Firma erlischt. Kann die Anmeldung des Erlöschens einer eingetragenen Firma durch die hiezu Verpflichteten nicht auf dem im § 14 bezeichneten Wege herbeigeführt werden, so hat das Gericht das Erlöschen von Amtswegen einzutragen.

Die Vorschrift wird praktisch, wenn entweder die Verhängung von Ordnungsstrafen (§§ 132—139) wegen Renitenz der Betheiligten nicht zum Ziele geführt hat, oder wenn die betreffenden Personen unbekannt oder verstorben sind oder deren Aufenthalt unbekannt ist.

Als zu benachrichtigender Rechtsnachfolger kommt nicht etwa der Erwerber des Geschäfts, sondern der Erbe oder der Erwerber des Vermögens nach B.G.B. § 311 in Betracht. Die Benachrichtigung hat, soweit nicht Abs. 2 Platz greift, durch Zustellung von Amtswegen (§ 16 Abs. 1 Satz 1 mit C.P.O. §§ 208 bis 213) zu erfolgen wegen des Fristenlaufes; über Fristberechnung siehe § 17 mit B.G.B. §§ 187, 188.

Der Widerspruch ist an keine Form gebunden; er kann schriftlich oder nach § 11 zu Protokoll des Gerichtsschreibers erhoben werden.

Abs. 2. Ueber diejenigen Blätter, in welchen die Einrückung zu erfolgen hat siehe H.G.B. §§ 10, 11. Die Frist beginnt hier mit dem Erscheinen desjenigen der mehreren Blätter, welches zuletzt erscheint.

Abs. 3. Ueber einen Widerspruch entscheidet das Registergericht; erst gegen dessen zurückweisende Entscheidung findet die sofortige Beschwerde (§ 22 Abs. 1) zum Landgericht statt. Wird dem Widerspruch stattgegeben, so haben etwaige andere Interessenten nach § 20 Abs. 1 gegen diese Entscheidung die einfache Beschwerde.

Abs. 4. Die Fristbestimmung hat hier nicht die Bedeutung, daß durch deren Ablauf der Widerspruch ausgeschlossen würde; das Gericht hat auch einen nach Ablauf der Frist, aber vor erfolgter Löschung einlaufenden Widerspruch zu berücksichtigen.

§ 142.

Ist eine Eintragung in das Handelsregister bewirkt, obgleich sie wegen Mangels einer wesentlichen Voraussetzung unzulässig war, so kann das Registergericht sie von Amtswegen löschen. Die Löschung geschieht durch Eintragung eines Vermerkes.

Das Gericht hat den Betheiligten von der beabsichtigten Löschung zu benachrichtigen und ihm zugleich eine angemessene Frist zur Geltendmachung eines Widerspruchs zu bestimmen.

Auf das weitere Verfahren finden die Vorschriften des § 141 Abs. 3, 4 Anwendung.

Löschung unzulässiger Eintragungen: **Abs. 1.** Jede Eintragung im Handelsregister — auch solche von konstitutiver Bedeutung wie die Eintragung der Aktiengesellschaft und Kommanditgesellschaft (H.G.B. § 200), der Gesellschaft mit beschränkter Haftung (Gesetz betr. die Ges. mit beschr. H. § 11 Abs. 1 — R.G.Bl. 1898 S. 896) vergl. § 144 —, einer Erwerbs- oder Wirthschaftsgenossenschaft (Genossenschaftsgesetz § 13 — R.G.Bl. 1898 S. 810) — vergl. § 147 —, kann durch Eintragung eines Löschungsvermerkes beseitigt werden.

Regelmäßig ist zur Löschung erforderlich (Ausnahme § 144), daß die Vornahme der Eintragung wegen Mangels einer wesentlichen Voraussetzung unzulässig war. Welche Voraussetzungen als wesentlich anzusehen sind, ist eine Frage, welche nur je für die einzelnen Fälle, nicht allgemein beantwortet werden kann. Nicht wesentlich ist jedenfalls die Verletzung bloßer Ordnungsvorschriften (z. B. H.G.B. § 12), wohl aber ein Verstoß gegen die Vorschriften über Firmenbildung, Neuheit der Firma (H.G.B. §§ 18 ff., § 30).

Die Löschung ist nicht Pflicht, sondern nur Recht der Registerbehörde, wenn obige Voraussetzungen vorliegen. Dieselbe kann auch von einem Dritten beantragt werden, und kommen auch in diesem Falle die Vorschriften in Abs. 2 und 3 zur Anwendung. Gegen einen die Löschung verweigernden Bescheid findet für die nach § 20 Abs. 1 Berechtigten die Beschwerde statt. Das Beschwerdegericht kann, wenn es den Bescheid aufhebt, entweder selbst unter Befolgung der Vorschrift in Abs. 2 die Sache erledigen oder dem Registergericht die entsprechenden Maßnahmen auftragen.

Der Vollzug der Löschung erfolgt stets in einem besonderen Vortrage; Durchstreichung ist reichsrechtlich nicht verboten aber auch nicht genügend; nähere Vorschriften zu erlassen, ist der Landesgesetzgebung vorbehalten (§ 200).

Abs. 2. Ueber Benachrichtigung, Fristberechnung, Form des Widerspruchs gilt das in der Note zu § 141 Gesagte.

Die Vorschriften dieses § finden keine Anwendung auf Unrichtigkeiten des Registers, welche durch Versehen rein äußerlicher Art, wie Eintragungen an unrichtiger Stelle und dergleichen, entstanden sind; hier kann die Berichtigung ohne weitere Formalitäten erfolgen.

§ 143.

Die Löschung einer Eintragung kann gemäß den Vorschriften des § 142 auch von dem Landgerichte verfügt werden, welches dem Registergericht im Instanzenzuge vorgeordnet ist. Die Vorschrift des § 30 Abs. 1 Satz 2 findet Anwendung.

Gegen die einen Widerspruch zurückweisende Verfügung des Landgerichts findet die sofortige Beschwerde an das Oberlandesgericht mit der Maßgabe statt, daß die Vorschriften des § 28 Abs. 2, 3 zur entsprechenden Anwendung kommen. Die weitere Beschwerde ist ausgeschlossen.

Löschung auf Verfügung des Landgerichts: Das dem Registergericht im Instanzenzug vorgesetzte Landgericht — und zwar die Handelskammer, wo eine solche besteht (§ 30 Abs. 2) — kann die Löschung einer Eintragung einschließlich der in § 144 bezeichneten verfügen, ohne daß eine Entscheidung des Registergerichts vorausgegangen und seine Entscheidung im Beschwerdewege angerufen ist.

Die sofortige Beschwerde (§ 22 Abs. 1) gegen die einen Widerspruch zurückweisende Verfügung kann, da das Landgericht hier erste Instanz ist, auch auf Mängel der Entscheidung in thatsächlicher Beziehung gestützt werden. Hinsichtlich des Beschwerdegerichts siehe auch § 199 Abs. 2.

Unter den in § 28 aufgeführten Voraussetzungen kann an Stelle des Oberlandesgerichts das Reichsgericht zur Entscheidung berufen sein.

§ 144.

Eine in das Handelsregister eingetragene Aktiengesellschaft oder Kommanditgesellschaft auf Aktien kann gemäß den Vorschriften der §§ 142, 143 als nichtig gelöscht werden, wenn die Voraussetzungen vorliegen, unter denen nach den §§ 309, 310 des Handelsgesetzbuchs die Nichtigkeitsklage erhoben werden kann. Das Gleiche gilt für eine in das Handelsregister eingetragene Gesellschaft mit beschränkter Haftung, wenn die Voraussetzungen vorliegen, unter denen nach den §§ 75, 76 des Gesetzes, betreffend die Gesellschaften mit beschränkter Haftung, die Nichtigkeitsklage erhoben werden kann.

Ein in das Handelsregister eingetragener Beschluß der Generalversammlung oder Versammlung der Gesellschafter einer der im Abs. 1 bezeichneten Gesellschaften kann gemäß den Vorschriften der §§ 142, 143 als nichtig gelöscht werden, wenn er durch seinen Inhalt zwingende Vorschriften des Gesetzes verletzt und seine Beseitigung im öffentlichen Interesse erforderlich erscheint.

In den Fällen der Abs. 1, 2 soll die nach § 142 Abs. 2 zu bestimmende Frist mindestens drei Monate betragen.

Löschung eingetragener Gesellschaften: Vergl. Note zu § 142 Abs. 1. Die Vorschrift enthält einen besonderen Anwendungsfall des in §§ 142, 143 ausgesprochenen Grundsatzes, wobei die Voraussetzungen der Zulässigkeit der Löschung näher und enger geregelt sind. Die Löschung kann auch in diesen Fällen vom Registergericht von Amtswegen wie auf Verfügung des im Instanzenzug vorgesetzten Landgerichts erfolgen.

Abs. 1. Die Löschung ist hier nur zulässig, wenn die Voraussetzungen der Nichtigkeitsklage gegeben sind, nicht wegen anderer wesentlicher Mängel. Bezüglich der Aktiengesellschaften und Kommanditaktiengesellschaften (H.G.B. § 320 Abs. 3) bestimmt H.G.B.

> § 309. Enthält der Gesellschaftsvertrag nicht die nach § 182 Abs. 2 wesentlichen Bestimmungen oder ist eine dieser Bestimmungen nichtig, so kann jeder Gesellschafter und jedes Mitglied des Vorstandes und des Aufsichtsraths im Wege der Klage beantragen, daß die Gesellschaft für nichtig erklärt werde.

Nach H.G.B. § 182 Abs. 2 muß der Gesellschaftsvertrag bestimmen 1. die Firma und den Sitz der Gesellschaft, 2. den Gegenstand des Unternehmens, 3. die Höhe des Grundkapitals und der einzelnen Aktien, 4. die Art der Bestellung und Zusammensetzung des Vorstandes, 5. die Form, in der die Berufung der Generalversammlung der Aktionäre geschieht, 6. die Form, in der die von der Gesellschaft ausgehenden Bekanntmachungen erfolgen. Nach H.G.B. § 310 sind diese Mängel mit Ausnahme des sub 3 bezeichneten durch Generalversammlungsbeschluß heilbar.

Das Registergericht oder das Landgericht kann die Löschung verfügen, sowohl ohne daß die Nichtigkeitsklage erhoben ist, als trotzdem sie erhoben; es kann aber in letzteren Falle die Verfügung auch bis zur Erledigung des Rechtsstreites ausgesetzt werden (§ 127).

Das Gesetz betr. die Gesellschaften mit beschränkter Haftung (R.G.Bl. 1898 S. 846) bestimmt für diese Gesellschaften in § 75, daß bestimmte Personen im Wege der Klage die Nichtigkeitserklärung der Gesellschaft beantragen können, wenn der Gesellschaftsvertrag nicht die nach § 3 Abs. 1 wesentlichen Bestimmungen enthält oder eine dieser Bestimmungen nichtig ist. Nach § 3 Abs. 1 muß der Gesellschaftsvertrag enthalten 1. die Firma und den Sitz der Gesellschaft, 2. den Gegenstand des Unternehmens, 3. den Betrag des Stammkapitals, 4. den Betrag der von jedem Gesellschafter auf das Stammkapital zu leistenden Einlage (Stammeinlage). Die nach § 76 zulässige Heilung der Mängel sub 1 und 2 durch einstimmigen Beschluß der Gesellschafter schließt die Löschung aus.

Abs. 2. In den hier aufgezählten Fällen ist die Voraussetzung der Löschung eine doppelte: Verstoß des Inhalts des Beschlusses der Generalversammlung oder der Versammlung der Gesellschafter gegen zwingende Vorschriften und zugleich Vorhandensein eines öffentlichen Interesses an der Löschung; letzteres ist als gegeben zu erachten, wenn über die Interessensphäre der Gesellschaft hinaus ein Interesse an der Löschung besteht; ob dies der Fall ist, ist jeweils Thatfrage.

Sonstige Mängel des Beschlusses rechtfertigen die Löschung nicht, insbesondere ist dieselbe nicht schon deswegen zulässig, weil der Beschluß unter Verletzung der Vorschriften über die Berufung der Versammlung oder über die Abstimmung zu Stande gekommen ist, oder weil der Inhalt des Beschlusses gegen Bestimmungen des Gesellschaftsvertrages verstößt. Zwingender Natur sind solche Vorschriften, welche der willkürlichen Aenderung der Betheiligten entzogen sind; hieher zählen z. B. die Vorschriften in H.G.B. §§ 180, 213 ff. 262, Gesetz betr. die Gesellschaften mit beschränkter Haftung §§ 5, 30.

§ 145.

Die Amtsgerichte sind zuständig für die nach § 146 Abs. 2, § 147, § 157 Abs. 2, § 166 Abs. 3, § 192, Abs. 3, § 254 Abs. 3, § 266 Abs. 2, § 268 Abs. 2, § 295 Abs. 2, 3, § 302 Abs. 2 bis 4, § 338 Abs. 3, § 524 Abs. 1, 2, § 530 Abs. 1, §§ 590, 685, § 729 Abs. 1, § 884 Nr. 4

des Handelsgesetzbuchs von dem Gerichte zu erledigenden Angelegenheiten.

Ist die Führung des Handelsregisters für mehrere Amtsgerichtsbezirke einem Amtsgericht übertragen worden, so gehören zur Zuständigkeit dieses Amtsgerichts auch die im Abs. 1 bezeichneten Angelegenheiten, mit Ausnahme derjenigen Geschäfte, welche den Gerichten nach § 524 Abs. 1, 2, § 530 Abs. 1, §§ 590, 685, § 729 Abs. 1, § 884 Nr. 4 des Handelsgesetzbuchs obliegen.

Sonstige Verrichtungen des Registergerichts: Das Gesetz weist hier eine Anzahl von Angelegenheiten, in welchen richterliche Mitwirkung einzutreten hat, der nichtstreitigen Rechtspflege zu und regelt hiefür die sachliche Zuständigkeit. Die örtliche Zuständigkeit ergibt sich aus dem Handelsgesetzbuche, jedoch vorbehaltlich der Vorschrift des § 125 Abs. 2 zu Gunsten der Landesgesetzgebung, soweit nicht wieder Abs. 2 dieses § eine Ausnahme macht hinsichtlich einiger dem Seerecht angehöriger Gegenstände.

Im einzelnen sind die dem Amtsgerichte übertragenen Geschäfte folgende:

Ernennung und Abberufung der Liquidatoren einer Handelsgesellschaft (§§ 146 Abs. 2, 147), Bestimmung über Verwahrung der Bücher und Papiere einer aufgelösten Gesellschaft (§ 157 Abs. 2),

Anordnung der Mittheilung einer Bilanz oder sonstiger Aufklärungen sowie der Vorlegung der Bücher und Papiere auf Antrag eines Kommanditisten (§ 166 Abs. 3), auf Antrag des stillen Gesellschafters (§ 338 Abs. 3), Ernennung der Revisoren zur Prüfung des Herganges bei der Gründung einer Aktiengesellschaft (§ 192 Abs. 3),

Ermächtigung der Aktionäre zur Berufung der Generalversammlung oder Ankündigung des Gegenstandes, Bestimmung über die Führung des Vorsitzes in der Versammlung (§ 254 Abs. 3),

Ernennung von Revisoren nach Ablehnung der Bestellung durch die Generalversammlung zur Prüfung eines Vorganges bei der Gründung oder bei der Geschäftsführung (§ 266 Abs. 2),

Bestellung der Vertreter der Minderheit zur Führung des Rechtsstreites wegen Vorgänge bei der Gründung oder Geschäftsführung (§ 268 Abs. 2),

Bestellung und Abberufung von Liquidatoren nach Auflösung der Aktiengesellschaft (§ 295 Abs. 2, 3),

Bestimmung über Aufbewahrung der Bücher und Papiere der aufgelösten Aktiengesellschaft, Ermächtigung zur Einsicht derselben, erneute Bestellung von Liquidatoren (§ 302 Abs. 2 bis 4),

Anmeldung und Aufnahme der Verklarung (§ 524 Abs. 1, 2),

Feststellung der dringenden Nothwendigkeit des Verkaufs eines Schiffes durch den Schiffer (§ 530 Abs. 1),

Bestimmung des Zeitpunktes der Abreise eines Schiffes auf Antrag des Befrachters (§ 590),

Urkundliche Bezeugung der Nothwendigkeit einer Darlehensaufnahme durch den Schiffer (§ 685),

Ernennung von Dispacheuren (§ 729 Abs. 1),

Ernennung von Sachverständigen zur Schätzung eines Versicherungsschadens (§ 884 Nr. 4).

§ 146.

Soweit in den im § 145 bezeichneten Angelegenheiten ein Gegner des Antragstellers vorhanden ist, hat ihn das Gericht wenn thunlich zu hören.

Gegen die Verfügung, durch welche über den Antrag entschieden wird, findet die sofortige Beschwerde statt.

Eine Anfechtung der Verfügung, durch welche einem nach § 524 Abs. 1, 2, § 530 Abs. 1, § 685, § 729 Abs. 1, § 884 Nr. 4 des Handelsgesetzbuchs gestellten Antrage stattgegeben wird, ist ausgeschlossen.

Verfahren in Handelssachen nach § 145. Sondervorschriften sind hier gegeben für das Gehör des Gegners (Abs. 1) und die Beschwerde (Abs. 2 und 3).

Abs. 1. Ob ein Gegner vorhanden ist, ist nach dem Inhalte der beantragten Verfügung zu beurtheilen; zutreffen wird das insbesondere, wenn ein Streitpunkt zu erledigen ist. So werden in den Fällen von H.G.B. §§ 166 Abs. 3 und 338 Abs. 3 die persönlich haftenden Gesellschafter bezw. der Inhaber des Handelsgeschäfts zu hören sein, im Falle der §§ 146 Abs. 2, 147 die übrigen Gesellschafter, die Gläubiger eines Gesellschafters (H.G.B. § 135), der Verwalter im Konkurs über das Vermögen eines Gesellschafters (H.G.B. § 131 Nr. 5), im Falle des § 295 Abs. 2 die Mitglieder des Vorstands. Dagegen wird in den Fällen der §§ 524, 530 Abs. 1, 685, 729 Abs. 1 ein Gegner regelmäßig nicht in Betracht kommen, beziehungsweise wegen der Dringlichkeit der Sache nicht zu hören sein.

Soweit das Gehör eines Gegners thunlich ist, ist es Pflicht des Gerichts, die Unterlassung desselben daher im Hinblick auf § 20 Abs. 1 selbständiger Beschwerdegrund, da ein Recht auf Gehör besteht.

Abs. 2. Ueber sofortige Beschwerde siehe § 22 Abs. 1; sie findet gegen den stattgebenden wie den abweisenden Bescheid statt. Die Beschwerdeberechtigung richtet sich nach § 20.

Abs. 3 schließt in bestimmten Fällen des Seerechtes die Beschwerde aus.

§ 147.

Die Vorschriften der §§ 127 bis 131, 142, 143 finden auf die Eintragungen in das Genossenschaftsregister entsprechende Anwendung.

Eine in das Genossenschaftsregister eingetragene Genossenschaft kann gemäß den Vorschriften der §§ 142, 143 als nichtig gelöscht werden, wenn die Voraussetzungen vorliegen, unter denen nach den §§ 94, 95 des Gesetzes, betreffend die Erwerbs- und Wirthschaftsgenossenschaften, die Nichtigkeitsklage erhoben werden kann.

Ein in das Genossenschaftsregister eingetragener Beschluß der Generalversammlung einer Genossenschaft kann gemäß den Vorschriften der §§ 142, 143 als nichtig gelöscht werden, wenn er durch seinen Inhalt zwingende Vorschriften des Gesetzes verletzt und seine Beseitigung im öffentlichen Interesse erforderlich erscheint.

In den Fällen der Abs. 2, 3 soll die nach § 142 Abs. 2 zu bestimmende Frist mindestens drei Monate betragen.

Genossenschaftssachen: **Abs. 1.** Außer den hier angeführten Vorschriften finden auch diejenigen über Verhängung von Ordnungsstrafen (§§ 132 bis 139) gemäß § 162 des Genossenschaftsgesetzes Anwendung.

Abs. 2 entspricht dem § 144 Abs. 1; vergl. die Note dortselbst. Das Genossenschaftsgesetz (in neuer Textierung bekannt gemacht im R.G.Bl. 1898 Nr. 25 Seite 810) bestimmt in

§ 94. Enthält das Statut nicht die für dasselbe wesentlichen Bestimmungen, oder ist eine dieser Bestimmungen nichtig, so kann jeder Genosse und jedes Mitglied des Vorstands und des Aufsichtsraths im Wege der Klage beantragen, daß die Genossenschaft für nichtig erklärt werde.

Als wesentlich im Sinne des § 94 gelten nach § 95 Abs. 1 die in den §§ 6, 7 und 131 bezeichneten nachstehend aufgeführten Bestimmungen des Statuts: über die Firma und den Sitz der Gesellschaft, den Gegenstand des Unternehmens, die Form für die Berufung der Generalversammlung der Genossen, die Form, in welcher die von der Genossenschaft ausgehenden Bekanntmachungen erfolgen, sowie die öffentlichen Blätter, in welche dieselben aufzunehmen sind (§ 6 Nr. 1—4), darüber, ob die Genossen der unbeschränkten Haftpflicht oder nur der unbeschränkten Nachschußpflicht oder der beschränkten Haftpflicht unterliegen sollen, über den Geschäftsantheil eines Genossen und die Einzahlungen auf den Geschäftsantheil, über die Bildung eines Reservefonds § 7 Nr. 1, 2 und 4), über die Haftsumme bei Genossenschaften mit beschränkter Haftpflicht (§ 131).

Die Löschungsbefugniß wird ausgeschlossen durch einen nach § 95 Abs. 2 ergangenen den Mangel durch entsprechende Aenderung des Statuts heilenden Beschluß der Generalversammlung.

Abs. 3 und 4 entsprechen dem § 144 Abs. 2 und 3; vergl. die Note dortselbst.

§ 148.

Die Vorschriften des § 146 Abs. 1, 2 finden auf die nach § 45 Abs. 3, § 61, § 83 Abs. 3, 4, § 93 des Gesetzes, betreffend die Erwerbs- und Wirthschaftsgenossenschaften, und nach § 66 Abs. 2, 3, § 74 des Gesetzes, betreffend die Gesellschaften mit beschränkter Haftung, von dem Registergerichte zu erledigenden Angelegenheiten Anwendung.

Gegen die Verfügung, durch welche der im § 11 des Gesetzes, betreffend die privatrechtlichen Verhältnisse der Binnenschifffahrt, oder der im § 8 des Gesetzes, betreffend die privatrechtlichen Verhältnisse der Flößerei, bezeichnete Antrag auf Beweisaufnahme oder der im § 87 Abs. 2 des ersteren Gesetzes bezeichnete Antrag auf Bestellung eines Dispacheurs zurückgewiesen wird, findet die sofortige Beschwerde statt. Eine Anfechtung der Verfügung, durch welche einem solchen Antrage stattgegeben wird, ist ausgeschlossen.

Verfahren in Angelegenheiten des Genossenschaftsgesetzes, des Gesetzes betr. die Gesellschaften mit beschränkter Haftpflicht, des Binnenschifffahrtsgesetzes und des Flößereigesetzes:

Abs. 1. Vergl. Note zu § 146. Die einzelnen Angelegenheiten, in welchen die Vorschriften über Anhörung des Gegners und über die Beschwerde Anwendung finden, sind folgende:

1. Ermächtigung eines Genossen zur Berufung der Generalversammlung und Ankündigung des Gegenstands (§ 45 Abs. 3 des Genossenschaftsgesetzes in der Fassung der Bek. vom 20. Mai 1898, R.G.Bl. S. 810),

   Bestellung des Revisors für Genossenschaften, welche dem Revisionsverbande angehören (§ 61),

   Ernennung und Abberufung der Liquidatoren (§ 83 Abs. 2, 3),

   Bestimmung über Aufbewahrung der Bücher und Schriften der aufgelösten Genossenschaft, Ermächtigung zur Einsichtnahme derselben (§ 93),

2. Bestellung und Abberufung von Liquidatoren auf Antrag von Gesellschaftern (§ 66 Abs. 2, 3 des Gesetzes betr. die Gesellschaften mit beschränkter Haftung in der Fassung der Bek. vom 20. Mai 1898, R.G.Bl. S. 846),

   Bestimmung über Aufbewahrung der Bücher und Schriften der Gesellschaft nach erfolgter Liquidation (§ 74).

Abs. 2. Ueber sofortige Beschwerde siehe § 22 Abs. 1. Der Schlußsatz des Abs. 2 bezieht sich auf alle in Abs. 2 aufgeführten Angelegenheiten.

Das Binnenschifffahrtsgesetz (R.G.Bl. 1898 S. 868) bestimmt in § 11:

Wird das Schiff oder die Ladung von einem Unfall betroffen, so ist der Schiffer berechtigt und auf Verlangen des Schiffseigners oder eines Ladungsbetheiligten verpflichtet, vor dem Amtsgerichte des Ortes, an welchem die Reise endet, und, wenn das Schiff vorher an einem anderen Orte längere Zeit liegen bleiben muß, vor dem Amtsgerichte dieses Ortes eine Beweisaufnahme über den thatsächlichen Hergang, sowie über den Umfang des eingetretenen Schadens und über die zur Abwendung oder Verringerung desselben angewendeten Mittel zu beantragen. Er hat sich selbst zum Zeugnisse zu erbieten und die zur Feststellung des Sachverhältnisses sonst dienlichen Beweismittel zu bezeichnen.

Eine mit dieser Vorschrift wörtlich übereinstimmende Vorschrift trifft für den Fall, daß ein Floß von einem Unfall betroffen wurde, das Flößereigesetz vom 15. Juni 1895 (R.G.Bl. S. 341) § 8; hier ist der Flößer zum Antrage berechtigt und auf Verlangen seines Dienstherrn, des Absenders oder Empfängers des Flosses verpflichtet.

Nach Binnenschifffahrtsgesetz § 87 Abs. 2 hat in Ermangelung eines für Havereifälle bei der Binnen- oder Seeschifffahrt ein für allemal bestellten Dispacheurs auf Antrag das Amtsgericht eine geeignete Person als Dispacheur zu bestellen (vergl. Note zu § 149).

§ 149.

Für die Verrichtungen, welche den Gerichten in Ansehung der nach dem Handelsgesetzbuch oder nach dem Gesetze, betreffend die privatrechtlichen Verhältnisse der Binnenschifffahrt, aufzumachenden Dispache obliegen, ist das Amtsgericht des Ortes zuständig, an welchem die Vertheilung der Havereischäden zu erfolgen hat.

Dispache; Zuständigkeit: Dispache ist die Aufstellung der Rechnung über die große Haverei (H.G.B. § 706 Nr. 7 Abs. 3, B.Sch.G. § 84); über große Haverei siehe H.G.B. § 700, B.Sch.G. § 78.

Geregelt ist hier sowohl die sachliche als die örtliche Zuständigkeit für die Verrichtungen in Ansehung der Dispache. Sachlich zuständig ist das Amtsgericht; B.Sch.G. § 87 überträgt bereits die Ernennung der Dispacheure, wo nicht ein für allemal bestellte vorhanden sind, dem Amtsgericht; hinsichtlich der Seeschiffe ist die sachliche Zuständigkeit der Amtsgerichte hiezu in § 145 Abs. 1 festgestellt. Oertlich zuständig ist das Amtsgericht des Orts, wo die Vertheilung der Havereischäden erfolgt, das ist bei Seeschiffen der Bestimmungsort, und wenn dieser nicht erreicht wird, der Hafenort, wo die Reise endet (H.G.B. § 727), bei Binnenschiffen der Ort, wo die Reise endet (B.Sch.G. § 86).

Die Vorschrift findet nur Anwendung auf die nach dem Handelsgesetzbuch oder dem Binnenschifffahrtsgesetz aufzumachende Dispache, nicht also wenn die Betheiligten abweichende Bestimmungen treffen, so insbesondere nicht, wenn bei Gütersendungen ins Ausland durch Konossementsklausel bestimmt wird, daß für den Fall der großen Haverei die Dispache nicht am Bestimmungsort, sondern in einem deutschen Hafen zu errichten ist.

Die Verrichtungen des Gerichts ergeben sich aus den nachfolgenden Bestimmungen; zu denselben gehört nicht die Aufstellung der ständigen Dispacheure, weil diese nicht den Gerichten übertragen ist.

§ 150.

Lehnt der Dispacheur den Auftrag eines Betheiligten zur Aufmachung der Dispache aus dem Grunde ab, weil ein Fall der großen Haverei nicht vorliege, so entscheidet über die Verpflichtung des Dispacheurs auf Antrag des Betheiligten das Gericht. Gegen die Verfügung findet die sofortige Beschwerde statt.

Entscheidung über die Weigerung des Dispacheurs: Dispacheur ist der Sachverständige zur Aufstellung der Dispache (H.G.B. § 729, B.Sch.G. § 87 Abs. 2), nicht auch der Schiffer, der nach B.Sch.G. § 78 Abs. 1 selbst die Dispache aufstellt.

Die Entscheidung des Gerichts setzt voraus:

1. daß der allgemein oder für den einzelnen Fall bestellte Dispacheur von dem hiezu Berechtigten — das ist der Schiffer, Rheder (Schiffseigner), Befrachter, Eigenthümer der Ladung — Auftrag zur Aufmachung der Dispache erhalten hat,
2. daß er den Auftrag ablehnt mit der Begründung, der Fall großer Haverei liege nicht vor,
3. daß der Betheiligte, welcher den Auftrag ertheilt hat, bei dem Gerichte den Antrag stellt; ein anderer Betheiligter ist nach dem Wortlaute des Gesetzes nicht zum Antrag berechtigt.

Fehlt eine dieser Voraussetzungen, so ist der Antrag aus formellen Gründen abzuweisen.

Ueber sofortige Beschwerde siehe § 22 Abs. 1, über Beschwerdeberechtigung § 20 Abs. 1, im Falle abweisender Entscheidung § 20 Abs. 2.

§ 151.

Auf Antrag des Dispacheurs kann das Gericht einem Betheiligten unter Androhung von Ordnungsstrafen aufgeben, dem Dispacheur die in seinem Besitze befindlichen Schriftstücke, zu deren Mittheilung er gesetzlich verpflichtet ist, auszuhändigen. Die einzelne Strafe darf den Betrag von dreihundert Mark nicht übersteigen.

Anordnung der Aushändigung von Schriftstücken an den Dispacheur: Nach H.G.B. § 729 Abs. 2, B.Sch.G. § 87 Abs. 3 ist jeder Betheiligte verpflichtet, die zur Aufstellung der Dispache erforderlichen Urkunden, soweit er sie zur Verfügung hat, insbesondere Frachtbriefe, Ladescheine, Fakturen dem Dispacheur mitzutheilen. Die Aushändigung dieser Schriftstücke kann durch Ordnungsstrafen erzwungen werden, welchen gerichtliche Aufforderung zur Herausgabe unter Androhung der Strafe vorauszugehen hat; die Strafe kann wiederholt werden. Zu dem Antrage auf diese gerichtlichen Maßnahmen ist nur der Dispacheur, nicht ein Betheiligter berechtigt.

Zu Gunsten des Binnenschiffers gilt die Vorschrift nicht.

§ 152.

Der Dispacheur ist verpflichtet, jedem Betheiligten Einsicht in die Dispache zu gewähren und ihm auf Verlangen eine Abschrift gegen Erstattung der Kosten zu ertheilen. Das Gleiche gilt, wenn die Dispache nach dem Gesetze, betreffend die privatrechtlichen Verhältnisse der Binnenschifffahrt, von dem Schiffer aufgemacht worden ist, für diesen.

Einsicht in die Dispache: Zur Gewährung der Einsicht in die Dispache ist sowohl der Dispacheur als der Binnenschiffer, welcher nach B.Sch.G. § 87 Abs. 1 die Dispache selbst aufstellt, verpflichtet. Die Abschrift muß die ganze Rechnung enthalten, nicht blos das Endergebniß oder einen Auszug.

§ 153.

Jeder Betheiligte ist befugt, bei dem Gericht eine Verhandlung über die von dem Dispacheur aufgemachte Dispache zu beantragen. In dem Antrage sind diejenigen Betheiligten zu bezeichnen, welche zu dem Verfahren zugezogen werden sollen.

Wird ein Antrag auf gerichtliche Verhandlung gestellt, so hat das Gericht die Dispache und deren Unterlagen von dem Dispacheur einzuziehen und, wenn nicht offensichtlich die Voraussetzungen der großen Haverei fehlen, den Antragsteller, sowie die von ihm bezeichneten Betheiligten zu einem Termine zu laden. Mehrere Anträge können von dem Gerichte zum Zwecke der gleichzeitigen Verhandlung verbunden werden.

Die Ladung muß den Hinweis darauf enthalten, daß, wenn der Geladene weder in dem Termin erscheine, noch vorher Widerspruch gegen die Dispache bei dem Gericht anmelde, sein Einverständniß mit der Dispache angenommen werden würde. In der Ladung ist zu bemerken, daß die Dispache und deren Unterlagen auf der Gerichtsschreiberei eingesehen werden können.

Die Frist zwischen der Ladung und dem Termine muß wenigstens zwei Wochen betragen.

Gerichtliche Verhandlung über die Dispache §§ 153 bis 158; Antrag und Ladung:

Die nachfolgenden Vorschriften finden auf die vom Binnenschiffer aufgestellte Dispache keine Anwendung.

Abs. 1. Betheiligter und deshalb antragsberechtigt ist der Schiffer, Rheder (Schiffseigner), Befrachter, Eigenthümer der Ladung. Der Antrag erfolgt bei dem nach § 149 zuständigen Gericht. Die Bezeichnung der zum Verfahren zuzuziehenden Betheiligten ist wesentlich, weil nur die bezeichneten, nicht alle Betheiligten zu laden sind; der Antragsteller wird die Zuziehung solcher Betheiligter unterlassen können, welche die Dispache freiwillig anerkennen. Fehlt die Bezeichnung im Antrag, so ist derselbe zur Ergänzung zurückzugeben.

Abs. 2. Abweisung des Antrags ist nur zulässig, wenn die vom Dispacheur eingezogene Dispache und deren Grundlagen offensichtlich ergeben, daß die Voraussetzungen der großen Haverei fehlen. Andernfalls erfolgt, soferne nicht noch vorher eine Ergänzung der Dispache nothwendig ist (§ 154), die Ladung der Betheiligten, welche in dem Antrage bezeichnet sind.

Die Verbindung mehrerer Anträge ist zulässig, wenn sie sich auf dasselbe Schiff beziehen.

Abs. 3. Die Bekanntmachung der Ladung erfolgt nach § 16 Abs. 1 mit C.P.O. §§ 208 bis 213 wegen der in Abs. 4 bestimmten Frist. Was den Inhalt der Ladung anlangt, so ist die Androhung der Versäumnißfolge wesentlich; eine gegen diese Vorschrift verstoßende Ladung kann nicht Grundlage des nachfolgenden Verfahrens sein.

Abs. 4. Ueber Fristberechnung siehe § 17 mit B.G.B. §§ 187 Abs. 1, 188 Abs. 2; die Frist beginnt hienach mit der Zustellung der Ladung und endet mit dem Ablauf desjenigen Tages der zweiten Woche, welcher durch seine Benennung dem Tage der Zustellung der Ladung entspricht.

§ 154.

Erachtet das Gericht eine Vervollständigung der Unterlagen der Dispache für nothwendig, so hat es die Beibringung der erforderlichen Belege anzuordnen. Die Vorschriften des § 151 finden entsprechende Anwendung.

Vervollständigung der Unterlagen: Die Anordnung der Vervollständigung der Unterlagen erfolgt vor der Ladung der Betheiligten. Ist der Dispacheur nicht im Besitz der verlangten Unterlagen, so kann das Gericht von Amtswegen nach § 151 verfahren.

§ 155.

In dem Termin ist mit den Erschienenen über die Dispache zu verhandeln.

Wird ein Widerspruch gegen die Dispache nicht erhoben und ist ein solcher auch vorher nicht angemeldet, so hat das Gericht die Dispache gegenüber den an dem Verfahren Betheiligten zu bestätigen.

Liegt ein Widerspruch vor, so haben sich die Betheiligten, deren Rechte durch ihn betroffen werden, zu erklären. Wird der Widerspruch als begründet anerkannt oder kommt anderweit eine Einigung zu Stande, so ist die Dispache demgemäß zu berichtigen. Erledigt sich der Widerspruch nicht, so ist die Dispache insoweit zu bestätigen, als sie durch den Widerspruch nicht berührt wird.

Werden durch den Widerspruch die Rechte eines in dem Termine nicht erschienenen Betheiligten betroffen, so wird angenommen, daß dieser den Widerspruch nicht als begründet anerkenne.

Verfahren im Termine: **Abs. 1.** In die Verhandlung ist auch mit einem einzigen Erschienenen einzutreten; der Termin ist wegen der Abwesenheit richtig Geladener nicht zu verlegen. Die Verhandlung kann nicht stattfinden, wenn die Ladungsfrist (§ 154 Abs. 4) nicht gewahrt ist, und nicht alle Geladenen erschienen sind, ferner wenn im Antrag Bezeichneter (§ 153 Abs. 1) nicht geladen ist (vergl. Note zu § 153 Abs. 3); der neue Termin kann in diesem Falle den Erschienenen nach § 16 Abs. 3 bekannt gemacht werden; hinsichtlich der übrigen zu ladenden Betheiligten ist neue Ladung erforderlich; bei Anberaumung des Termines ist auf die Möglichkeit der Frist-Wahrung des § 153 Abs. 4 zu achten.

Abs. 2. Widerspruch kann erhoben werden im Termin oder durch Anmeldung vor dem Termin; für die Anmeldung ist keine Form vorgeschrieben, sie kann daher schriftlich oder zu Protokoll des Gerichtsschreibers nach § 11 erfolgen. Der Widerspruch ist der einzige Rechtsbehelf, mit welchem die Berichtigung der Dispache herbeigeführt werden kann; die Einwendungen gegen die Dispache gehen verloren, wenn sie nicht in Form des Widerspruchs geltend gemacht werden (vergl. § 157 Abs. 2).

Liegt ein Widerspruch nicht vor, so erfolgt die beschlußmäßige Bestätigung der Dispache in der vorgelegten Form.

Dieselbe wirkt gegenüber allen rechtswirksam geladenen Betheiligten und ist allen im Antrage Bezeichneten (§ 153 Abs. 1) nach § 16 Abs. 2 Satz 1 mit C.P.O. §§ 208 bis 213 (wegen der sofortigen Beschwerde § 157) oder den Erschienenen nach § 16 Abs. 3 bekannt zu geben.

Abs. 3. Erhebung eines Widerspruchs hindert die Bestätigung, soweit derselbe die Dispache berührt; theilweise Bestätigung ist zulässig und, wo sie möglich ist, geboten.

Sind im Termine alle Betheiligten erschienen oder ist dies zwar nicht der Fall, werden aber durch den Widerspruch Rechte eines Nichterschienenen nicht betroffen, so kann die Bestätigung der Dispache nach erfolgter Berichtigung derselben sofort erfolgen, wenn der Widerspruch von den Betroffenen als begründet anerkannt wird oder anderweitig, insbesondere durch Zurücknahme des Widerspruchs oder vergleichsweises beiderseitiges Nachgeben, eine Einigung zu Stande gekommen ist (§ 156 Abs. 2). Das Gericht hat bei einer Einigung nur vermittelnd aufzutreten, sich aber jedes entscheidenden Ausspruchs zu enthalten.

Sind vom Widerspruch Nichterschienene betroffen, oder kommt eine Einigung nicht zu Stande, so ist im Hinblick auf Abs. 4 die Bestätigung ausgeschlossen, soweit der Widerspruch reicht; es ist dann auch gegen die Nichterschienenen vom Widersprechenden nach § 156 Abs. 1 zu verfahren.

Abs. 4. Von einem Nichterschienenen, der auch keinen Widerspruch angemeldet hat, wird zwar vermuthet, daß er die Dispache, nicht aber auch, daß er einen von anderer Seite erhobenen Widerspruch anerkenne.

§ 156.

Soweit ein Widerspruch nicht gemäß § 155 Abs. 3 erledigt wird, hat ihn der Widersprechende durch Erhebung der Klage gegen diejenigen an dem Verfahren Betheiligten, deren Rechte durch den Widerspruch betroffen werden, zu verfolgen. Die das Vertheilungsverfahren betreffenden Vorschriften der §§ 878, 879 der Civilprozeßordnung finden mit der Maßgabe entsprechende Anwendung, daß das Gericht einem Betheiligten auf seinen Antrag, wenn erhebliche Gründe glaubhaft gemacht werden, die Frist zur Erhebung der Klage verlängern kann und daß an die Stelle der Ausführung des Vertheilungsplans die Bestätigung der Dispache tritt.

Ist der Widerspruch durch rechtskräftiges Urtheil oder in anderer Weise erledigt, so wird die Dispache bestätigt, nachdem sie erforderlichen Falles von dem

Amtsgericht nach Maßgabe der Erledigung der Einwendungen berichtigt ist.

Widerspruch: Abs. 1. Zur Klageerhebung ist der Widersprechende genöthigt, wenn der von dem Widerspruch Betroffene denselben bekämpft oder im Termine nicht erschienen ist; letzterenfalls ist übrigens ein nachträgliches Anerkenntniß des Widerspruchs, das keiner Form bedarf, nicht ausgeschlossen.

In entsprechender Anwendung von C.P.O. § 878 muß der Widersprechende ohne vorherige Aufforderung binnen einer Frist von einem Monat — welche auf Antrag verlängert werden kann, — die mit dem Terminstage beginnt, dem Gericht den Nachweis erbringen, daß er gegen die von dem Widerspruch betroffenen Betheiligten Klage erhoben, das ist den Klageschriftsatz zugestellt habe (C.P.O. § 253). Die einmonatliche Frist berechnet sich nach § 17 mit B.G.B. §§ 187 Abs. 1, 188 Abs. 1, endet also mit dem Ablaufe des Tages des nächsten Monats, welcher durch seine Zahl dem Terminstage entspricht. Nach fruchtlosem Ablauf der Frist hat das Gericht von Amtswegen ohne Rücksicht auf den Widerspruch die Bestätigung zu ertheilen.

Nach C.P.O. § 879 ist für die Klage das nämliche Amtsgericht zuständig, welches mit der Sache als Gericht der freiwilligen Gerichtsbarkeit befaßt ist, wenn jedoch der Streitgegenstand zur Zuständigkeit des Amtsgerichts nicht gehört (G.V.G. §§ 27, 70), das Landgericht, in dessen Bezirk dieses Amtsgericht liegt. Sind mehrere Widersprüche erhoben und gehört auch nur einer von ihnen zur Zuständigkeit des Landgerichts, so ist dieses für alle Klagen zuständig, wenn nicht sämmtliche bei den Widersprüchen Betheiligte die Zuständigkeit des Amtsgerichts zur Entscheidung über alle Widersprüche vereinbaren.

Abs. 2. Vergl. Note zu § 155 Abs. 3 und oben zu Abs. 1, über sofortige Beschwerde gegen die Bestätigung der berichtigten Dispache § 157, über die Wirksamkeit der Bestätigung § 158.

§ 157.

Gegen die Verfügung, durch welche ein nach § 153 gestellter Antrag auf gerichtliche Verhandlung zurückgewiesen oder über die Bestätigung der Dispache entschieden wird, findet die sofortige Beschwerde statt.

Einwendungen gegen die Dispache, welche mittelst Widerspruchs geltend zu machen sind, können nicht im Wege der Beschwerde geltend gemacht werden.

Beschwerde: Abs. 1. Ueber sofortige Beschwerde siehe § 22 Abs. 1. Die Beschwerdeberechtigung regelt sich nach § 20, beschränkt sich daher nicht nothwendig auf die am Verfahren Betheiligten.

Die sofortige Beschwerde findet sowohl gegen eine die Bestätigung ertheilende als dieselbe versagende Entscheidung statt.

Abs. 2. Gegen einen Bestätigungsbeschluß kann die Beschwerde nicht mehr auf materielle Einwendungen gegen die Dispache in ihrer ursprünglichen Form gestützt werden; vergl. Note zu § 155 Abs. 2; unrichtige Berichtigung derselben nach § 155 Abs. 3 und 156 Abs. 2 kann dagegen in der Beschwerde behauptet werden.

§ 158.

Die Bestätigung der Dispache ist nur für das gegenseitige Verhältniß der an dem Verfahren Betheiligten wirksam.

Aus der rechtskräftig bestätigten Dispache findet die Zwangsvollstreckung nach den Vorschriften der Civilprozeßordnung statt.

Für Klagen auf Ertheilung der Vollstreckungsklausel sowie für Klagen, durch welche Einwendungen gegen die in der Dispache festgestellten Ansprüche geltend gemacht werden oder die bei der Ertheilung der Vollstreckungsklausel als eingetreten angenommene Rechtsnachfolge bestritten wird, ist das Amtsgericht zuständig, welches die Dispache bestätigt hat. Gehört der Anspruch nicht vor die Amtsgerichte, so sind die Klagen bei dem zuständigen Landgerichte zu erheben.

Wirksamkeit der Bestätigung: Die Bestätigung der Dispache wirkt nur unter den im Antrag Bezeichneten und infolge dessen zum Verfahren zugezogenen Betheiligten (§ 153).

Ueber Zwangsvollstreckung vergl. C.P.O. §§ 724 ff. Die §§ 731, 767, 768 sind durch die Bestimmungen in Abs. 3 entsprechend modifizirt. „Zuständiges Landgericht" ist dasjenige, in dessen Bezirk das Amtsgericht liegt, welches die Dispache bestätigt hat.

Achter Abschnitt.

Vereinssachen. Güterrechtsregister.

§ 159.

Auf die Eintragungen in das Vereinsregister finden die Vorschriften der §§ 127 bis 130, 142, 143, auf das Verfahren bei der Verhängung von Ordnungsstrafen gegen Mitglieder des Vorstandes oder Liquidatoren eines eingetragenen Vereins finden die Vorschriften der §§ 127, 132 bis 139 entsprechende Anwendung.

Vereinssachen §§ 159, 160: Ein Verein, dessen Zweck nicht auf einen wirthschaftlichen Geschäftsbetrieb gerichtet ist, erlangt nach B.G.B. § 21 durch Eintragung in das Vereinsregister des zuständigen Amtsgerichts die Rechtsfähigkeit; zuständig ist nach § 55 dortselbst das Amtsgericht, in dessen Bezirk der Verein seinen Sitz hat. In das Vereinsregister ist einzutragen, abgesehen von der Anmeldung des Vereins selbst (§ 59), die Aenderung des Vorstands sowie die erneute Bestellung eines Vorstandsmitglieds (§ 67), Aenderung der Satzung (§ 71), Auflösung des Vereins und Entziehung der Rechtsfähigkeit (§ 74), Eröffnung des Konkurses (§ 75), die Liquidatoren und Bestimmungen über Beschlußfassung derselben (§ 76).

Das Verfahren in Registersachen ist im Allgemeinen im B.G.B. §§ 59 ff. geregelt; hier werden einige für das Verfahren bei Eintragung in das Handelsregister getroffene Bestimmungen auf das Vereinsregister ausgedehnt. Hinsichtlich der Ordnungsstrafen enthält materiellrechtliche Bestimmungen B.G.B. § 78; die Ordnungsstrafe darf den Betrag von 300 Mark nicht überschreiten.

Die Vorschriften des I. Abschnittes finden Anwendung, auch hinsichtlich der Beschwerde, soweit nicht in B.G.B. § 60 Abs. 2 (sofortige Beschwerde gegen einen die Anmeldung des Vereins zurückweisenden Beschluß), § 73 Abs. 1 Satz 3 (gegen Entziehung der Rechtsfähigkeit) ausdrücklich die Beschwerde nach Maßgabe der Civilprozeßordnung gegeben ist. Ueber Einsicht des Registers siehe B.G.B. § 79; auf die Einsicht der sonstigen Akten des Registergerichts findet § 34 Anwendung.

§ 160.

Im Falle des § 37 des Bürgerlichen Gesetzbuchs soll das Gericht vor der Verfügung, durch welche über das Verlangen, eine Mitgliederversammlung zu berufen, entschieden wird, soweit thunlich den Vorstand des Vereins hören. Gegen die Verfügung findet die sofortige Beschwerde statt.

Nach B.G.B. § 37 Abs. 2 kann das Amtsgericht, in dessen Bezirk der Verein seinen Sitz hat, Vereinsmitglieder zur Berufung der Mitgliederversammlung ermächtigen und über die Führung des Vorsitzes in der Versammlung Bestimmung treffen.

Die Anordnung des Gehörs des Vorstandes vor der Entscheidung über den bezüglichen Antrag ist hier — im Gegensatz zu § 146 — bloße Ordnungsvorschrift („soll"), die Unterlassung ist daher kein selbständiger Beschwerdegrund ohne gleichzeitige Verletzung eines sonstigen materiellen Rechts (§ 20 Abs. 1).

Ueber sofortige Beschwerde, welche sowohl gegen einen die Berufung anordnenden, wie gegen einen ablehnenden Bescheid, ferner auch hinsichtlich der über Führung des Vorsitzes getroffenen Bestimmungen allein stattfindet, siehe § 22 Abs. 1.

§ 161.

Auf die Eintragungen in das Güterrechtsregister finden die Vorschriften der §§ 127 bis 130, 142, 143 entsprechende Anwendung.

Von einer Eintragung sollen in allen Fällen beide Ehegatten benachrichtigt werden.

Güterrechtsregister: Vergl. B.G.B. §§ 1558 bis 1563.

Abs. 1. Was die sachliche und örtliche Zuständigkeit anlangt, so bestimmt B.G.B. § 1558, daß die Eintragungen in das Güterrechtsregister bei dem Amtsgerichte zu geschehen haben, in dessen Bezirke der Mann seinen Wohnsitz hat; durch Anordnung der Landesjustizverwaltung kann die Führung des Registers für mehrere Amtsgerichtsbezirke einem Amtsgerichte übertragen werden.

Das Verfahren in Registersachen ist theilweise schon im Bürgerlichen Gesetzbuch geregelt; hier sind einige für das Handelsregister getroffene Bestimmungen auch für das Güterrechtsregister anwendbar erklärt; § 130 Abs. 2 erleidet jedoch eine Aenderung durch die Vorschrift in Abs. 2 dieses §. Im Uebrigen finden die Vorschriften des ersten Abschnitts Anwendung. Die Einsicht des Registers regelt B.G.B. § 1563, für die Einsicht sonstiger Akten des Registergerichts gilt § 34.

Abs. 2 ist Ordnungsvorschrift, daher die Nichtbefolgung ohne Einfluß auf die Wirksamkeit der Eintragung und kein selbstständiger Beschwerdegrund. Die Benachrichtigung erfolgt in den Formen des § 16 Abs. 2 Satz 2 oder Abs. 3 an beide Eheleute auch dann, wenn der Antrag nur von einem von ihnen gestellt ist.

§ 162.

Das Amtsgericht hat auf Verlangen eine Bescheinigung darüber zu ertheilen, daß bezüglich des Gegenstandes einer Eintragung weitere Eintragungen in das Vereins- oder Güterrechtsregister nicht vorhanden sind oder daß eine bestimmte Eintragung in das Register nicht erfolgt ist.

Bescheinigungen auf Grund des Vereins- und Güterrechtsregisters: Vergl. die entsprechende Vorschrift des H.G.B. § 9 Abs. 3. Die Ertheilung von Bestätigungen positiven Inhalts durch Abschriften aus dem Vereins- und Güterrechtsregister regeln B.G.B. §§ 79 und 1563. Die nach gegenwärtiger Vorschrift zu ertheilenden Bestätigungen dienen zum Nachweise, daß eine Veränderung der Rechtslage nicht eingetreten sei, so insbesondere beim Verein hinsichtlich der Vertretungsbefugniß, beim Güterrechtsregister zum Nachweis des Güterstandes.

Neunter Abschnitt.

Offenbarungseid. Untersuchung und Verwahrung von Sachen. Pfandverkauf.

§ 163.

Ist in den Fällen der §§ 259, 260, 2028, 2057 des Bürgerlichen Gesetzbuchs der Offenbarungseid nicht vor dem Prozeßgerichte zu leisten, so finden die Vorschriften des § 79 entsprechende Anwendung.

Offenbarungseid: Wer zur Rechnungstellung über eine geführte Verwaltung (B.G.B. § 259), zur Vorlage eines Verzeichnisses über den Bestand eines Inbegriffes von Gegenständen (§ 260), zur Auskunftsertheilung über die Führung erbschaftlicher Geschäfte und den Verbleib von Erbschaftsgegenständen (§ 2028), als Miterbe zur Auskunftsertheilung über die von ihm zur Ausgleichung zu bringenden Zuwendungen (§ 2057) verpflichtet ist, hat unter den in den betreffenden §§ angegebenen Voraussetzungen den Offenbarungseid zu leisten.

Mußte die Eidesleistung im Prozeßwege erzwungen werden, so erfolgt die Eidesleistung vor dem Prozeßgericht erster Instanz (C.P.O. § 889); auf das Verfahren finden ausschließlich die Vorschriften der Civilprozeßordnung Anwendung. Die Vorschriften dieses Gesetzes über das Verfahren gelten nur für den Fall, daß der Schwurpflichtige seine Verpflichtung zur Eidesleistung freiwillig anerkennt und sich zu derselben erbietet.

Vergl. über das Verfahren Note zu § 79; an Stelle des Nachgläubigers tritt hier derjenige, welcher nach dem bürgerlichen Rechte die Eidesleistung zu verlangen berechtigt ist.

Sachlich zuständiges Gericht für die Eidesabnahme in der freiwilligen Gerichtsbarkeit ist das Amtsgericht nach B.G.B. § 261, welcher in Verbindung mit § 2028 Abs. 3, § 2057 Satz 2 zugleich die örtliche Zuständigkeit regelt.

§ 164.

In den Fällen, in denen nach den Vorschriften des bürgerlichen Rechtes Jemand den Zustand oder den Werth einer Sache durch Sachverständige feststellen lassen kann, ist für die Ernennung, Beeidigung und Vernehmung der Sachverständigen das Amtsgericht zuständig, in dessen Bezirke sich die Sache befindet. Durch eine ausdrückliche Vereinbarung der Betheiligten kann die Zuständigkeit eines anderen Amtsgerichtes begründet werden.

Eine Anfechtung der Verfügung, durch welche dem Antrage stattgegeben wird, ist ausgeschlossen.

Bei dem Verfahren ist der Gegner soweit thunlich zu hören.

Feststellung des Zustandes oder Werthes von Sachen durch Sachverständige: **Abs. 1.** Die Bestimmung gilt für alle Fälle, in welchen die Feststellung verlangt werden kann kraft reichsrechtlicher oder landesrechtlicher Vorschrift privatrechtlicher Natur, letzteren Falles soweit nicht von dem Vorbehalte des § 189 zu Gunsten der Landesgesetzgebung Gebrauch gemacht ist; in Betracht kommen namentlich die Vorschriften des Bürgerlichen Gesetzbuches §§ 1034, 1067 (Feststellung des Zustandes der mit einem Nießbrauche belasteten Sachen), 1372 Abs. 2, 1439, 1528 Abs. 2, 1550 Abs. 2 (Feststellung des Zustandes der zum eingebrachten Gut gehörigen und vom Gesammtgute ausgenommenen Sachen), 2122 (Feststellung des Zustandes von zu einer Erbschaft gehörenden Sachen auf Antrag des Vor- oder Nacherben), sodann des Handelsgesetzbuches §§ 438 Abs. 3 (Feststellung des Zustandes eines Frachtguts), § 464 (eines Eisenbahnfrachtgutes), §§ 608, 609 (eines Schiffsfrachtgutes); vergl. auch § 148 Abs. 2 und Note hiezu.

Die hier gegebene Zuständigkeitsregel ist dispositives Recht; sie kann durch Vereinbarung der sämmtlichen Betheiligten geändert werden; einseitige Antragstellung bei einem unzuständigen Gerichte, ohne daß der andere Theil ausdrücklich zustimmt, rechtfertigt die Ablehnung der Thätigkeit wegen Unzuständigkeit; vergl. übrigens § 7. Maßgebend für die gesetzliche Zuständigkeit ist der Zeitpunkt der Antragstellung; das Amtsgericht, in dessen Bezirk die Sache in diesem Zeitpunkte sich befindet, bleibt zuständig, auch wenn vor Durchführung des Verfahrens eine Ortsveränderung hinsichtlich der Sache eintritt.

Abs. 2. Ein ablehnender Bescheid ist mit einfacher Beschwerde anfechtbar, sei es, daß das Gericht jede Thätigkeit oder nur eine der drei in Abs. 1 aufgeführten Maßnahmen verweigert. Ausgeschlossen ist die Beschwerde, wenn und soweit dem Antrage stattgegeben ist.

Abs. 3. Das Gehör des Gegners kann schriftlich oder mündlich erfolgen; dasselbe ist Pflicht des Gerichtes, dessen Unterlassung daher im Hinblick auf § 20 Abs. 1, selbständiger Beschwerdegrund, da ein wenn auch nur formelles Recht auf Gehör besteht.

§ 165.

In den Fällen der §§ 432, 1217, 1281, 2039 des Bürgerlichen Gesetzbuchs ist für die Bestellung des Verwahrers das Amtsgericht zuständig, in dessen Bezirke sich die Sache befindet.

Ueber eine von dem Verwahrer beanspruchte Vergütung entscheidet das Amtsgericht.

Vor der Bestellung des Verwahrers und vor der Entscheidung über die Vergütung sind die Betheiligten soweit thunlich zu hören.

Verwahrung: **Abs. 1.** Für die hier geregelte örtliche Zuständigkeit kommt es nicht auf den Ort der künftigen Verwahrung an, sondern auf denjenigen, an welchem zur Zeit der Bestellung des Verwahrers die Sache sich befindet. Die Fälle der Verwahrung, für welche die Vorschrift gilt, sind folgende:

Verwahrung bei einer untheilbaren Leistung und Mehrheit der Gläubiger, welche nicht Gesammtgläubiger sind (§ 432 Abs. 1),

Verwahrung des Pfandes wegen Verletzung der Rechte des Verpfänders durch den Pfandgläubiger (§ 1217),

Verwahrung einer geschuldeten Sache bei Bestehen eines Pfandrechtes an dem Anspruche auf Herausgabe derselben (§ 1281),

Verwahrung einer zu einem Nachlasse geschuldeten Sache beim Vorhandensein mehrerer Erben (§ 2039).

Abs. 2. Die Festsetzung der Vergütung erfolgt auf Antrag des Verwahrers oder des Zahlungspflichtigen durch das Amtsgericht, welches den Verwahrer bestellt hat.

Abs. 3. Vergl. das in Note zu § 164 Abs. 3 Gesagte, das auch hier gilt.

§ 166.

Im Falle des § 1246 Abs. 2 des Bürgerlichen Gesetzbuchs ist für die Entscheidung des Gerichts das Amtsgericht des Ortes zuständig, an welchem das Pfand aufbewahrt wird.

Vor der Entscheidung sind die Betheiligten soweit thunlich zu hören.

Pfandverkauf: **Abs. 1.** B.G.B. § 1246 Abs. 2 überträgt dem Gerichte die Entscheidung, wenn eine von den regelmäßigen Vorschriften der §§ 1235 bis 1240 abweichende Art des Pfandverkaufs gewollt wird, und die Betheiligten sich nicht einigen. Als zuständiges Gericht zu dieser Entscheidung ist das Amtsgericht bestimmt, in dessen Bezirk sich das Pfand zur Zeit der Anrufung des Gerichts befindet, ohne Rücksicht, wo die Betheiligten wohnen oder wo der Verkauf stattfinden soll; örtliche Unzuständigkeit des entscheidenden Amtsgerichts ist jedoch ohne Einfluß auf die Wirksamkeit der Entscheidung (§ 7).

Nach der Bekanntmachung der Entscheidung kann der Pfandverkauf sofort in der angeordneten Weise erfolgen (§ 16 Abs. 1). Einfache Beschwerde ist zwar zulässig, eine abändernde Entscheidung des Beschwerdegerichts aber im Hinblick auf § 32 wirkungslos, wenn der Pfandverkauf bereits erfolgt ist; bei Beschwerdeeinlegung vor erfolgtem Verkauf kann auf dem Wege des § 24 Abs. 2 und 3 der Verkauf verhindert werden

Abs. 2. Vergl. Note zu § 165 Abs. 3.

Zehnter Abschnitt.

Gerichtliche und notarielle Urkunden.

§ 167.

Für die gerichtliche Beurkundung eines Rechtsgeschäfts sowie für die gerichtliche Beglaubigung eines Handzeichens sind die Amtsgerichte zuständig.

Für die öffentliche Beglaubigung einer Unterschrift sind außer den Notaren die Amtsgerichte zuständig. Das Gleiche gilt für die Aufnahme der im § 1718 und im § 1720 Abs. 2 des Bürgerlichen Gesetzbuchs vorgesehenen öffentlichen Urkunden über die Anerkennung der Vaterschaft; für die Aufnahme dieser Urkunden ist, wenn die Anerkennung der Vaterschaft bei der Anzeige der Geburt des Kindes oder bei der Eheschließung seiner Eltern erfolgt, auch der Standesbeamte zuständig, welcher die Geburt oder die Eheschließung beurkundet.

Zuständigkeit für die gerichtliche Beurkundung, für die Beglaubigung von Unterschriften und Handzeichen, für die Beurkundung nach B.G.B. §§ 1718, 1720 Abs. 2.

Die Vorschriften der §§ 167 ff. beziehen sich nur auf die Beurkundungen in der freiwilligen Gerichtsbarkeit, nicht auf diejenigen im Laufe eines Civilprozesses. Wird ein Rechtsgeschäft, das nach dem bürgerlichen Recht der gerichtlichen oder notariellen Beurkundung bedarf, in der prozessualen Form des Vergleichs, des Verzichts oder der Anerkennung vorgenommen, so hat die Beurkundung nach den Bestimmungen der Civilprozeßordnung zu erfolgen. Ueber Unanwendbarkeit der Bestimmungen des I. Abschnitts siehe Note zu § 1.

Abs. 1. Sachlich zuständig ist das Amtsgericht in denjenigen Fällen, in welchen die gerichtliche Beurkundung eines Rechtsgeschäfts vorgeschrieben oder zulässig ist. Eine Vorschrift darüber, wann gerichtliche Beurkundung einzutreten hat, fällt nicht in den Rahmen dieses Gesetzes; diese Frage haben die sonstigen Gesetze — Reichs- oder Landesgesetze — zu entscheiden; im Falle gerichtlicher Beurkundung auf Grund landesgesetzlicher Vorschriften ist jedoch § 189 zu beachten. In den Fällen, in welchen das Bürgerliche Gesetzbuch gerichtliche oder notarielle Beurkundung vorschreibt, kann die Landesgesetzgebung eine ausschließliche Zuständigkeit der Gerichte oder der Notare schaffen. Ueber die gerichtliche Beurkundung von Verträgen siehe auch B.G.B. § 128.

Ebenso ist das Amtsgericht sachlich zuständig, soweit gerichtliche Beglaubigung von Handzeichen kraft gesetzlicher Vorschrift einzutreten hat. Ueber den Begriff des Handzeichens siehe Note zu § 183 Abs. 3. Nach B.G.B. § 126 ist Unterzeichnung mittelst gerichtlich oder notariell beglaubigten Handzeichens nothwendig, wo nicht eigenhändige Namensunterschrift möglich ist, wenn durch Gesetz schriftliche Form vorgeschrieben ist. Ferner bedürfen nach W.O. Art. 94 Handzeichen bei Wechselerklärungen der gerichtlichen oder notariellen Beglaubigung, um der Erklärung Wechselkraft zu verleihen. Die amtsgerichtliche Zuständigkeit kann nach § 191 Abs. 2 durch Landesgesetz zu Gunsten der Notare ausgeschlossen werden. Ueber das Verfahren bei der Beglaubigung siehe § 183 Abs. 3.

Die örtliche Zuständigkeit ist für keinen der beiden Fälle allgemein reichsrechtlich geregelt; es ist daher nach der Wahl der Betheiligten jedes Amtsgericht zuständig, soferne nicht für besondere Fälle Ausnahmen bestehen oder landesgesetzlich nach § 200 die örtliche Zuständigkeit geregelt ist.

Abs. 2. Satz 1 ist eine Ausführungsbestimmung zu B.G.B. § 129; er schafft die sachliche Zuständigkeit der Amtsgerichte neben der der Notare. Nach B.G.B. § 129 muß, wenn für eine Erklärung durch Gesetz öffentliche Beglaubigung vorgeschrieben ist, die Erklärung schriftlich abgefaßt und die Unterschrift des Erklärenden von der zuständigen Behörde oder einem zuständigen Beamten oder Notar beglaubigt werden. Als zuständige Behörde oder zuständiger Beamter kommt also reichsrechtlich nur das Amtsgericht bezw. ein Richter desselben in Betracht; nach Landesrecht können einerseits noch andere Behörden oder Beamte (auch das Amtsgericht) zuständig sein (§ 191 Abs. 1), während anderseits die Zuständigkeit des Amtsrichters ausgeschlossen werden kann (§ 191 Abs. 2.) Ueber das Verfahren bei der Beglaubigung siehe § 183 Abs. 1 und 2.

Satz 2 ist Ausführungsbestimmung zu B.G.B. §§ 1718 und 1720 Abs. 2, indem er die sachliche Zuständigkeit zur Aufnahme der dort bezeichneten öffentlichen Urkunden regelt.

B.G.B. § 1718 schließt die Einrede mehrerer Beischläfer aus nach Anerkennung der Vaterschaft zu einem außerehelichen Kinde in einer öffentlichen Urkunde, § 1720 Abs. 2 stellt die Vermuthung der Beiwohnung innerhalb der Empfängnißzeit, also der Ehelichkeit des Kindes (§ 1591) auf, wenn ein Ehemann die Vaterschaft zu dem von seiner Ehefrau geborenen Kinde in einer öffentlichen Urkunde anerkannt hat.

Reichsrechtlich zuständig sind die Richter eines Amtsgerichts, die Notare und die Standesbeamten, letztere jedoch unter der Voraussetzung, daß die Anerkennung der Vaterschaft sofort bei der Anzeige des Kindes oder bei Gelegenheit der Eheschließung seiner Eltern erfolgt; beide Alternativen beziehen sich sowohl auf den Fall des B.G.B. § 1718 wie des § 1720 Abs. 1. Landesrechtlich können weitere Behörden und Beamte zuständig sein.

Die örtliche Zuständigkeit ist auch hier nicht reichsrechtlich geregelt; für den Standesbeamten ergibt sie sich aus dem Personenstandsgesetz.

§ 168.

Für die gerichtliche und die notarielle Beurkundung eines Rechtsgeschäfts gelten, unbeschadet der Vorschriften des Bürgerlichen Gesetzbuchs über die Errichtung von Testamenten und Erbverträgen, die §§ 169 bis 182. Als Betheiligter im Sinne der §§ 169 bis 182 ist derjenige anzusehen, dessen Erklärung beurkundet werden soll.

Verfahren bei der Beurkundung von Rechtsgeschäften: Das Bürgerliche Gesetzbuch hat sich darauf beschränkt, die Formen der Testamentserrichtung sowie des Abschlusses von Erbverträgen zu regeln. (§§ 2233 bis 2245, 2276).

Auf die Beurkundung sonstiger Rechtsgeschäfte finden im Hinblick auf die Zuständigkeitsbestimmung des § 167 die Vorschriften des 1. Abschnitts keine Anwendung; das Verfahren ist daher in den folgenden §§ besonders geregelt.

1. Die Vorschriften gelten nur für die Beurkundung von Rechtsgeschäften, das ist von Privatwillenserklärungen, gerichtet auf die Hervorbringung eines rechtlichen Erfolges, welcher nach der Rechtsordnung deswegen eintritt, weil er gewollt ist; ausgeschlossen ist die Anwendung bei Beurkundung von Rechtshandlungen, das sind Handlungen, an welche die Rechtsordnung einen rechtlichen Erfolg knüpft, ferner von rechtlich relevanten Thatsachen (z. B. von Beschlüssen der Generalversammlung einer Aktiengesellschaft oder Kommanditgesellschaft auf Aktien);
2. sie gelten, sei es, daß die gerichtliche oder notarielle Beurkundung ausdrücklich vorgeschrieben oder daß schlechthin öffentliche Beurkundung vorgeschrieben ist, im einzelnen Fall aber gerichtliche oder notarielle Beurkundung eintritt, oder endlich daß an sich Formfreiheit besteht, aber nach dem Willen der Betheiligten gerichtliche oder notarielle Beurkundung erfolgen soll; sie gelten dagegen nicht für die öffentliche Beurkundung, welche nicht durch einen Richter oder Notar erfolgt.

Unter Betheiligten sind diejenigen zu verstehen, deren mündliche Erklärung, nicht deren Wille beurkundet werden soll. Es ist daher die Partei, in deren Angelegenheiten oder in deren Namen die Erklärung abgegeben wird, nicht unter jenem Ausdruck inbegriffen. Wenn Jemand zur Abgabe einer Erklärung einen Vertreter bestellt hat oder kraft Gesetzes sich eines solchen bedienen muß, ist der Vertreter Betheiligter, nicht der Vertretene.

Vergl. über Betheiligte bei einer Versteigerung § 181; siehe ferner über den Gegensatz zu den mitwirkenden Personen Note zu § 174.

§ 169.

Ist ein Betheiligter nach der Ueberzeugung des Richters oder des Notars taub, blind, stumm oder sonst am Sprechen verhindert, so muß der Richter einen Gerichtsschreiber oder zwei Zeugen, der Notar einen zweiten Notar oder zwei Zeugen zuziehen.

Zuziehung von Urkundspersonen bei Betheiligung von mit Mängeln behafteten Personen: Vergl. B.G.B. § 2243 hinsichtlich der Testamentserrichtung Stummer. Ueber „Betheiligte" siehe § 168 Satz 2, 181.

Es kommt für die Einhaltung der hier vorgeschriebenen Form und damit der Giltigkeit und Wirksamkeit der Beurkundung nur darauf an, daß der Richter oder Notar die Ueberzeugung erlangt hat, daß der Betheiligte mit einem der aufgeführten Mängel behaftet ist; daß die Ueberzeugung der Wahrheit nicht entspricht, schadet nicht, anderseits ist die Beurkundung als öffentliche auch ohne Beachtung dieser Vorschriften giltig, wenn der Richter oder Notar die Ueberzeugung nicht erlangen konnte trotz Vorhandenseins dieser Gebrechen.

Taub ist nur diejenige Person, deren Gehörsvermögen vollständig aufgehoben ist.

Bei stummen oder sonst am Sprechen verhinderten Personen, mit welchen schriftliche Verständigung nicht möglich ist, tritt an die Stelle dieser Vorschrift die des § 178.

An Stelle des Gerichtsschreibers oder der zwei Zeugen kann nach § 198 kraft landesgesetzlicher Vorschrift eine besonders dazu bestellte Urkundsperson treten.

§ 170.

Als Richter, Notar, Gerichtsschreiber oder Zeuge kann bei Beurkundung nicht mitwirken:

1. wer selbst Betheiligter ist sowie derjenige, für welchen ein Betheilgter als Vertreter handelt;
2. der Ehegatte eines Betheiligten, auch wenn die Ehe nicht mehr besteht;
3. wer mit einem Betheiligten in gerader Linie oder im zweiten Grade der Seitenlinie verwandt oder verschwägert ist;
4. wer zu demjenigen, für welchen ein Betheiligter als Vertreter handelt, in einem Verhältnisse der unter Nr. 2, 3 bezeichneten Art steht.

Ausschließung von der Mitwirkung bei der Beurkundung (§§ 170 bis 172). Vergl. § 6, ferner die analoge Bestimmung des B.G.B. 2234 bei Testamentserrichtung. Die Vorschriften in §§ 170 bis 172 sind zwingender Natur, und hat ihre Nichtbeachtung Nichtigkeit der Beurkundung zur Folge; die Urkunde gilt als Privaturkunde; wo also öffentliche Beurkundung nothwendig, ist das beurkundete Geschäft bei Verstoß gegen die Vorschrift selbst nichtig (B.G.B. § 125).

Die Bestimmung der §§ 170, 171 kommt auch gegenüber dem nach § 169 zuzuziehenden zweiten Notar zur Anwendung, sie gilt ferner auch für den Schreibzeugen nach § 177 Abs. 2, für den Dolmetscher (§ 180) und die landesgesetzliche Urkundsperson (§ 198).

Zu Nr. 1. Zum Begriff des „Betheiligten" siehe § 168 Satz 2, § 181. Da nach § 168 Satz 2 Betheiligter nur der Vertreter, nicht der Vertretene ist, war es nothwendig, den Vertretenen als ausgeschlossen besonders anzuführen; die Voraussetzung der Ausschließung des Vertretenen ist eine doppelte: Bestehen eines Vertretungsverhältnisses zwischen einem bei der Beurkundung Mitwirkenden und einem Betheiligten — kraft Gesetzes oder Vertrags, hier Spezial- oder Generalvollmacht — und zugleich Handeln des Vertreters als solchen für den Vertretenen in der betreffenden Sache, welche beurkundet wird.

Zu Nr. 2. Als nicht mehr bestehend gilt nicht nur diejenige Ehe, welche vorher rechtsgültig bestanden hat und dann durch Tod, Scheidung oder Wiederverheirathung nach Todeserklärung (B.G.B. § 1348) aufgelöst wurde, sondern auch diejenige, welche nur thatsächlich bestand und später für nichtig oder in Folge Anfechtung für ungültig erklärt wurde (B.G.B. §§ 1323 ff.)

Der Verlobte ist nicht ausgeschlossen.

Zu Nr. 3. Siehe über Verwandtschaft B.G.B. § 1589 (es gilt insbesondere der Vater eines unehelichen Kindes mit diesem nicht als verwandt; bei einer Beurkundung nach B.G.B. § 1718 tritt aber Ausschließung wegen Betheiligung ein), über Verwandtschaft mit dem an Kindesstatt Angenommenen und dessen Abkömmlingen B.G.B. §§ 1757, 1762; über Schwägerschaft B.G.B. § 1590, insbesondere über Fortdauer der Schwägerschaft § 1590 Abs. 2.

Verwandtschaft oder Schwägerschaft zwischen mehreren bei der Beurkundung mitwirkenden Personen ist kein Ausschließungsgrund.

Zu Nr. 4. Während Nr. 2 und 3 auf das Verhältniß zu dem als Vertreter Betheiligten Anwendung findet, ist hier als Ausschließungsgrund ein Verhältniß der bezeichneten Art zu den Vertretenen bezeichnet.

§ 171.

Als Richter, Notar, Gerichtsschreiber oder Zeuge kann bei der Beurkundung nicht mitwirken:

1. derjenige, zu dessen Gunsten in der Urkunde eine Verfügung getroffen wird;
2. wer zu demjenigen, zu dessen Gunsten in der Urkunde eine Verfügung getroffen wird, in einem Verhältnisse der im § 170 Nr. 2, 3 bezeichneten Art steht.

Die Mitwirkung einer hiernach ausgeschlossenen Person hat zur Folge, daß die Beurkundung insoweit nichtig ist, als sie eine Verfügung zu Gunsten einer der im Abs. 1 Nr. 1, 2 bezeichneten Personen zum Gegenstande hat.

Vergl. B.G.B. § 2235 für Testamentserrichtung.

Hinsichtlich der ausgeschlossenen Personen und der Folgen der Nichtbeachtung dieser Vorschrift vergl. Note zu § 170 am Eingang. Die Folge der Nichtigkeit der Beurkundung ist jedoch zu hier beschränkt durch die Vorschrift in Abs. 2; die Beurkundung gilt hinsichtlich ihres sonstigen Inhalts als öffentliche. Von der theilweisen Nichtigkeit der Beurkundung ist jedoch zu unterscheideu die theilweise Nichtigkeit des beurkundeten Rechtsgeschäftes, welche sich nach B.G.B. § 125 daran knüpft, und welche trotz formeller Giltigkeit des übrigen Theiles der Beurkundung Nichtigkeit des ganzen Geschäfts zur Folge haben kann (B.G.B. § 139).

Zu Gunsten einer Person ist eine Verfügung getroffen, wenn die Person aus den beurkundeten Erklärungen unmittelbar einen materiellen Vortheil zieht oder ein Recht erwirbt, auch wenn an diesen Rechtserwerb sich wieder Verpflichtungen knüpfen. Nicht ausgeschlossen ist, wer an dem beurkundeten Geschäfte nur ein mittelbares Interesse hat.

§ 172.

Als Gerichtsschreiber oder zweiter Notar oder Zeuge kann bei der Beurkundung nicht mitwirken, wer zu dem Richter oder dem beurkundenden Notar in einem Verhältnisse der im § 170 Nr. 2, 3 bezeichneten Art steht.

Vergl. B.G.B. § 2236. Die Vorschrift findet auch auf den Dolmetscher (§ 180) und die landesrechtlichen Urkundspersonen Anwendung (§ 198). Verletzung der Vorschrift ist auch hier Nichtigkeitsgrund (vergl. Note zu § 170). Eine Ausdehnung der Vorschrift über ihren Wortlaut ist nicht zulässig; Verwandtschaft oder Schwägerschaft zwischen zwei Zeugen, zwischen Gerichtsschreiber und einem Zeugen, zwischen den zwei Notaren 2c. ist kein Ausschließungsgrund.

§ 173.

Als Zeuge soll bei der Beurkundung nicht mitwirken:

1. ein Minderjähriger;
2. wer der bürgerlichen Ehrenrechte für verlustig erklärt ist, während der Zeit, für welche die Aberkennung der Ehrenrechte erfolgt ist;
3. wer nach den Vorschriften der Strafgesetze unfähig ist, als Zeuge eidlich vernommen zu werden;
4. wer als Gesinde oder Gehilfe im Dienste des Richters oder des beurkundenden Notars steht.

Untauglichkeit als Zeuge: Vergl. B.G.B. §§ 2237. Diese Bestimmung ist lediglich Ordnungsvorschrift, ihre Nichtbeachtung daher ohne Einfluß auf die Giltigkeit der Beurkundung; sie gilt auch für den Dolmetscher (§ 180), nicht aber für die landesgesetzlichen Urkundspersonen (§ 198).

Zu Nr. 1. Vergl. B.G.B. § 2; ein für volljährig Erklärter ist im Hinblick auf § 3 Abs. 2 nicht untauglich. Sonstige in der Geschäftsfähigkeit beschränkte Personen (B.G.B. § 114) sind nicht untauglich als Zeugen.

Zu Nr. 2 siehe St.G.B. §§ 32, 34 Nr. 5, § 36.

Zu Nr. 3 siehe St.G.B. § 161.

Zu Nr. 4. Untauglich sind nicht blos Personen, welche dem Richter oder Notar in dieser seiner Eigenschaft, also in Bezug auf seine amtliche Thätigkeit Dienste leisten, sondern auch alle häuslichen und sonstigen Bediensteten. Ein Verhältniß der hier bezeichneten Art zu einem Betheiligten oder dem von einem solchen Vertretenen oder dem nach § 169 zugezogenen zweiten Notar ist kein Untauglichkeitsgrund.

§ 174.

Die bei der Beurkundung mitwirkenden Personen müssen bei der Vorlesung, Genehmigung und Unterzeichnung der Urkunde zugegen sein.

Anwesenheit der mitwirkenden Personen: Diese stehen nach der Terminologie des Gesetzes im Gegensatz zu den Betheiligten (§§ 168 Satz 2, 181); Mitwirkende sind nur der Richter, die beiden Notare, der Gerichtsschreiber, die Zeugen, ferner die landesrechtlichen Urkundspersonen (§ 198).

Anwesenheit sämmtlicher mitwirkenden Personen während der ganzen Verhandlung ist nicht nothwendig, sondern nur während der nach § 177 Abs. 1 erfolgenden Vorlesung, der Genehmigung und Unterzeichnung durch die Betheiligten (vergl. dagegen B.G.B. § 2239 bei Testamentserrichtung und § 2276 bei Beurkundung eines Erbvertrags).

Verletzung der Vorschrift entzieht der Urkunde ihren Charakter als öffentliche Urkunde; vergl. Note zu § 170.

§ 175.

Ueber die Verhandlung muß ein Protokoll in deutscher Sprache aufgenommen werden.

Protokollirung in deutscher Sprache: Die Beurkundung selbst erfolgt in Form eines Protokolls. Die Abfassung desselben ausschließlich in deutscher Sprache erleidet auch keine Ausnahme bei Betheiligung von Personen, welche der deutschen Sprache nicht mächtig sind; vergl. § 179 und Note.

§ 176.

Das Protokoll muß enthalten:

1. Ort und Tag der Verhandlung;
2. die Bezeichnung der Betheiligten und der bei der Verhandlung mitwirkenden Personen;
3. die Erklärung der Betheiligten.

Wird in der Erklärung auf eine Schrift Bezug genommen und diese dem Protokoll als Anlage beigefügt, so bildet sie einen Theil des Protokolls.

Das Protokoll soll eine Angabe darüber enthalten, ob der Richter oder der Notar die Betheiligten kennt oder, sofern dies nicht der Fall ist, in welcher Weise er sich Gewißheit über ihre Persönlichkeit verschafft hat. Kann er sich diese Gewißheit nicht verschaffen, wird aber gleichwohl die Aufnahme der Verhandlung verlangt, so sollen der Sachverhalt und dasjenige, was zur Feststellung der Persönlichkeit beigebracht ist, in das Protokoll aufgenommen werden.

Inhalt des Protokolls: **Abs.** 1. Die hier aufgeführten Erfordernisse sind so wesentlich, daß ihre Nichtbeachtung die Beurkundung nichtig macht.

Als Ort der Verhandlung ist nur derjenige anzuführen, an welchem auf Grund der endgiltigen Verhandlung die Beurkundung stattfand. Dasselbe gilt für die Angabe des Tages der Verhandlung. Haben schon an einem früheren Tage und etwa an einem anderen Orte in Bezug auf die jetzige Beurkundung vor dem Richter oder Notar Besprechungen stattgefunden, so ist der Ort und die Zeit dieser Vorverhandlungen nicht anzugeben.

Die Bezeichnung der Betheiligten und der mitwirkenden Personen muß in einer jeden Zweifel über die Identität ausschließenden Weise erfolgen; vergl. über Betheiligte und Mitwirkende Note zu § 174, ferner § 168 Abs. 2 und § 181.

Als zu beurkundende Erklärungen kommen nur diejenigen in Betracht, welche für das zu beurkundende Geschäft von Bedeutung sind; wenn der Betheiligte sich zu dem Inhalt einer von ihm überreichten oder ihm vorgelegten Urkunde bekennt, dann ist nur diese Erklärung zu beurkunden.

Abs. 2. Die Schrift, auf welche Betheiligte in der Erklärung Bezug nehmen, ist dem Protokoll als Anlage beizufügen; über die äußere Art der Verbindung — Anheftung, Verbindung mit dem Siegel —, um eine Abtrennung und Aenderung der Anlage zu verhüten, ist reichsrechtlich nichts bestimmt. Die Schrift braucht nicht besonders unterzeichnet zu werden; da sie Bestandtheil des Protokolls wird, genügt die Unterschrift unter diesem.

Abs. 3 enthält lediglich eine Ordnungsvorschrift, deren Nichtbeachtung für die Giltigkeit der Beurkundung ohne Einfluß ist.

In der Wahl der Mittel, durch welche sich der Notar die Ueberzeugung von der Identität der Betheiligten verschafft, ist keine Schranke gezogen; das Ermessen des Beamten entscheidet, ob er den erbrachten Identitätsnachweis für genügend erachten will. Im Protokoll ist jedoch zu konstatiren, durch welche Mittel sich der Beamte von der Identität Gewißheit verschafft hat.

Kann ein Nachweis der Identität nicht erbracht werden, so darf die Beurkundung aus diesem Grunde nicht abgelehnt werden, wenn die Betheiligten auf derselben bestehen. Der Richter oder Notar hat in diesem Falle zur Vermeidung eigener Haftung nach Satz 2 zu verfahren, insbesondere also zu konstatiren, daß die Betheiligten auf der Vornahme der Beurkundung bestanden, und mit welchen Mitteln sie versuchten, ihre Identität zu erweisen.

§ 177.

Das Protokoll muß vorgelesen, von den Betheiligten genehmigt und von ihnen eigenhändig unterschrieben werden. Im Protokolle muß festgestellt werden, daß dies geschehen ist. Das Protokoll soll den Betheiligten auf Verlangen auch zur Durchsicht vorgelegt werden.

Erklärt ein Betheiligter, daß er nicht schreiben könne, so muß diese Erklärung im Protokolle festgestellt werden. Bei der Vorlesung und der Genehmigung muß der Richter oder der Notar einen Zeugen zuziehen. In den Fällen des § 169 bedarf es dieser Zuziehung nicht; das Gleiche gilt, wenn in anderen Fällen ein Gerichtsschreiber oder ein zweiter Notar zugezogen wird.

Das Protokoll muß von den mitwirkenden Personen unterschrieben werden.

Abschluß des Protokolls: Abs. 1. Die Vorlesung des Protokolls, die Genehmigung durch die Betheiligten (§§ 168 Satz 2, 181) und die Unterschrift der Letzteren erfolgt in Gegenwart der mitwirkenden Personen (§ 174). Die erfolgte Vorlesung und Genehmigung ist im Protokoll festzustellen. Diese beiden Vorschriften sind zwingender Natur, ihre Nichtbefolgung nimmt der Urkunde die Eigenschaft als öffentliche.

Die Namensunterschrift kann nicht durch beglaubigtes Handzeichen ersetzt werden; für den Fall, daß ein Betheiligter nicht schreiben kann, trifft Abs. 2 Vorsorge; auch die Benützung eines Namensstempels ist ausgeschlossen.

Sind in einem äußerlich zusammenhängenden Protokolle mehrere von einander unabhängige Rechtsgeschäfte beurkundet, so gilt die Protokollirung jedes Rechtsgeschäfts als Protokoll im Sinne des § 177; Vorlesung, Genehmigung und Unterschrift kann also für jedes Rechtsgeschäft gesondert erfolgen; das ist insbesondere für die Versteigerung von Bedeutung wegen der möglichen Verschiedenheit der Betheiligten (Ansteigerer).

Die Anordnung der Vorlage des Protokolls zur Durchsicht auf Verlangen ist Ordnungsvorschrift; die Vorlage zur Durchsicht tritt in diesem Falle zu der Verlesung hinzu, vermag aber diese nicht zu ersetzen.

Abs. 2. Die mangelnde Unterschrift eines Betheiligten wird durch die unter Beobachtung der weiteren Vorschriften des Abs. 2 erfolgte Feststellung, daß der Betreffende nicht schreiben zu können erklärt hat, ersetzt. Nothwendig ist behauptete dauernde oder vorübergehende Unfähigkeit zum Schreiben, nicht genügend Verhinderung am Unterschreiben aus sonstigen Motiven (Israeliten am Sabath). Ob die Erklärung auf Wahrheit beruht, ist für die Gültigkeit der Urkunde ohne Belang und von Richter oder Notar nicht zu untersuchen.

Es muß in diesem Falle noch ein besonderer Zeuge zugezogen werden, welcher als Mitwirkender gilt (vergl. Note zu § 170), soweit nicht Satz 2 die Zuziehung für überflüssig erklärt.

Die ohnehin schon erfolgte Zuziehung eines Gerichtsschreibers oder Notars („in anderen Fällen") genügt nur dann, wenn diese Personen als „Mitwirkende" anwesend sind, nicht wenn sie blos betheiligt sind (siehe Note zu § 174).

Abs. 3. Die Namensunterschrift der Mitwirkenden, auch des Schreibzeugen (Abs. 1) ist obligatorisch; Stempel ist ausgeschlossen; sie kann weder durch beglaubigtes Handzeichen, noch im Wege des Abs. 2 ersetzt werden; des Schreibens Unkundige oder am Schreiben verhinderte Personen sind daher als „Mitwirkende" ausgeschlossen. Der Mangel der Unterschrift eines Mitwirkenden macht die Urkunde als öffentliche nichtig.

§ 178.

Ist nach der Ueberzeugung des Richters oder des Notars ein Betheiligter stumm oder sonst am Sprechen verhindert und eine schriftliche Verständigung mit ihm nicht möglich, so muß bei der Beurkundung ein vereideter Dolmetscher zugezogen werden.

Im Protokolle muß festgestellt werden, daß der Richter oder der Notar die Ueberzeugung gewonnen hat, daß der Betheiligte am Sprechen verhindert und eine schriftliche Verständigung mit ihm nicht möglich ist. Das Protokoll muß von dem Dolmetscher genehmigt und unterschrieben werden.

Der Zuziehung eines Zeugen, eines Gerichtsschreibers oder eines zweiten Notars bedarf es in diesem Falle nicht.

Verhandlung mit Stummen: **Abs. 1.** Die Vorschrift dient zur Ergänzung derjenigen des § 169. Die Nothwendigkeit der Zuziehung eines Dolmetschers tritt unter der doppelten Voraussetzung ein, daß

1. der beurkundende Richter oder Notar die Ueberzeugung gewonnen hat, daß die Person stumm oder sonst am Sprechen verhindert sei; daß die Ueberzeugung nicht der Wahrheit entspricht, ist gegenstandslos;
2. daß eine schriftliche Verständigung nicht möglich, also der Stumme auch schreibensunkundig ist.

Die Beeidigung des Dolmetschers ist obligatorisch und es kann auf dieselbe nicht verzichtet werden. Erfolgte Beeidigung für Uebertragungen dieser Art im Allgemeinen ist genügend (G.V.G. § 191 Abs. 2).

Liegen die obigen Voraussetzungen vor, so ist jede andere Art der Beurkundung ausgeschlossen.

Abs. 2. Auch die Vorschrift des 2. Absatzes ist unbedingt bindend; ihre Nichtbeachtung macht die Beurkundung als öffentliche unwirksam. Eine Behörde, vor welcher die Urkunde gebraucht wird, hat daher die Beobachtung der Vorschrift zu prüfen.

Festzustellen ist nur daß, nicht wie der Richter oder Notar die Ueberzeugung sich gebildet hat.

Die Unterschrift des Dolmetschers ersetzt nicht diejenige des Stummen oder am Sprechen Verhinderten; auch dieser hat entweder nach § 177 Abs. 1 zu unterschreiben, oder es ist nach § 177 Abs. 2 zu verfahren.

Abs. 3. Die Zuziehung des Dolmetschers ersetzt die Zuziehung der nach § 169 erforderlichen Urkundspersonen.

§ 179.

Erklärt ein Betheiligter, daß er der deutschen Sprache nicht mächtig sei, so muß bei der Beurkundung ein vereideter Dolmetscher zugezogen werden. Der Zuziehung des Dolmetschers bedarf es nicht, wenn der Richter oder der Notar der Sprache, in der sich der Betheiligte erklärt, mächtig ist; die Beeidigung des Dolmetschers ist nicht erforderlich, wenn der Betheiligte darauf verzichtet.

Das Protokoll muß dem der deutschen Sprache nicht mächtigen Betheiligten durch den Dolmetscher oder, wenn ein Dolmetscher nicht zugezogen worden ist, durch den Richter oder den Notar in der fremden Sprache vorgetragen werden und die Feststellung enthalten, daß dies geschehen ist.

Im Protokoll muß festgestellt werden, daß der Betheiligte der deutschen Sprache nicht mächtig ist.

Der Dolmetscher muß das Protokoll unterschreiben. Eine Beurkundung ist nicht aus dem Grunde unwirksam, weil den Vorschriften des Abs. 1 zuwider die Zuziehung eines Dolmetschers unterblieben ist.

Verhandlung mit der deutschen Sprache nicht mächtigen Personen: **Abs. 1.** Voraussetzung der Zuziehung eines Dolmetschers ist hier, daß ein Betheiligter erklärt, er sei der deutschen Sprache nicht mächtig. Der Richter hat kein Recht, die Behauptung auf ihre Wahrheit zu prüfen, nicht seine Ueberzeugung, bezw. die Thatsache mangelnder Kenntniß der deutschen Sprache ist für die Frage entscheidend, ob ein Dolmetscher zuzuziehen ist. Ein Verstoß gegen die Vorschrift ist jedoch kein Nichtigkeitsgrund hinsichtlich der Beurkundung (Abs. 5).

Auf die Beeidigung des Dolmetschers kann hier verzichtet werden.

Abs. 2 bis 4. Die Vorschrift des § 175 — Aufnahme des Protokolls in deutscher Sprache — bleibt unberührt, G.VG. § 187 findet hier keine analoge Anwendung, landesrechtlich können entsprechende Vorschriften erlassen werden; nur die Vorschrift des § 177 wird ergänzt durch die Anordnung der Vortragung des Protokolls in der fremden Sprache.

Die in Abs. 3 vorgeschriebene Feststellung bezieht sich nur darauf, daß der Betheiligte „nach seiner Erklärung" der deutschen Sprache nicht mächtig ist, die Anordnung einer Ermittelung, ob die Erklärung auf Wahrheit beruhe, ist damit nicht beabsichtigt.

Genehmigung des Protokolls durch den Dolmetscher ist hier nicht nothwendig. Befolgung der Vorschriften in Abs. 2 bis 4 ist Bedingung der Wirksamkeit der Protokollirung; andernfalls verliert die Urkunde ihren Charakter als öffentliche Urkunde. Die Beachtung dieser Vorschriften ist daher von der Behörde, vor welcher die Urkunde benützt wird, zu prüfen.

§ 180.

Auf den Dolmetscher finden die nach §§ 170 bis 173 für einen Zeugen geltenden Vorschriften entsprechende Anwendung.

Ausschließung eines Dolmetschers von der Mitwirkung: Die Vorschrift bezieht sich auf §§ 178 und 179. Vergl. Noten zu §§ 170 bis 173.

§ 181.

Bei der gerichtlichen oder notariellen Beurkundung von Versteigerungen gelten Bieter nicht als Betheiligte; ausgenommen sind solche Bieter, die an ihr Gebot gebunden bleiben. Entfernt sich ein solcher Bieter vor dem Schlusse der Verhandlung, so genügt an Stelle seiner

Unterschrift die Angabe des Grundes, aus welchem sie unterblieben ist.

Protokollirung von Versteigerungen: Die Vorschrift in Satz 1 hat hauptsächlich Bedeutung für die Nothwendigkeit der Unterschrift, deren Mangel — vorbehaltlich Satz 2 — nach § 177 Abs. 1 Nichtigkeit der Beurkundung zur Folge hat, ferner für die Ausschließung des Richters oder Notars von der Mitwirkung.

Unterschrift — oder Feststellung nach Satz 2 — ist nicht von jedem Bieter nothwendig, sondern nur vom Ansteigerer (vergl. B.G.B. § 156). Nur wenn zu dem Ansteigerer der Richter oder Notar in einem Verhältnisse der in § 170 Nr. 2 oder 3 bezeichneten Art steht, ist er von der Mitwirkung ausgeschlossen, nicht wenn dies hinsichtlich eines Mitbieters der Fall ist, dem der Zuschlag nicht ertheilt wird.

Durch Satz 2 wird die nach § 177 Abs. 1 an das Fehlen der Unterschrift geknüpfte Nichtigkeit ausgeschlossen, wenn der Grund des Mangels der Unterschrift im Versteigerungsprotokoll angegeben wird. Welcher Art dieser Grund ist, ist gleichgiltig.

§ 182.

Die Ausfertigung der Protokolle über die gerichtliche Beurkundung eines Rechtsgeschäfts ist von dem Gerichtsschreiber zu unterschreiben und mit dem Gerichtssiegel zu versehen.

Auf Antrag können die Protokolle auch auszugsweise ausgefertigt werden.

Ausfertigung gerichtlicher Protokolle: Unter Ausfertigung sind solche Abschriften und Auszüge zu verstehen, welche bestimmt sind, die bei den Gerichtsakten verbleibende Urschrift im Verkehr zu ersetzen.

Der beglaubigende Gerichtsschreiber braucht nicht derjenige zu sein, welcher etwa bei der Beurkundung mitgewirkt hat.

Hinsichtlich der Ausfertigung notarieller Urkunden sind reichsrechtliche Vorschriften nicht erlassen.

§ 183.

Die gerichtliche oder notarielle Beglaubigung einer Unterschrift darf nur erfolgen, wenn die Unterschrift in Gegenwart des Richters oder des Notars vollzogen oder anerkannt wird.

Die Beglaubigung geschieht durch einen unter die Unterschrift zu setzenden Vermerk. Der Vermerk muß die Bezeichnung desjenigen, welcher die Unterschrift vollzogen oder anerkannt hat, enthalten und den Ort und den Tag der Ausstellung angeben sowie mit Unterschrift und Siegel oder Stempel versehen sein.

Diese Vorschriften finden auf die gerichtliche oder notarielle Beglaubigung eines Handzeichens entsprechende Anwendung.

Verfahren bei der Beglaubigung: Ueber Zuständigkeit siehe § 167 Abs. 2 und Note.

Abs. 1. Auch die Anerkennung der Unterschrift muß von demjenigen ausgehen, von welchem die Unterschrift herrührt; Bestätigung anderer Personen, daß die Unterschrift von einer bestimmten Person abgegeben sei, genügt nicht.

Verletzung der Vorschrift des Abs. 1 beeinflußt die Giltigkeit der Beglaubigung nicht.

Abs. 2. Ueber die Beglaubigung bedarf es nicht der Aufnahme eines Protokolls oder einer Urkunde. Der Beglaubigungsvermerk allein mit dem hier vorgeschriebenen Inhalt genügt.

Die Person, deren Unterschrift beglaubigt werden soll, ist in dem Vermerk in einer jeden Zweifel über die Identität ausschließenden Weise zu bezeichnen, Bestätigung der Identität selbst auf Grund erfolgter Feststellung ist dagegen nicht vorgeschrieben.

Die Bestimmungen der §§ 169 bis 182 finden auf das Verfahren bei der Beglaubigung keine Anwendung.

Abs. 3. Ueber das Handzeichen siehe B.G.B. §§ 126, 129. Handzeichen ist das von einem Schreibensunkundigen oder einer durch andere Umstände am Schreiben verhinderten Person an Stelle der Namensunterschrift abgegebene Zeichen. Auf diese Fälle allein beschränkt sich die Zulässigkeit des Handzeichens.

§ 184.

Für die nach § 167 den Amtsgerichten obliegenden Verrichtungen sind in Ansehung solcher Personen, die zur Besatzung eines in Dienst gestellten Schiffes der Kaiserlichen Marine gehören, oder die in anderer Eigenschaft an Bord eines solchen Schiffes sind, auch die Geschwaderauditeure zuständig, solange das Schiff sich außerhalb eines inländischen Hafens befindet. Den Schiffen stehen die sonstigen Fahrzeuge der Kaiserlichen Marine gleich.

Die Ausfertigung der Protokolle über die Beurkundung eines Rechtsgeschäfts ist von dem Auditeur zu unterschreiben und mit dem Gerichtssiegel zu versehen.

Die Vorschriften des Artikels 44 des Einführungsgesetzes zum Bürgerlichen Gesetzbuche bleiben unberührt.

Geschwaderauditeure: Die Bestimmung entspricht der des § 39 Abs. 2 des Reichsmilitärgesetzes vom 2. Mai 1874 für die mobilen Landtruppen. Die Zuständigkeit der Auditeure ist keine ausschließliche; sie ist aber anderseits auch nicht ausgeschlossen, wenn die Einhaltung der Zuständigkeitsregel des § 167 nach Lage der Sache möglich wäre.

Die Vorschrift gilt für alle an Bord befindlichen Personen, gleichviel in welcher Eigenschaft sie hier sind, und ob sie zur Besatzung in irgend welcher Beziehung stehen, also auch z. B. für aufgenommene Schiffbrüchige.

Durch Abs. 3 ist festgestellt, daß sich die Zuständigkeit der Marineauditeure für die Beurkundung letztwilliger Verfügungen der in Abs. 1 bezeichneten Personen auch künftig lediglich nach den Vorschriften des Art. 44 des Einführungsgesetzes zum Bürgerlichen Gesetzbuch in Verbindung mit § 44 des Reichsmilitärgesetzes regelt.

Elfter Abschnitt.

Schlußbestimmungen.

§ 185.

Dieses Gesetz tritt gleichzeitig mit dem Bürgerlichen Gesetzbuch in Kraft.

Die Artikel 2 bis 5, 32 des Einführungsgesetzes zum Bürgerlichen Gesetzbuche finden entsprechende Anwendung.

Zeitpunkt des Inkrafttretens; Verhältniß zu anderen Rechtsnormen: Vergl. E.G. zum B.G.B.

Art. 1 Das Bürgerliche Gesetzbuch tritt am 1. Januar 1900 gleichzeitig mit einem Gesetze . . . . über die Angelegenheiten der freiwilligen Gerichtsbarkeit in Kraft.

Art. 2. Gesetz im Sinne des Bürgerlichen Gesetzbuches und dieses Gesetzes ist jede Rechtsnorm.

Art. 3. Soweit in dem Bürgerlichen Gesetzbuche oder in diesem Gesetze die Regelung den Landesgesetzen vorbehalten oder bestimmt ist, daß landesgesetzliche Vorschriften unberührt bleiben, oder erlassen werden können, bleiben die bestehenden landesgesetzlichen Vorschriften in Kraft und können neue landesgesetzliche Vorschriften erlassen werden.

Vorbehalte zu Gunsten der Landesgesetze sind enthalten in §§ 190—193, 198; es können also bezüglich dieser Materien auch neue landesgesetzliche Vorschriften erst erlassen werden.

Art. 4. Soweit in Reichsgesetzen oder in Landesgesetzen auf Vorschriften verwiesen ist, welche durch das Bürgerliche Gesetzbuch oder durch dieses Gesetz außer Kraft gesetzt werden, treten an deren Stelle die entsprechenden Vorschriften des Bürgerlichen Gesetzbuches und dieses Gesetzes.

Gilt also auch für solche Vorschriften in diesem Gesetze; vergl. §§ 186—188.

Art. 5. Als Bundesstaat im Sinne des Bürgerlichen Gesetzbuches und dieses Gesetzes gilt auch das Reichsland Elsaß-Lothringen.

Art. 32. Die Vorschriften der Reichsgesetze bleiben in Kraft. Sie treten jedoch insoweit außer Kraft, als sich aus dem Bürgerlichen Gesetzbuche oder aus diesem Gesetze die Aufhebung ergibt.

Aufhebung reichsgesetzlicher Vorschriften siehe in § 187. In Kraft bleiben auch die reichsgesetzlichen Vorschriften, soweit sie zu Gunsten der Landesgesetze Vorbehalte enthalten. In Betracht kommt hieher besonders Reichsmilitärgesetz vom 2. Mai 1874

§ 39 Abs. 3. Es bleiben diejenigen landesgesetzlichen Vorschriften in Kraft, nach welchen für Truppentheile, die nach der Mobilmachung ihre Garnison verlassen haben oder sich dauernd im Auslande aufhalten, die Ausübung der streitigen oder freiwilligen Gerichtsbarkeit einem inländischen Gerichte oder den Auditeuren ein für alle Mal übertragen ist, oder für den einzelnen Fall im Verordnungswege übertragen werden kann.

§ 186.

Die Vorschriften der §§ 11, 66 des Gesetzes über die Beurkundung des Personenstandes und die Eheschließung vom 6. Februar 1875 (Reichs-Gesetzbl. S. 23) werden insoweit aufgehoben, als sie der Landesgesetzgebung die Befugniß gewähren, das gerichtliche Verfahren abweichend zu regeln.

Abänderung des Personenstandsgesetzes: Ueber §§ 11, 66 dortselbst vergl. die Note zu § 69; es kommen in beiden §§ die Sätze: „insoweit die Landesgesetze ein Anderes bestimmen" in Wegfall. Die Vorschriften des 1. Abschnittes dieses Gesetzes finden ausnahmslos Anwendung; auch hinsichtlich der Beschwerdeführung sind abweichende landesgesetzliche Bestimmungen ausgeschlossen.

§ 187.

Der § 150 des Gesetzes, betreffend die Erwerbs- und Wirthschaftsgenossenschaften, vom 1. Mai 1889 (Reichs-Gesetzbl. S. 55) wird aufgehoben.

Abänderung des Gesetzes betr. die Erwerbs- und Wirthschaftsgenossenschaften: Die Bestimmung bezog sich auf die Beschwerde gegen Entscheidungen über Anträge auf Eintragung in das Genossenschaftsregister oder in die Liste der Genossen; sie wird nach § 1 ersetzt durch die Bestimmungen in §§ 19 ff.

§ 188.

Der § 11 Abs. 2 des Gesetzes, betreffend das Reichsschuldbuch, vom 31. Mai 1891 (Reichs-Gesetzbl. S. 321) wird dahin geändert:

Zur Ausstellung dieser Bescheinigungen ist das Nachlaßgericht und, falls der Erblasser zur Zeit des Erbfalls im Inlande weder Wohnsitz noch Aufenthalt hatte, auch derjenige Konsul des Reichs zuständig, in dessen Amtsbezirke der Erblasser zur Zeit des Erbfalls seinen Wohnsitz oder seinen gewöhnlichen Aufenthalt hatte, sofern dem Konsul von dem Reichskanzler die Ermächtigung zur Ausstellung solcher Bescheinigungen ertheilt ist.

Abänderung des Gesetzes über das Reichsschuldbuch: § 11 Abs. 1 betrifft die Legitimation der Rechtsnachfolger von Todeswegen zur Verfügung über eine ins Reichsschuldbuch eingetragene Forderung. Die Aenderung stellt die Uebereinstimmung mit den Zuständigkeitsnormen dieses Gesetzes her; vergl. § 73 und die Note hiezu.

§ 189.

Soweit im Einführungsgesetze zum Bürgerlichen Gesetzbuche zu Gunsten der Landesgesetze Vorbehalte gemacht sind, gelten sie auch für die Vorschriften der Landesgesetze über diejenigen Angelegenheiten der freiwilligen Gerichtsbarkeit, welche Gegenstand dieses Gesetzes sind; den Landesgesetzen stehen nach Maßgabe der Artikel 57, 58 des Einführungsgesetzes zum Bürgerlichen Gesetzbuche die Hausverfassungen gleich.

Allgemeine Vorbehalte zu Gunsten der Landesgesetzgebung: Das Einführungsgesetz zum Bürgerlichen Gesetzbuch zählt in Art. 56—152 diejenigen Angelegenheiten auf, hinsichtlich derer landesgesetzliche Bestimmungen unberührt bleiben und daher nach Art. 3 auch neue erlassen werden können. Soweit dies nun nach § 1 Angelegenheiten sind, welche Gegenstand dieses Gesetzes sind, kann die Landesgesetzgebung für dieselben auch Vorschriften über das Verfahren erlassen, welche von diesem Gesetze abweichen.

§ 190.

Unberührt bleiben die landesgesetzlichen Vorschriften, welche für den Fall, daß nach Artikel 147 des Einführungsgesetzes zum Bürgerlichen Gesetzbuche die dem Vormundschaftsgericht obliegenden Verrichtungen durch Landesgesetz anderen Behörden als den Amtsgerichten übertragen sind, über den Vorsitz im Familienrathe Bestimmung treffen.

Vorsitz im Familienrathe: Nach B.G.B. § 1860 ist der Vormundschaftsrichter Vorsitzender des Familienraths. Die Ermächtigung für die Landesgesetzgebung zur Aufrechthaltung von Sondervorschriften ist nöthig für den Fall, daß nach Landesgesetz kollegiale Behörden die reichsrechtlich dem Vormundschaftsgerichte obliegenden Verrichtungen zu besorgen haben.

§ 191.

Unberührt bleiben die landesgesetzlichen Vorschriften, nach welchen für die Aufnahme der nach dem § 1718 und dem § 1720 Abs. 2 des Bürgerlichen Gesetzbuchs erforderlichen öffentlichen Urkunden sowie für die öffentliche Beglaubigung einer Unterschrift außer den Amtsgerichten und Notaren auch andere Behörden oder Beamte zuständig sind.

Durch Landesgesetz kann die Zuständigkeit der Amtsgerichte für die öffentliche Beglaubigung einer Unterschrift oder eines Handzeichens ausgeschlossen werden.

Zuständigkeit zur Aufnahme von Urkunden nach B.G.B. § 1718 und 1720 Abs. 2, zur Beglaubigung von Unterschriften und Handzeichen: Die Anerkennung der Vaterschaft zu einem unehelichen Kinde muß nach B.G.B. §§ 1718, 1720 Abs. 2 in einer öffentlichen Urkunde geschehen. § 167 Abs. 2 stellt die Zuständigkeit der Amtsgerichte (also des Richterbeamten) und der Notare für diese Beurkundung fest. Nach B.G.B. § 129 erfolgt die öffentliche Beglaubigung von Unterschriften und Handzeichen von der zuständigen Behörde oder einem zuständigen Beamten oder einem Notar. § 167 Abs. 2 erklärt als zuständige Behörde — neben dem Notar — das Amtsgericht.

Von der Vorschrift des § 167 Abs. 2 ist nach doppelter Richtung eine Ausnahme zugelassen.

Nach Abs. 1 können für die erwähnten Geschäfte mit Ausnahme der Beglaubigung der Handzeichen weitere Behörden und Beamte neben den reichsrechtlich zuständigen landesgesetzlich für zuständig erklärt werden.

Abs. 2 läßt dagegen für die Beglaubigung von Unterschriften und Handzeichen eine Einschränkung dahin zu, daß landesgesetzlich die ausschließliche Zuständigkeit der Notare hiezu hergestellt wird.

§ 192.

Unberührt bleiben die landesgesetzlichen Vorschriften, nach welchen, wenn die Auseinandersetzung in Ansehung eines Nachlasses nicht binnen einer bestimmten Frist bewirkt ist, das Nachlaßgericht die Auseinandersetzung von Amtswegen zu vermitteln hat; auf die Auseinandersetzung finden die Vorschriften der §§ 88 bis 98 Anwendung.

Nachlaßauseinandersetzung von Amtswegen: Ueber den Eintritt amtlicher Nachlaßbehandlung siehe Note zu § 86.

Nach Landesgesetzgebung kann amtliche Nachlaßbehandlung als obligatorisch auch ohne Antrag eines Betheiligten nur vorgeschrieben bleiben, unter der hier erwähnten Voraussetzung, daß die Erben eine — landesgesetzlich entweder fest zu bestimmende oder vom Richter festzusetzende — Frist haben verstreichen lassen ohne zu theilen.

Das Verfahren bei dieser von Amtswegen erfolgenden Nachlaßauseinandersetzung ist das Nämliche wie beim Verfahren auf Antrag; abweichende landesgesetzliche Vorschriften sind nicht zulässig.

Die Vorschrift gilt nicht für die nach dem Tode fortgesetzte Gütergemeinschaft.

Vergl. über Zulässigkeit neuer landesgesetzlicher Vorschriften dieses Inhalts § 185 mit E.G. zum B.G.B. Art. 3.

§ 193.

Unberührt bleiben die landesgesetzlichen Vorschriften, nach welchen für die gemäß § 99 den Amtsgerichten obliegenden Verrichtungen andere als gerichtliche Behörden zuständig sind, sowie die landesgesetzlichen Vorschriften, nach welchen in den Fällen der §§ 86, 99 an Stelle der Gerichte oder neben diesen die Notare die Auseinandersetzung zu vermitteln haben.

Auseinandersetzung eines Nachlasses oder einer Gütergemeinschaft: Nach Landesgesetz kann

1. die Vermittelung der Auseinandersetzung einer Gütergemeinschaft (§ 99) anderen als gerichtlichen Behörden — nicht anderen gerichtlichen Behörden als den Amtsgerichten — übertragen,
2. sowohl für die sub 1 bezeichnete als die amtliche Vermittelung der Nachlaßauseinandersetzung (§ 86) die ausschließliche oder konkurrirende Zuständigkeit der Notare erhalten bleiben. Die nähere Regelung bei konkurrirender Zuständigkeit — unter welchen Voraussetzungen das Amtsgericht, unter welchen die Notare zuständig sein sollen, oder ob freies Wahlrecht der Betheiligten besteht — ist gleichfalls Sache der Landesgesetzgebung.

Ueber die Zulässigkeit neuer landesgesetzlicher Vorschriften dieses Inhalts vergl. § 185 mit E.G. zum B.G.B. Art. 3, über die Geltung der allgemeinen Vorschriften des Abschnitts, sowie der besonderen der §§ 86—99 siehe § 194 und Note hiezu.

§ 194.

Sind für die im § 1 bezeichneten Angelegenheiten nach Landesgesetz andere als gerichtliche Behörden zuständig, so gelten die in dem ersten Abschnitte für die Gerichte gegebenen Vorschriften auch für die anderen Behörden.

Als gemeinschaftliches oberes Gericht im Sinne der §§ 5, 46 gilt dasjenige Gericht, welches das gemeinschaftliche obere Gericht für die Amtsgerichte ist, in deren Bezirke die Behörden ihren Sitz haben. Durch Landesgesetz kann jedoch bestimmt werden, daß, wenn die Behörden in dem Bezirke desselben Amtsgerichts ihren Sitz haben, dieses als gemeinschaftliches oberes Gericht zuständig ist.

Die Vorschriften des § 8 über die Sitzungspolizei und über die Berathung und Abstimmung sowie die Vorschriften der §§ 6, 10, 11, des § 16 Abs. 2 und des § 31 finden keine Anwendung.

Durch die Vorschrift des Abs. 1 wird die Verpflichtung der gerichtlichen Behörden, gemäß § 2 Rechtshülfe zu leisten, nicht berührt.

Verfahren vor den landesgesetzlich zugelassenen Behörden: **Abs. 1.** Vergl. die Vorbehalte zu Gunsten der Landesgesetzgebung in E.G. zum B.G.B. Art. 147,3, ferner § 193.

Für die nach Landesrecht zuständigen nichtgerichtlichen Behörden einschließlich der Notare gelten die allgemeinen Vorschriften des ersten Abschnittes vorbehaltlich der in Abs. 3 gemachten Ausnahmen. In Betracht kommen namentlich die Bestimmungen über die Beschwerde und die Zuständigkeit zur Verbescheidung derselben. Erste Beschwerdeinstanz ist hienach das Landgericht, auch wenn nach § 195 landesgesetzlich die Entscheidung der Amtsgerichte zunächst anzurufen ist. In Vormundschafts-, Nachlaß- und Theilungssachen gelten für die genannten Behörden auch die Vorschriften im 2. und 5. Abschnitt, da nach E.G. zum B.G.B. Art. 147, beziehungsweise nach § 193 lediglich die Zuständigkeit, nicht das Verfahren abweichend geregelt werden kann.

Abs. 2. Bei Streit und Ungewißheit über örtliche Zuständigkeit sowie bei Meinungsverschiedenheit über die Abgabe der Vormundschaft an eine andere Vormundschaftsbehörde kann die Landesgesetzgebung für die von ihr als zuständig erklärten Behörden nur für den einen Fall, daß die mehreren in Betracht kommenden Behörden im nämlichen Amtsgerichtsbezirke ihren Sitz haben, das Amtsgericht — keine andere Behörde — als gemeinschaftliche obere Behörde bestimmen. Die Vorschrift der Unanfechtbarkeit der Entscheidung (§ 46 Abs. 2) gilt auch für das Amtsgericht. In allen anderen Fällen, sowie wenn landesgesetzlich keine Bestimmung getroffen wurde, ist gemeinschaftliches oberes Gericht dasjenige Gericht, welches es wäre, wenn das Amtsgericht des Bezirks zuständig wäre.

Abs. 3. Für die landesgesetzlich zuständigen Behörden gelten abgesehen von den Vorschriften über Sitzungspolizei, Berathung und Abstimmung, nicht die Vorschriften über Ablehnung des Richters (§ 6), Gerichtsferien (§ 10), Protokollerklärungen vor dem Gerichtsschreiber (§ 11), Form der Bekanntmachung von Verfügungen (§ 16 Abs. 2) und Rechtskraftzeugniß (§ 31).

Abs. 4. Rechtshülfe in Sachen der freiwilligen Gerichtsbarkeit haben auch dann die Gerichte zu leisten, wenn in dem Staate, dem das ersuchte Gericht angehört, für solche Angelegenheiten, in welchen um Rechtshülfe ersucht wird, nichtrichterliche Behörden ausschließlich zuständig sind.

§ 195.

Durch die Gesetzgebung eines Bundesstaats, in dem für die dem Vormundschaftsgericht oder dem Nachlaßgericht obliegenden Verrichtungen andere Behörden als die Amtsgerichte zuständig sind, kann bestimmt werden, daß die Abänderung einer Entscheidung einer solchen Behörde bei dem Amtsgerichte nachzusuchen ist, in dessen Bezirke die Behörde ihren Sitz hat. In diesem Falle finden auf das Verfahren die Vorschriften der §§ 20 bis 25 entsprechende Anwendung.

Die Beschwerde findet gegen die Entscheidung des Amtsgerichts statt.

Vorentscheidung des Amtsgerichts: Gegenüber den Verfügungen der landesgesetzlich zuständigen nichtrichterlichen Behörden einschließlich der Notare kann zunächst eine unterste richterliche, nicht Beschwerde-Instanz geschaffen werden durch die Bestimmung, daß vor Einlegung der Beschwerde zum Landgerichte die Entscheidung des Amtsgerichts, in dessen Bezirke die Behörde ihren Sitz hat, anzurufen ist.

Hinsichtlich der Legitimation zur Anrufung der amtsgerichtlichen Entscheidung, Form, Frist, Begründung und aufschiebender Wirkung derselben finden die für die Beschwerde geltenden Vorschriften der §§ 20—24 Anwendung; es ist also insbesondere in Fällen, in welchen nur sofortige Beschwerde zulässig ist, auch die Anrufung des Amtsgerichts an die Frist des § 22 gebunden. Das Amtsgericht hat seinen Bescheid mit Gründen zu versehen (§ 25).

Wenn ausdrücklich vorgeschrieben ist, daß gegen die Entscheidung des Amtsgerichts die Beschwerde zulässig ist, so wollte damit zum Ausdruck gebracht werden, daß das Beschwerdeverfahren das nämliche ist, als ob das Amtsgericht überhaupt die erste Instanz wäre, so daß sich also die weitere Beschwerde erst gegen die Entscheidung des Landgerichts richtet. Insbesondere darf daraus, daß die Entscheidung des Amtsgerichts mit Gründen zu versehen ist, nicht geschlossen werden, daß auf die Beschwerde zum Landgericht bereits die beschränkende Vorschrift des § 27 hinsichtlich der Beschwerdebegründung Anwendung finde.

§ 196.

Ist für die Volljährigkeitserklärung nach Landesgesetz die Centralstelle des Bundesstaats zuständig, so finden die in dem ersten Abschnitte für die Gerichte gegebenen Vorschriften keine Anwendung.

Die Verfügung, durch welche der Minderjährige für volljährig erklärt wird, tritt mit der Bekanntmachung an den Minderjährigen in Wirksamkeit.

Volljährigkeitserklärung durch die Centralstelle des Bundesstaats:

Abs. 1. Vergl. B.G.B. §§ 3—5. Die Zuständigkeit der Centralstelle kann nach E.G. z. B.G.B. Art. 147 begründet sein. Ausgeschlossen ist die Anwendung der §§ 1—34. Die Vorschriften in § 56 Abs. 1 über die Antragsberechtigung gelten dagegen auch hier.

Abs. 2. Die Wirksamkeit tritt — abweichend von der bei der Unanfechtbarkeit der Entscheidung nicht anwendbaren Bestimmung des § 56 Abs. 2 — nach der Regel des § 16 mit der Bekanntmachung an den Minderjährigen in Wirksamkeit.

§ 197.

Durch die Landesjustizverwaltung kann angeordnet werden, daß die im § 14 des Gesetzes über die Beurkundung des Personenstandes und die Eheschließung vom 6. Februar 1875 vorgesehene Aufbewahrung des Nebenregisters bei den Landgerichten erfolgen soll.

Aufbewahrung der Nebenregister: Die Vorschrift ist eine Ausnahme von der Zuständigkeitsregel des § 69.

§ 198.

Unberührt bleiben die landesgesetzlichen Vorschriften, nach welchen bei der Beurkundung einer Erklärung in den Fällen des § 169 der Richter an Stelle des Gerichtsschreibers oder der zwei Zeugen eine besonders dazu bestellte Urkundsperson zuziehen kann.

Auf die Urkundsperson finden die Vorschriften der §§ 170 bis 172 Anwendung.

Landesgesetzliche Urkundspersonen: Vergl. die ähnliche Bestimmung des E.G. z. B.G.B. Art. 149.

§ 199.

Durch die Gesetzgebung eines Bundesstaats, in dem mehrere Oberlandesgerichte errichtet sind, kann die Entscheidung über das Rechtsmittel der weiteren Beschwerde einem der mehreren Oberlandesgerichte oder an Stelle eines solchen Oberlandesgerichts dem obersten Landesgerichte zugewiesen werden.

Das Gericht, dem nach Abs. 1 die Entscheidung zugewiesen wird, tritt zugleich für die Beschwerde gegen eine Verfügung des Landgerichts an die Stelle des nach § 64 und § 143 Abs. 2 zuständigen Oberlandesgerichts. Auch gilt es im Sinne der §§ 5, 46 als gemeinschaftliches oberes Gericht für alle Gerichte des Bundesstaats.

Gemeinsame Beschwerdeinstanz für Gerichte eines Bundesstaats: Vergl. die analoge Vorschrift in G.B.O. § 102, E.G. z. G.V.G. §§ 8—10.

Abs. 1. Ueber sofortige Beschwerde vergl. §§ 27—29. Auch für das oberste Landesgericht gilt die Vorschrift des § 28 Abs. 2. Ueber Besetzung des Oberlandesgerichts siehe G.V.G. § 124 (fünf Mitglieder mit Einschluß des Vorsitzenden), über Besetzung des obersten Landesgerichts E.G. z. G.V.G. § 10 Abs. 3 (gleiche Besetzung wie beim Oberlandesgericht).

Abs. 2. § 64 betrifft die Beschwerde über Entlassung eines Mitglieds des Familienraths; Gericht erster Instanz ist nach B.G.B. § 1878 Abs. 2 das Landgericht. § 143 Abs. 2 betrifft die sofortige Beschwerde gegen die Zurückweisung des Widerspruchs gegen die vom Landgericht eingeleitete Löschung einer Eintragung im Handelsregister.

Vergl. die Noten zu §§ 5, 46.

§ 200.

Durch Landesgesetz können Vorschriften zur Ergänzung und Ausführung dieses Gesetzes, mit Einschluß der erforderlichen Uebergangsvorschriften, auch insoweit erlassen werden, als dieses Gesetz Vorbehalte für die Landesgesetzgebung nicht enthält.

Soweit durch Landesgesetz allgemeine Vorschriften über die Errichtung gerichtlicher oder notarieller Urkunden erlassen werden, ist ein Verstoß gegen eine solche Vorschrift, unbeschadet der Vorschriften über die Folgen des Mangels der sachlichen Zuständigkeit, ohne Einfluß auf die Gültigkeit der Beurkundung.

Landesgesetzliche Ergänzungs-, Uebergangs- und Ausführungsvorschriften: **Abs. 1.** Der Landesgesetzgebung sind abändernde Bestimmungen gegenüber den Vorschriften dieses Gesetzes nur erlaubt, soweit ausdrückliche Vorbehalte gemacht sind; soweit jedoch dieses Gesetz eine vollständige Regelung der von ihm behandelten Materien nicht vornimmt, ist der Landesgesetzgebung freier Raum zu ergänzenden und ausführenden Vorschriften gelassen. Bestehende landesgesetzliche Vorschriften solchen Inhalts bleiben in Kraft (§ 185 mit E.G. zum B.G.B. Art. 3).

Abs. 2. Ergänzende und ausführende landesgesetzliche Vorschriften über die Errichtung gerichtlicher und notarieller Urkunden können nur als Ordnungsvorschriften erlassen werden, also nicht mit der Wirkung ausgestattet werden, daß ihre Nichtbeachtung die Giltigkeit der Urkunde beeinflußt.

Wenn dagegen die Landesgesetzgebung kraft reichsrechtlicher Ermächtigung Zuständigkeitsnormen (auf Grund §§ 191, 193) erlassen hat, so kann sie einem Verstoß gegen diese auch die rechtliche Folge beilegen, daß die Beurkundung als öffentliche nichtig ist.

Urkundlich unter Unserer Höchsteigenhändigen Unterschrift und beigedrucktem Kaiserlichen Insiegel.

Gegeben Straßburg i. Els., den 17. Mai 1898.

(L. S.) **Wilhelm.**

Fürst zu Hohenlohe.

Alphabetisches Sachregister.

(Die Zahlen bezeichnen die Seiten.)

A.

C.

D.

F.

M.

N.

O.

T.

W.

FSC
www.fsc.org
MIX
Papier | Fördert
gute Waldnutzung
FSC® C083411

Kolibri 360 GmbH
Ferdinand-Jühlke-Straße 7
99095 Erfurt, Deutschland
produktsicherheit@kolibri360.de